지적 대화를 위한
넓고 얕은 지식 **2**

지적 대화를 위한 넓고 얕은 지식 : 현실 너머

개정증보판 1쇄 발행 2020년 2월 5일
개정증보판 95쇄 발행 2024년 12월 1일

지은이 채사장
펴낸이 권미경
마케팅 심지훈, 강소연, 김재이
디자인 [★]규
펴낸곳 ㈜웨일북
등록 2015년 10월 12일 제2015-000316호
주소 서울시 마포구 토정로 47, 서일빌딩 701호
전화 02-322-7187 **팩스** 02-337-8187
메일 sea@whalebook.co.kr **인스타그램** instagram.com/whalebooks

ISBN 979-11-90313-19-3 03100

소중한 원고를 보내주세요.
좋은 저자에게서 좋은 책이 나온다는 믿음으로, 항상 진심을 다해 구하겠습니다.

이 도서의 국립중앙도서관 출판예정도서목록(CIP)은
서지정보유통지원시스템 홈페이지(http://seoji.nl.go.kr)와
국가자료공동목록시스템(http://www.nl.go.kr/kolisnet)에서 이용하실 수 있습니다.
(CIP제어번호: CIP2020001110)

지적 대화를 위한
넓고 얕은 지식 2

한 권으로 현실 너머를 통찰하는 지식 여행소

채사장 지음

whale 🐳 books

많은 사랑을 받았다. 걱정이 앞섰다. 더 나은 결과물을 만들 수 있지 않았을까. 개정에 대한 욕심은 5년이 지나서야 이루어졌다. 안전모를 쓰고 망치를 들고 안과 밖을 둘러보았다. 골격과 구조는 단단하고 단순한 것이 나쁘지 않다 생각했다. 즐거운 마음으로 거친 문장을 뜯어내고 부족한 부분을 채워 넣었다.

몇 권의 책을 세상에 내놓고서야 내가 지금 무엇을 하고 있는지 알게 되었다. 글이 아니라 대화. 이것이 내가 글을 쓰는 유일한 목적임을 말이다. 일방적 독백이 아니라, 글 안에서 독자와 저자가 마주 앉아 서로의 생각을 키워가며 성장할 수 있기를.

벽지를 바르고 페인트를 칠하며 나는 앞으로 이 개선된 공간을 거쳐 갈 당신을 생각했다. 이 결과물이 당신의 마음에 들었으면 한다.

2020년 1월, 채사장

프롤로그

탄자니아의 세렝게티 평원에는 들소, 검은꼬리 누, 사바나 얼룩말, 코끼리 등의 대형 포유류들이 살고 있다. 한 과학자가 놀라운 발견을 했다. 말을 하는 사자를 만난 것이다. 물론 실제로 그렇다는 건 아니고 세렝게티 평원에서 대면한 사자가 한국어를 구사한다고 상상해보자. 단어만 내뱉는 정도가 아니라 문법 구조에 따라 말을 하고 있다. 도대체 사자는 무슨 말을 할 것인가?

"어이 친구, 반갑네. 여기 세렝게티는 약육강식의 질서를 따르고 있네만, 자신의 노력 여부에 따라 보상을 받는다는 측면에서는 개인의 자유가 보장되어 있는 합리적인 세계라고 할 수 있다네."

이런 말은 하지 않을 것이다. 상상하긴 어렵지만 추측해본다면 우리는 그가 내뱉는 소리들이 익숙한 단어와 문장의 배열이라는 것은 느끼더라도, 그가 하는 말은 전혀 이해할 수 없을 것이다.

현대 철학의 거물 비트겐슈타인은 그의 책《철학적 탐구》에서 다음과 같이 말했다.

"사자가 말을 할 수 있다고 하더라도 우리는 그 말을 이해할 수 없다."

삶의 방식이 다르기 때문이다. 주어진 환경과 개인의 경험이 다르다면, 우리는 같은 말을 한다 해도 서로를 조금도 이해할 수가 없다.

21세기 한국의 건물숲 속에서도 우리는 사자들을 만난다. 업무를 던져주는 사자도 있고, 지하철에 앉아 핸드폰에 빠져 있는 사자도 있으며, 오랜만에 만나서 자기 자랑에 여념이 없는 사자도 있다. 수많은 사자에게 시달리다가 집으로 돌아와서 몸을 누일 때, 우리는 피로하고 지친 또 다른 사자를 대면하기도 한다.

대화하고 소통하기 위해 필요한 건 언어가 아니다. 바로 공통분모다. 그리고 인류의 공통분모는 내가 잘 모르고 있었을 뿐 이미 마련되어 있다. 지금의 당신과 나뿐만이 아니라 과거와 미래의 사람들까지 아울러서 모두가 함께 공유하는 공통분모. 우리는 그것을 교양, 인문학이라고 부른다.

교양은 클래식을 들으며 우아하게 차를 마시는 그 무엇이 아니다. 교양과 인문학은 단적으로 말해서 넓고 얕은 지식을 의미한다. 개인이 가진 전문적인 지식은 먹고사는 데 필수지만, 타인과 대화할 때는 그다지 쓸모가 없다. 교양과 인문학으로서의 넓고 얕은 지식이 우리를 심오한 어른들의 대화놀이에 참여할 수 있게 한다.

《지적 대화를 위한 넓고 얕은 지식》은 우리를 심오한 대화놀이의 세계로 초대하는 티켓이다. 하지만 놀이라고 해서 무작정 시작할 수는 없다. 드라이브를 즐기기 위해서는 최소한 운전면허가 있어야 하고, 기타를 치며 노래하기 위해서는 최소한 서너 개의 코드는 잡을 줄 알아야 하는 것처럼, 대화놀이도 예외일 수는 없다. 성인들의 대화놀이에 참여하기 위해서는 기본적인 자격증이 필요하다. 그 자격증은 '최소한의 지식'이다. 세계에 대한 넓고 얕은 지식도 없이 재미있고 깊이 있는 대화를 하겠다는 건 욕심이다.

그렇다면 지적 대화를 위해서 필요한 최소한의 지식이란 무엇인가?

답부터 말하면, 그것은 내가 발 딛고 사는 '세계'에 대한 이해다. 세계에 대해 이해하게 되면 그때서야 세계에 발 딛고 있던 '나'를 이해하게 된다. 그리고 깊어진 '나'에 대한 이해는 한층 더 깊게 '세계'를 이해하는 토대가 된다. 나에게 보이지 않고 숨겨져 있던 세계에 대한 이해. 이것이 지적 대화의 본질이다.

정리해보면, 지적 대화를 위해서는 '나'와 '세계'를 알아야 한다. 그래서 우리는 먼저 '세계'부터 차근차근 여행하고자 한다.

시리즈 《지적 대화를 위한 넓고 얕은 지식》은 세계에 대한 지식을 당신이 쉽게 소화할 수 있도록 세계를 세 가지 영역으로 잘라서 제시한다. 우선 1권에서는 '현실 세계'를 다룬다. 이를 역사, 경제, 정치, 사회, 윤리의 다섯 가지 영역으로 나누어서 알아볼 것이다. 다음 2권에서는 '현실 너머의 세계'를 다룬다. 인간의 정신과 관련된 이 부분은 철학, 과학, 예술, 종교, 신비의 다섯 가지 세부 영역으로 다룰 것이다. 1권과 2권의 세계와 관련된 지식이 충분히 익숙해진 이들을 위해 0권 '초월'도 준비되어 있다. 우주, 인류, 베다, 도가, 불교, 철학, 기독교의 일곱 가지 세부 영역을 다루게 될 것이다.

1권에서는 '현실'에 대한 이야기를, 2권에서는 '현실 너머'에 대한 이야기를, 0권에서는 '초월'에 대한 이야기를 다루지만 각각의 영역은 독립적이지 않다. 현실을 설명하기 위해서는 현실을 넘어선 곳에서 현실을 살펴야 하고, 또한 현실 너머의 이야기는 언제나 그 자양분을 현실에서 얻어야만 한다. 이렇게 현실의 영역과 현실 너머의 영역을 통틀어 '세계'라 부를 수 있을 것이다. 그리고 더 나아가 우리가 세계라 부르는 것의 의미를 깊게 이해하기 위해서는 세계의 경계 너머로 나아가는 '초월'의 과정을 거쳐야만 한다.

이 중 두 번째 계단인 2권은 현실 너머의 세계를 다루며, 진리를 탐구하고자 하는 사람들을 위해 준비되었다. 이 책 전체는 진리에 대한 세 가지 견해로서 절대주의, 상대주의, 회의주의를 중심으로 일관되게 구조화된다. 진리의 후보인 철학, 과학, 예술, 종교, 신비가 각각 역사적인 흐름에 따라서 진리의 세 가지 견해를 기준으로 전개되어왔음을 확인하게 될 것이다.

[철학] 파트에서는 절대주의의 흐름으로 플라톤, 교부철학, 합리론을 살펴본다. 다음으로 상대주의의 흐름인 아리스토텔레스, 스콜라철학, 경험론을 알아본다. 그리고 이 두 입장의 종합으로서 칸트의 철학을 알아보고, 현대 철학에서 하이데거와 비트겐슈타인의 철학을 살펴본다. 동시에 이 두 입장과는 상반되게 전개되었던 회의주의적 견해로서의 소피스트, 니체, 실존주의 철학을 이해한다.

[과학] 파트에서는 경험적 관찰과 이성적 측면에서의 수학의 도움으로 절대주의적 측면이 강하게 드러나는 것을 확인할 수 있다. 수학의 발전과 함께 프톨레마이오스부터 코페르니쿠스, 갈릴레이, 뉴턴, 아인슈타인으로 연결되는 과학사의 흐름을 살펴본다. 그리고 이러한 절대주의적 세계관에 대한 비판으로서 비결정론의 양자역학을 상대주의적 세계관으로 해석해본다. 마지막으로 과학에서의 회의주의 측면으로서 과학철학의 성과를 다룰 것이다.

[예술] 파트에서는 절대주의 예술인 고대 그리스 미술 양식에서 시작하여 르네상스 미술, 고전주의에 이르는 양식을 살펴보고, 이에 대한 저항으로서 상대주의 예술인 바로크, 로코코 미술, 낭만주의 양식에 대해 알아본다. 이후 이 두 양식은 사실주의와 인상주의로 이어진다. 예술에서 회의주의는 현대 미술에 이르러 등장한다. 대상과 주체에 대한 변형과 회의가 현대 미술의 특징임을 확인할 것이다.

[종교] 파트에서는 절대적 유일신교로서의 유대교, 그리스도교, 이슬람교에 대해서 알아본다. 이 종교들이 구약을 공통분모로 해서《신

약》과 〈코란〉에 대한 입장 차이로 구분됨을 확인한다. 동시에 아담부터 모세까지의 역사와 예수 그리스도, 예언자 무함마드의 일생을 알아본다. 다음으로 이와 본질적으로 다른 상대적 다신교를 확인한다.《베다》에서 출발해 이를 수용하고 비판하는 힌두교, 불교, 티베트불교에 대해 이해하고, 힌두교의 세 신의 모습과 부처로서의 싯다르타 그리고 달라이 라마에 대해 알아본다.

[신비] 파트에서는 말할 수 없는 주관적 체험의 영역으로서 죽음과 삶에 대해서 다룬다. 우선 죽음은 시간을 기준으로 죽음의 순간으로서 임사체험과 죽음 이후로서 사후의 가능성을 정리한다. 다음으로 삶은 통시적 측면에서 인생의 의미와 공시적 측면에서 의식이 발생하는 의미를 탐구한다.

여기까지가 이 책에 해당하는 내용이다. 쉬운 이해를 위해 현실 너머 세계를 철학, 과학, 예술, 종교, 신비라는 조각으로 나누어서 살펴보겠지만, 2권이 끝날 때에는 이 조각들이 실제로는 구분하기 힘들 만큼 긴밀하게 연결되어 있음을 알게 될 것이다.

이 책을 통해 '세계'에 대한 대략적인 줄거리를 당신이 이해할 수 있게 되길 바란다. 세계에 대한 이해는 그 세계에 발 딛고 있는 '나'에 대한 새로운 이해를 제시한다. 그리고 나에 대한 이해는 타인과 대화할 수 있는 최소한의 지식이 된다. 최소한의 지식은 역사부터 종교에 이르는 넓은 지식인 동시에 각 분야의 주요한 것만을 다루는 얕은 지식이다.

다음과 같은 이들에게 이 책을 권한다. 지적인 대화에 목말라 있거나, 사회가 돌아가는 모습이 복잡하다고 느끼거나, 다양한 분야에 관심은 많으나 현실적 제약으로 독서할 여유가 없거나, 대학에서 교양 수업을 듣기 전에 기초적인 지식을 얻고 싶거나, 미술관에 가면 무엇인가를 이해한 듯 행동해야 한다는 강박증에 시달리거나, 인문학을 공부해야 한다고 생각하면서도 무엇부터 해야 하는지 주저하고 있거나, 자신의 종교만이 유일한 진실이라고 믿고 있거나, 반대로 과학만이 진리라고 믿고 있거나, 자신이 제대로 살고 있는지 불안하지만 어디서부터 생각을 시작해야 할지 모르는 이들.

마지막으로, 세렝게티에 갈 가능성이 있는 사람들도 사자와의 대면에 대비해서 이 책을 읽어두도록 하자.

이 책을
읽는 방법

1. 읽는 순서

일반적으로 인문학, 교양 서적은 파트마다 독립되어 있어서 어떤 부분을 먼저 읽든 상관이 없는 경우가 많다. 정치 파트를 먼저 읽든, 예술 파트를 먼저 읽든 전체 내용을 이해하기에 특별히 문제가 없는 것이다.

반면 이 책은 순서대로 읽는 것을 권한다. 이 책은 다양한 지식을 백화점의 상품 카탈로그처럼 소개하는 책이 아니라, 하나로 연결된 거대 골격을 제시하기 위해 쓰였다. 하나의 장은 앞서 논의된 개념을 바탕으로 내용이 전개된다. 예를 들어 첫 장인 철학에 대한 이해가 바탕이 되어야 비로소 다음 장인 과학이 쉽게 이해될 것이다. 다른 장도 마찬가지다. 특별한 이유가 없다면 마음 편하게 순서대로 읽을 것을 권한다.

2. 책의 난이도

책의 목표가 넓고 얕은 지식을 전달하는 데 있지만, 그렇다고 개별 분야의 피상적인 내용만을 전달하지는 않는다. 하나의 분야를 이해하기 위한 가장 중요한 열쇠가 되는 개념들을 선별해서 단순화하기 위해 노력했다. 쉽게 읽히겠지만 실제로는 그렇게 단순하고 가벼운 내용은 아닐 것이다. 다만 세밀하고 복잡한 부분은 과감하게 배제하고 독자가 단순한 전체 윤곽을 머릿속에 그려낼 수 있도록 기획되었다. 이 책은 인문학이라는 거대한 방의 문을 여는 열쇠다. 더 깊고 전문적인 내용은 스스로 방 안을 둘러보며 찾아야 한다.

3. 지대넓얕 시리즈

이 책은 《지적 대화를 위한 넓고 얕은 지식》 시리즈의 두 번째 책이다. 시리즈 안에서 이 책이 갖는 의미를 살펴보는 것도 책을 읽는 데 도움이 될 것이다. 1권 〈현실〉 편과, 이 책 2권 〈현실 너머〉 편은 고대부터 현대에 이르는 시대를 다룬다. 이 시대는 잘 알려진 것처럼 이원론이 지배하는 시간이었다. 이를 고려해서 책의 구성도 이원론의 구조를 따랐다. 즉, 1권은 소수의 지배자와 다수의 피지배자로 세계를 양분해서 이들의 계급갈등이 현실을 어떻게 변화시켰는지를 역사, 경제, 정치, 사회, 윤리의 측면에서 살펴보았다. 2권에서는 절대주의와 상대주의로 세계를 구분하고 이러한 진리에 대한 관점이 철학, 과학, 예술, 종교의 분야를 어떻게 이끌었는지 확인한다. 시리즈의 세 번째 책 〈제로〉 편에서는 1, 2권보다 앞선 시대를 다룬다. 고대 이전의 시대는 잘 알려지지 않은 일원론의 시대였다. 이를 고려해 책의 구성도 일원론의 구조를 따른다. 즉, 베다, 도가, 불교, 철학, 기독교의 개별 분야를 관통하는 일원론적 사유가 일관되게 서술되는 것이다. 〈제로〉 편이 세 번째로 출간된 시리즈임에도 불구하고 3권이 아니라 0권이라는 순서로 표기된 이유가 여기에 있다.

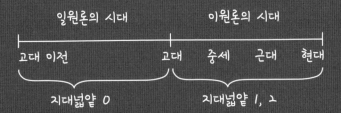

두 가지 거대 세계관인 일원론과 이원론은 시리즈 안에서 균형 있게 다루어진다. 차근차근 따라갈 때, 인류 지식의 큰 틀을 갖게 될 것이다.

과학

예술

종교

신비

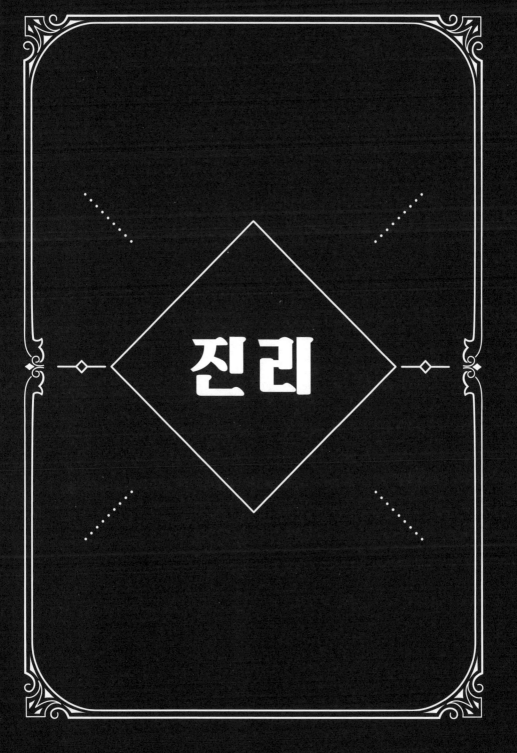

진리

진리란
무엇인가

절대적이고 보편적이며 불변하는 것

인간이 동물과 다른 점을 나열해보면 끝도 없을 것이다. 직립보행, 언어 사용, 문화의 소유 등. 그중에서 가장 근본적인 차이는 인간만이 두 가지 세계에 산다는 점이다. 두 세계는 '현실'의 세계와 '현실 너머'의 세계다. 동물은 주어진 현실을 있는 그대로 받아들이며 현실 세계에 온전히 적응해서 살아간다. 하지만 어쩐 일인지 인간은 현실 세계에 발 담그고 있으면서도 동시에 현실 너머를 보려 하고, 현실을 초월하려고 하며, 현실이 아닌 것에 대해서 상상하려고 한다. 인간에게 현실과 현실 너머의 세계는 어느 것이 더 근본적이라고 말하기 힘들 정도로 서로 영향을 주고받는다. 인간은 이 두 세계 사이에서 아슬아슬하게 줄타기를 하는 존재라고 하겠다.

두 세계 중에 우리가 1권의 [역사, 경제, 정치, 사회, 윤리]에서 살펴본 세계는 현실 세계였다. 이 책 2권에서는 나머지 절반의 세계인 현실 너머의 세계를 탐험해볼 것이다. 그리고 그 탐험은 진리에 대한 이야기에서 출발한다.

진리가 무엇인지는 규정하기 어렵다. 현대의 철학, 과학, 예술, 종교에 종사하는 사람들마저도 진리의 규정에 대해서 아직도 논쟁할 정도다. 다만 인간은 왜인지는 몰라도 항상 진리를 찾아왔고, 손에 잡히지 않는 진리 탐구의 여정에서 철학, 과학, 예술, 종교가 중요한 역할을 수행한 것만은 틀림없다. 이 각각의 분야들을 여행하기 전에 우선 진리에 대해서 이야기해보려 한다.

진리란 무엇인가? 막연하고 대답하기 어려운 질문이다. 그래서 어떤 이들은 답하기 어렵다는 것을 근거로, 진리는 '결코 알 수 없는 것'이라고 쉽게 단정하기도 한다. 하지만 그렇지는 않다. 우리는 진리가 무엇인지 모르지만, 동시에 진리가 무엇이어야 하는지는 알고 있다. 실제로 그렇지 않던가? 진리를 말할 때, 우리는 무언가 완벽하고 보편적이며 절대적인 어떤 것을 상상한다. 이것이 의미하는 것은 우리가 진리에 대해 막연하게나마 어느 정도 이미 알고 있다는 것이다.

인류는 이러한 진리의 성격을 부여잡고 이에 부합하는 대상을 찾아왔다. 그것은 마치 부장님이 불러준 인상착의만 메모한 채 공항으로 외국계 바이어를 찾으러 가는 상황과 같다.

"검은 피부, 큰 키에 수염을 길렀으며, 잘생겼음."

당신은 시간에 맞춰 공항에 도착한 후, 입국장 출구에 서서 쏟아져 나

오는 사람들 가운데에서 바이어를 찾아내야 한다. 손에 쥔 몇 개의 인상
착의만으로.

인류는 진리의 속성을 분명히 알고 있다. 그것은 다음과 같다.

"절대적이고, 보편적이며, 불변함."

이러한 속성을 손에 쥐고 인류는 역사의 시간 전체를 통틀어 진리를
기다려왔다. 출구에서 쏟아져 나오는 무수히 많은 진리의 후보자인 철
학, 과학, 예술, 종교, 신비를 주시하며, 무엇이 진리인지 찾아내려고 했
던 것이다. 다만 문제가 있다면 부장님이 적어준 인상착의가 사실과 다
를 수 있듯, 진리의 속성이라는 것도 사실 진짜인지 장담하기 어렵다는
것이다. 그리고 더 큰 문제는 바이어의 인상착의는 그나마 부장님이라
는 책임져줄 만한 사람이 말해준 것인 데 비해, 진리의 속성은 도대체 누
가 알려준 것인지도 알 수가 없다는 것이다. 진리가 직접 전화해서 알려
준 것도 아닐 테고, 왜 이 속성이 진리의 속성이라고 알게 되었는지 혹은
믿게 되었는지 그 근원을 찾을 수 없다.

다만 진리의 속성은 출처를 알지 못한다 하더라도, 그 속성의 개념만으로도 충분히 진리의 속성이라고 부르기에 만족스럽기는 하다. 이를 하나씩 알아보자.

먼저 '절대성'이라는 속성은 아무런 제약이나 조건이 붙지 않음을 의미한다. 곰곰이 생각해보면 맞는 말이다. 진리가 무엇인지는 모르겠지만, 그것에 반드시 제약이나 조건이 붙지 않아야만 하는 것은 사실이다. 예를 들어 신을 진리라고 가정해보자. 그런데 안타깝게도 이 신에는 조건이 붙는다. 낮에는 신인 것이 확실한데 밤이 되면 신의 구실을 못한다. 만약 이러한 신을 만난다면, 우리는 이 신을 진리라 부를 수 있을까? 그렇지는 않을 것이다. 차라리 이렇게 제한적인 신 대신에, 그의 능력이 발현되고 제한되는 조건과 제약으로서의 운행 원리를 더 근원적인 진리라고 생각하게 될 것이다. 즉, 특정 제약이나 조건이 붙지 않는다는 의미에서의 절대성은 진리의 속성이 되기에 타당하다.

두 번째로 '보편성' 역시 진리의 속성으로 적합하다. 보편이란 모든 것에 두루 적용되는 공통적인 것을 의미하는데, 결론부터 말하면 진리는 반드시 보편적이어야 한다. 다시 보편적이지 않은 신을 상상해보자. 이 신은 지구에서는 신으로서의 능력을 확실히 발휘하지만, 화성에서는 신의 능력을 발휘하지 못한다. 화성의 외계인들과 대화할 기회가 있었는데, 화성의 외계인들은 우리 신이 누구인지도 모른다. 그렇다면 우리의 신은 진리라고 부르기 민망하다. 즉, 진리는 그것이 무엇이 되었든 반드시 보편적이어야 한다.

마지막으로 '불변성'의 속성도 마찬가지다. 불변이란 모양이나 성질이 변하지 않는 것을 의미한다. 분명히 절대적이고 보편적인 영향력을 가진 신이었는데, 오늘 같이 이야기해보니 내일 아침부터는 신의 절대적이고 보편적인 성질이 사라진다고 한다. 만약 이렇게 쉽게 변하는 신이 있다면 예의상 신이라고 이름 붙여줄 수는 있겠지만, 우리가 찾는 궁극적인 진리는 아니라는 것을 직감하게 될 것이다. 변화하는 진리는 진리라고 할 수 없다.

진리의 속성
① 절대성
② 보편성
③ 불변성

정리하면, 이 세 가지 성질은 의심하기 어려운 진리의 속성이 된다. 이제 문제는 이것이다. 이러한 속성을 충족하는 무엇인가가 실제로 존재하는가, 존재하지 않는가? 당신은 어떻게 생각하는가? 절대적이고 보편적이며 불변하는 진리가 있다고 생각하는가? 가능한 답변은 논리적으로 네 가지다. '있다' '없다' '모르겠다' '상관없다'. 이 외에 다른 답변은 가능하지 않다.

진리에 대한 태도

① 있다
② 없다
③ 모르겠다
④ 상관없다

하나씩 살펴보자. 우선 ①'있다'는 답변은 절대주의라고 한다. 누구도 거부할 수 없는 단일한 진리가 있다는 견해를 말한다. 다음으로 ②'없다'는 답변은 상대주의라고 한다. 절대적이고 보편적인 단일 진리는 없다는 견해를 말한다. 상대주의는 상반되는 두 가지 태도로 구분된다. 하나는 어떤 것도 진리가 아니라며 모든 진리를 거부하는 입장이고, 다른 하나는 고정된 하나의 진리가 없을 뿐 다양한 진리가 동시에 존재한다는 입장이다. 극단적으로 보이는 두 견해는 하나로 맞닿는다. 어쨌거나 단일한 진리는 없다. 모든 것이 진리라는 생각은 어떤 것도 진리가 아니라는 생각과 크게 다르지 않다.

진리에 대한 기본적인 태도인 절대주의와 상대주의는 이 책 전체를 관통하는 가장 중요한 개념이 될 것이다. 단적으로 말해서 그 어떤 학문이 되었든, 모든 인문학의 분야는 기본적으로 절대주의와 상대주의의 두 입장으로 구분된다. 앞으로 우리는 철학, 과학, 예술, 종교의 각 영역을 절대주의와 상대주의로 잘라서 단순화할 것이다. 이 이야기는 잠시 후 다시 진행하기로 하고, 진리에 대한 나머지 태도도 알아보자.

③'모르겠다'는 답변도 가능한데, 이를 불가지론이라고 한다. 불가지론은 인간의 감각이나 관념을 뛰어넘는 초월적인 본질은 결코 알 수 없고 말할 수도 없다는 견해다. 생각해보면 맞는 말이다. 자신의 현 상태를 엄밀하게 돌아보면 진리가 있는지 없는지에 대해 모르고 있는 것이 사실 아닌가? 모르는 것을 모른다고 말하는 것만큼 진실에 가까운 것은 없어 보인다. 불가지론은 진리에 대한 강력한 견해 중 하나다.

불가지론은 생각보다 오랜 역사를 갖고 있다. 이는 초월적 진리를 추구했던 고대 그노시스파에 대한 비판에서 시작되었다. 그노시스파는 1세기 무렵에 민중 사이에서 유행한 종교로, 그리스 사상부터 유대교와 그리스도교 그리고 동양 사상까지 다양한 종교가 혼합되어 있는 모습을 보였다. 여기서 그노시스(Gnosis)는 '지식'을 뜻하는 말인데, 진리로서의 신의 본질에 대한 지식을 의미한다. 그노시스파는 개인이 이러한 본질에 대한 지식을 얻을 수 있고, 이를 통해 구원받을 수 있다고 생각했다. 즉, 인간이 절대적 진리에 닿을 수 있다고 본 것이다. 이에 반대하던 입장을 아그노시스(Agnosis)라고 불렀다. 이들은 인간의 육체적, 정신적 한계로는 그노시스에 결코 닿을 수 없다고 보았다. 불가지론이 영어로 'agnosticism'인 이유가 여기에 있다.

불가지론은 세계에 대한 강력하고 객관적인 설명 방식으로 이후의 여러 철학자들에게 일부 수용되었으나, 일반적으로는 학문의 영역에서 배제되어왔다. 그것은 불가지론이 진리에 도달하려는 인간의 탐구 의욕을 꺾고 학문이 발전할 수 없게 만든다는 점에서였다.

마지막으로, ④'상관없다' 역시 진리에 대한 태도로서 하나의 답변이 된다. 생각해보면 진리가 뭐가 되었든 무슨 상관인가? 신이 있다고 해서, 혹은 아인슈타인이 우주 전체를 단칼에 설명할 대통일 이론을 찾았다고 해서 나의 삶이 달라질 것은 없다. 나는 내일도 출근해서 김 부장 얼굴을 봐야 하고, 마무리된 프로젝트의 성과 분석을 해야 하며, 학자금 대출 이자납기일 전에 통장에 잔고를 남겨둬야 한다. 당장 써먹을 수도 없는 진리 같은 건 필요 없다. 이러한 생각을 프래그머티즘(Pragmatism), 번역해서 실용주의라고 한다.

19세기에 미국에서 활동했던 윌리엄 제임스는 어떤 관념, 즉 신이나 진리 같은 관념들의 의미는 그것이 초래하는 결과에서 발생한다고 보았다. 예를 들어 신이 있는지 없는지는 중요하지 않고, 신의 개념이 나에게 주는 영향이 좋으면 그것으로 충분하다는 것이다. 나는 천국이 있다고 믿기에, 나를 괴롭히는 김 부장이 언젠가는 죽어서 벌을 받을 것이라는 생각으로 내 마음에 평화가 찾아온다면 천국의 의미는 이미 충분하다. 즉, 지금 나에게 쓸모 있는 관념만이 의미를 갖지, 쓸모없는 관념들은 말할 가치가 없다.

실용주의는 미국을 중심으로 발전했고, 미국식 자본주의가 세계적으로 확장되면서 전 세계로 전파되었다. 미국의 경제와 문화의 영향을 크게 받은 한국도 마찬가지다. 오늘날 우리는 손에 잡히고 유용한 것만이 가치 있는 것이라고 생각한다. 어떤 면에서 실용주의는 하나의 철학 사조라기보다는 차라리 삶의 원리가 된 것 같기도 하다. 오늘날 한국은 철학이 없는 사회가 아니라, 극단적인 미국식 실용주의가 완벽하게 장악한 사회라고 할 수 있다.

지금까지 진리에 대한 개념과 그에 대한 태도를 알아보았다. 정리하면 진리는 무엇인지 알 수 없지만, 절대, 보편, 불변이라는 속성을 반드시 가져야만 했다. 그리고 이러한 진리에 대해 우리가 가질 수 있는 네 가지 태도를 살펴보았다. 절대적 진리가 있다는 절대주의적 태도, 절대적 진리는 없다는 상대주의적 태도, 모르겠다는 불가지론, 유용한 것만을 이야기하자는 실용주의적 태도가 그것이었다.

앞으로 우리는 이 중에서 절대주의와 상대주의를 중심으로 논의를 전개해나가려고 한다. 불가지론과 실용주의는 일상의 무미건조한 하루하루를 살아가는 현대인에게는 배우지 않아도 이미 체득한 익숙한 태도다. 주변의 실용적인 사람들과는 달리 현실에 적응하지 못하고 일상에 발붙이지 못하는 당신과 같은 삶의 순례자를 위해 진리를 향한 여행을 준비해두었다.

진리의
역사

자연신에서 포스트모던까지

절대적이고 보편적이며 불변한다는 속성상 변하지 않아야 하겠으나, 아이러니하게도 진리는 역사 속에서 그 모습을 바꿔왔다. 지금부터는 그것이 어떻게 변화되어왔는지 진리의 역사를 알아보려고 한다. ①원시, ②고대, ③중세, ④근대, ⑤현대로 시대를 구분해서 살펴보자.

①원시 시대의 진리는 자연신이었다. 당시 사람들은 자연의 압도적인 풍요와 폭력에 무방비 상태로 놓여 있었다. 그래서 예측하기 힘든 여러 현상이 발생하는 원인을 설명하고자 했다. 그들은 사물과 현상을 의인화해서 자연의 속성을 인간의 감정에 대응시켜 서술했다. 풍요는 어머니이고, 가뭄은 외면이었으며, 폭풍은 분노였고, 무지개는 용서였다. 원시 시대의 사람들에게 자신을 둘러싸며 펼쳐진 환경은 하나의 신성함이었다.

②고대 시대의 진리는 신화였다. 대표적으로 그리스·로마 신화의 등장인물들은 해당 지역의 사람들에게는 실재하는 존재자였다. 그들에게 올림포스의 신들인 제우스와 헤라, 아폴론은 의심의 여지 없이 실제로 존재했고, 인간 세상에 강력하게 개입했다. 그래서 고대 그리스인은 하늘에 있는 올림포스 신들에게 기도할 때면 선 채로 손바닥을 하늘로 향하게 했다. 반대로 지하의 신에게 기도할 때는 손바닥을 땅으로 향하게 했다. 신들이 정말로 하늘 위나 땅 아래에 있다고 생각한 것이다. 신화 속의 신들은 오늘날 현대인에게 문학으로 존재하지만, 고대 그리스인에게는 자기 세계의 사실로서 존재했다.

③중세 시대에 이르러 진리는 진리다운 면모를 보이기 시작했다. 원시와 고대의 신들이 지극히 인간적이고 불완전한 다원적 형태를 취했다면, 유대교, 그리스도교, 이슬람교에서 유일신은 초월적이고 완벽한 존재로 등장했다. 이 유일신은 진리의 속성인 절대성, 보편성, 불변성을 다 갖춘 우주의 창조자였다. 이제 진리는 유일신의 옷을 입고 진리의 권좌를 차지했다. 중세의 진리관은 인류 역사 천 년의 시간 동안 이어졌다.

진리의 역사

원시	고대	중세	근대
자연신 →	신화 →	유일신 →	이성

중세의 초월적인 신은 현실에서 왕의 권력을 정당화해주는 역할도 함께 수행했다. 1권 [역사] 파트에서 살펴보았던 것처럼 이 시대의 왕은 권력의 물질적 기반으로서 장원을 소유하고 있었고, 정신적 정당화를 위해 신을 요청했다. 그런데 중세 후기가 되면서 새로운 생산수단으로 공장을 소유한 부르주아가 등장했고, 이들은 공장을 기반으로 물질적 권력을 획득했다. 이제 부르주아에게 필요한 것은 정신적 기반이었다. 결국 이들은 신의 역할을 빈틈없이 대체할 새로운 진리의 기준으로서 이성을 제시했다. 신본주의의 중세가 무너지고, 인간의 이성을 중심으로 하는 인본주의 시대가 도래한 것이다. 이를 르네상스라 불렀다. 르네상스는 그저 인간중심적인 하나의 문화 운동이 아니라, 진리의 패러다임이 급진적으로 변화하고 있는 시대의 이름이었다.

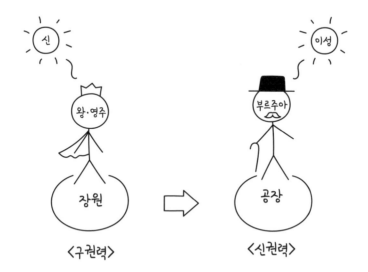

결국 ④근대에 이르러 진리의 왕좌는 이성이 차지했다. 이성은 구체적으로 세 가지 근본적인 학문을 의미한다. 수학, 물리학, 철학. 이 세 영역은 다른 모든 학문의 토대이자 뿌리라고 할 수 있다. 학문 분야들이 위계를 갖는다는 주장은 분명 논란의 여지가 있다. 하나의 학문 분야는 다른 학문들과 복잡하게 연결되어 있으며, 동시에 개별 학문은 독자적인 영역 안에서 심화되었기 때문이다. 하지만 분명한 것은 개별 학문이 자신의 학문으로서의 가능성을 스스로 탐구하지는 못한다는 것이다. 이것은 다른 학문이 대신해주어야 한다.

예를 들어 사회학은 세계의 여러 사회와 사회적 행위에 대해 탐구하는 분야지만, '사회'라는 개념이 실제로 가능한 개념인지에 대해서는 스스로 의심하지 않는다. 사회가 실재한다는 전제하에서 사회학이 탐구되는 것이다. 이러한 근원적인 고민은 철학이 대신해주어야 한다. 경영학은 기업의 조직과 관리 운영에 대해 탐구하는 학문 영역이지만, 기업이 활동하기 위한 전제로서의 '시장'의 존재에 대해서는 고민하지 않는다. 이러한 역할은 경제학이 대신해주어야 한다. 이는 과학에서도 마찬가지다. 의학은 생리학에서 근거를 찾고, 물리학은 수학에서 정당성을 확보한다.

이런 방식으로 학문의 최종적인 근거를 찾아가 보면 결론적으로 수학, 물리학, 철학의 세 가지 학문에 닿는다. 이들은 학문의 최종 근거이며, 인간 이성의 꽃이다.

학문의 위계

경영학   심리학   의학

경제학

사회학   생물학   지구과학

미학   천체물리학

문학   윤리학   화학

철학   물리학

수학

수학, 물리학, 철학이 이룬 성과는 가히 놀라워서, 근대 사회의 분위기는 인간의 이성을 토대로 한 거대한 학문 체계가 세계를 넘어 인간과 우주의 존재 모두를 규명할 것만 같았다. 이와 동시에 응용 학문을 기반으로 하는 기술과 산업의 발전은 인간의 삶을 풍요로 이끌었다. 인간의 이성과 합리성에 대한 낙관적인 전망이 근대 사회의 분위기를 장악한 것이다. 이 시대를 대표하는 단어는 다음과 같다. 이성, 합리성, 효율, 주체, 질서, 규율, 규칙, 통제, 발전, 성장, 기술. 이러한 근대 사회의 특징을 '근대성' 또는 '근대 합리성'이라는 말로 표현한다. 일반적으로 빈번하게 사용하는 용어이니 잘 기억해두자.

하지만 근대인의 낙관적인 전망은 그리 오래가지 못했다. 근대는 매우 빠르게 붕괴되었다. 그 원인은 외적인 원인과 내적인 원인으로 나누어 살펴볼 수 있다.

우선 외적인 원인은 두 차례에 걸친 세계대전에서 기인한다. 이성에 대한 신뢰와 그에 따른 기술 발전은 세상을 풍요로 이끌어줄 것만 같았지만, 반대로 인류는 유례없는 위기를 맞이했다. 물리학과 화학의 발전은 대량 살상 무기가 되어 인류를 위협했다. 인간 유전에 대한 이해와 생리학의 발전은 열등한 인종을 규정하는 근거가 되어, 유대인 학살의 명분이 되었다. 그리고 산업 발전은 환경 파괴와 빈부격차, 거대 자본에 의한 개발도상국의 종속화를 가져왔다. 이성과 합리성의 추구가 유토피아를 가져오지 않으며, 반대로 삶과 공동체를 파괴할 수 있음을 인류는 충분히 경험한 것이다. 이제 사람들은 근대 합리성이 제시하는 미래를 의심하게 되었다.

다음으로 내적인 원인이란 인간 이성이 학문의 영역에서 스스로 한계를 드러낸 것을 말한다. 쉽게 말해서 인간 이성의 꽃이며 모든 학문의 최종 근거로서의 지위를 차지했던 수학, 물리학, 철학에서 스스로의 한계와 불가능성이 발견된 것이다. 수학에서는 괴델이 '불완전성 정리'를 통해 수학의 불가능성을 수학적으로 증명해냈고, 물리학에서는 하이젠베르크가 '불확정성 원리'를 통해 고전 물리학이 더 이상 가능하지 않음을 설명했다. 철학에서는 파이어아벤트가 '인식론적 무정부주의'를 통해 철학적 방법론에 규칙이 필요하지 않음을 설명함으로써 학문 전체의 질서를 흔들었다.

근대 합리성의 붕괴

┌ 외적 요인 : 세계대전, 산업화 부작용

└ 내적 요인

   ① 수학   : 불완전성 정리

   ② 물리학 : 불확정성 원리

   ③ 철학   : 인식론적 무정부주의

세 이론의 공통점은 자신이 속한 학문의 한계를 드러냈다는 점에 있다. 이것은 마치 신에 대해서 알기 위해 평생 신학을 공부한 끝에 신이 없음을 깨닫게 된 상황이라고 할 수 있다. 도대체 이들이 무엇을 말했기에 근대 합리성을 뒤흔들고 결국 근대를 끝나게 했는지 살펴보자.

수학 : 괴델의 불완전성 정리

쿠르드 괴델은 20세기에 활동했던 수학자로, 아인슈타인의 친구였다. 26세에 불완전성 정리에 대한 짧은 논문을 발표해서 수학계를 뒤흔들었다. 실제 내용은 매우 복잡하지만, 수학사에 한 획을 그었던 사건인 만큼 우리는 기본적인 근간 정도만 이해하고 넘어가자.

불완전성 정리의 의미를 이해하기 위해서는 당시의 학계 분위기를 우선 파악해야 한다. 당시 수학계는 새롭게 발견된 수학적 역설들에도 불구하고, 수학의 확실한 기초를 확보할 수 있을 것이라는 기대로 부풀어 있었다. 대표적으로 집합론을 제시한 칸토어와 형식주의를 제안한 힐베르트 등이 이러한 분위기를 이끌었다. 수학이 우주 전체를 설명하는 절대 진리일 것만 같은 분위기가 이어졌다.

이러한 학계의 낙관적 분위기를 깨고, 실제로는 확실한 기초를 찾을 수 없음을 증명한 것이 괴델의 불완전성 정리다. 이것은 제1불완전성 정리로 시작한다.

제1불완전성 정리 : 적어도 하나의 자연수 이론이 포함된 형식적 체계 안에는 결정 불가능한 공식, 즉 그 자체로 증명이 불가능한 공식이 존재한다.

이 명제에서 제2불완전성 정리가 도출된다. 그것은 다음과 같다.

제2불완전성 정리 : 적어도 하나의 자연수 이론이 포함된 형식적 체계의 무모순성은 해당 체계 안에서는 증명될 수 없다.

당최 무슨 말인지 모르겠다고 좌절할 필요는 없다. 단순하게 생각하면 충분히 이해할 수 있는 내용이다. 비유를 통해서 알아보자. A는 도인이고, B는 그의 수제자다. 그들은 수학의 우주에 살고 있다. 이 수학의 우주는 너무나 명료하고 질서정연해서, 이 안에서 증명되지 않는 것이란 그 어떤 것도 존재하지 않는다. 그런데 어느 날 도인이 말했다. "B야. 사실 이 세상에는 증명할 수 없는 하나의 문장이 존재한단다." B가 놀라서 물었다. "아니, 스승님. 그게 무슨 말씀이십니까? 모든 것이 증명되는 이 세상에 증명되지 않는 것이 있다니요? 그게 무엇입니까? 깨달음을 주십시오." 그러자 A가 답을 알려주었다. "그것은 이 우주 안에 있는 모든 것은 증명될 수 있어도, 이 우주 자체가 증명될 수 있는지는 알 수 없다는 것이다. 이 우주가 실제로 존재하고 있는지, 아니면 한바탕 꿈인지는 이 우주 안에서는 결코 증명될 수 없고, 네가 죽거나 꿈을 깨고 나서 이 우주를 벗어난 다음에야 알 수 있는 것이란다."

괴델의 불완전성 정리의 내용이 이와 크게 다르지 않다. 하나의 특정 수학 체계는 자기 스스로의 무모순성을 증명할 수 없음을 항상 내포하

고 있다. 따라서 기존에 우리가 수학에 대해서 알고 있었던 것과는 달리 적어도 하나의 명제는 증명할 수 없고, 이것은 수학 체계가 완벽하게 증명될 수 없음을 의미한다. 그나마 인류는 완벽해 보이는 수학에 기댔었는데, 알고 보니 스스로 해결하지 못하는 내적 모순을 갖고 있었던 것이다. 이로써 수학은 절대적이고 완벽하다는 오만에서 벗어나 불완전성을 전제하고 이를 극복하기 위한 방향을 모색하게 되었다.

물리학 : 하이젠베르크의 불확정성 원리

하이젠베르크는 괴델과 같은 시기인 20세기에 활동한 이론 물리학자다. 물리학은 두 영역으로 구분할 수 있는데, 우주와 사물 등의 거대한 영역을 다루는 물리학을 거시물리학이라 하고, 원자와 전자 등의 소립자의 영역을 다루는 물리학을 미시물리학이라고 한다. 근대에는 거시물리학으로서 뉴턴역학과 아인슈타인의 상대성이론이 중심을 이루었다면, 현대에 와서는 미시물리학으로서 양자역학이 학계의 주류가 되었다.

불확정성 원리는 현대 양자역학의 근간을 이루는 개념이다. 이 이론은 단적으로 말해 그 전까지의 근대 거시물리학의 한계를 선언한 이론이라고 할 수 있다. 기술 발전과 함께 점차 극도로 작은 소립자의 세계를 측정할 수 있게 되면서, 이곳에서는 더 이상 거대한 세계의 물리 법칙이 적용되지 않는다는 것을 알게 된 것이다.

기존의 물리학은 시간(t)에 대한 위치(s)와 속도(v)의 함수로 물체를 표현한다. 즉, [s=v·t]를 파악하는 학문이 물리학이다. 우리가 중학생 시절에 지겹게 암기했던 '거리는 속력 곱하기 시간'이 그것이다. 세상의 모든 존재자는 [s=v·t]의 법칙에 따라 정확히 움직인다. 그런데 어찌 된 일인지 소립자의 세계에서는 물리학의 가장 기초 법칙이 적용되지 않는 것처럼 보였다. 소립자 세계에서는 위치(s)를 정확히 파악하려 하면 속도(v)가 불확실해지고, 반대로 속도(v)를 정확히 측정하려 하면 위치(s)가 불명확해졌다.

예를 들어보자. 엄청난 기술력을 바탕으로 특수하게 제작된 현미경이 있고, 이를 통해 전자를 관찰하기로 했다. 그런데 관찰이라는 행위는 빛이 물질에 반사되어서 눈에 도달하는 과정을 의미한다. 전자를 특수 현미경으로 관찰한다는 것도 특정 전파를 전자에 충돌시켜서 튕겨져 나온 것을 감지기로 감지하는 것이다.

거시 세계의 관찰

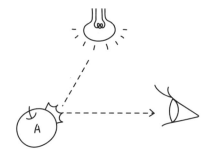

그런데 문제가 발생했다. 전자를 관찰하기 위해서 전자기파를 쏘았더니 전자의 위치는 정확하게 파악할 수 있었지만, 전자기파에 의해 전자의 속도가 변화된 것이다. 측정하려는 전자가 A당구공이라면, 전자의 위치를 확인한답시고 또 다른 B당구공으로 충돌시키는 상황이므로 전자의 속도가 변화할 수밖에 없었다.

미시 세계의 관찰

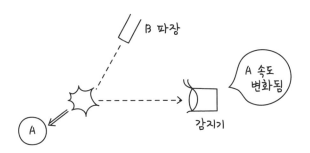

그래서 이번에는 전자의 속도가 변하지 않을 만큼의 아주 약한 전자기파를 미약하게만 쏴보았다. 그랬더니 전자에 충돌하고 튕겨져 나온 전자기파가 너무 힘이 없어서 감지기까지 도달하지도 못하고 중간에 어디론가 사라져버렸다. 이 때문에 전자가 어디에 있는지 확인할 수가 없었다. 다시 전자를 당구공에 비유한다면, A당구공의 속도에 변화를 주지 않을 만큼 아주 살짝 B당구공을 충돌시킨 것이다. 그랬더니 B당구공이 다시 돌아오지 않았다.

미시 세계의 관찰

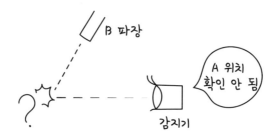

이를 정리하면, 위치를 정확하게 파악하려 하면 속도가 불확실해지고, 속도를 정확하게 파악하려 하면 위치를 알 수 없게 되는 것이다. 결론적으로 현대 물리학에 이르러 과학자들은 소립자의 위치와 속도를 동시에 측정할 수 없음을 알게 되었다. 그런데 이건 문제가 된다. 왜냐하면 물리학의 기본은 특정 물체를 위치와 속도로 표현하는 것이기 때문이다. 소립자의 위치와 속도를 동시에 측정하지 못한다는 것은 미시 세계에서는 더 이상 기존 물리학이 적용되지 않는다는 것을 뜻했다.

물론 이에 대한 비판이 있었다. 소립자의 위치와 속도를 동시에 정확히 측정하지 못하는 것은 기술상의 문제일 뿐, 측정 도구와 방식을 엄밀히 하면 미시 세계도 근대 물리학의 방식으로 충분히 관측할 수 있을 거라는 비판이었다. 하지만 하이젠베르크와 닐스 보어 등 일부 과학자들은 이를 부정하고, 불확정적인 현상은 단지 측정의 문제가 아니라 소립자들의 원래 속성이라고 선언했다. 이를 '코펜하겐 해석'이라고 한다.

그렇다고 하이젠베르크의 불확정성 원리가 물리학의 실패나 포기를 말한 것은 아니었다. 반대로 불확정성 원리 이후 과학은 더 발전해왔으며, 소립자의 불확정성은 무질서가 아니라 확률 안에서 유의미하게 제한되어 나타나는 현상으로 이해되었다. 다만 불확정성 원리가 당시를 충격에 빠트리고 물리학이 완벽하게 세상을 예측할 것이라는 확신을 무너트렸다는 점에서, 불확정성 원리는 이성에 대한 확신으로 가득 차 있던 근대 합리성의 시대를 변화시키는 데 공헌했다. 현대 물리학에 대한 더 자세한 내용은 이 책의 [과학] 파트에서 다루어질 것이다.

철학 : 파이어아벤트의 인식론적 무정부주의

수학과 과학에 이어 철학에서도 한계가 발견되었다. 20세기에 활동한 파이어아벤트는 근대 이성중심주의를 강하게 비판한 인물이다. 그는 과학적 지식과 방법론만이 진리를 검증해줄 유일한 수단이라고 여기던 당대의 사회 분위기를 거부하고, 과학적 지식이 다른 모든 형태의 지식과 구분될 수 없음을 주장했다. 당시 철학계는 논리실증주의나 반증주의 등과 같이 객관적인 관찰 결과를 바탕으로 한 엄밀한 과학적 학문을 추구하고 있었다. 과학과 기술이 이룬 놀라운 성과는 사람들로 하여금 인문학과 사회학까지도 과학적 방법론을 수용해야 한다는 분위기로 휩쓸리게 만들었다. 하지만 파이어아벤트는 과학사에서의 역사적인 자료들을 토대로 실제 과학이 이성적 검증만으로 발전되어온 것이 아니라, 예술적이거나 심지어 정치적인 요인에 의해 발전을 거듭해왔음을 보여주었다.

예를 들어 코페르니쿠스가 우주의 중심이 지구라는 천동설을 부정하고 태양을 우주의 중심으로 둔 것은 어떤 합리적이고 객관적인 자료들을 종합해서가 아니었다. 다만 그저 그렇게 하는 것이 행성들의 공전이 더 단순하고 예쁘게 표현되기 때문이었다. 결론적으로 파이어아벤트에게 과학은 신화나 점성술, 미신에 비해 더 우월한 방법론을 가진 것이 아니었다. 그래서 그는 "네 멋대로 해라!"라고 선언한다. 과학적 방법론만을 추구해야 할 이유는 실제 역사와 현실을 고려할 때 그 어디에서도 찾을 수 없다. 인류는 과학적인 방법이 아닌, 과학적이지 않은 방법들로 과학을 발전시켜왔다. 파이어아벤트의 주장이 의미하는 것은 우리의 기대와는 달리 합리적 이성의 기초가 비합리적이고 주관적이며 개인적인 충동에서 기인할 수 있다는 것이다.

괴델의 불완전성 정리, 하이젠베르크의 불확정성 원리, 파이어아벤트의 인식론적 무정부주의는 수학, 물리학, 철학이 스스로 자신의 한계와 불가능성을 되돌아보게 해준 상징적인 사건이 되었다. 이러한 학문의 내적 붕괴가 세계대전이라는 외적 요인과 결합되어 근대 합리성에 대한 낙관을 회의하게 만들었다. 인간의 이성은 사실 너무나 초라하고 제한적이며 폭력적인 귀결로 이어진다는 것을 인류는 몸서리치게 깨달게 된 것이다. 그래서 이제 사람들은 절대적 진리로서 기대했던 근대 이성을 극복하고, 근대 합리성을 넘어서려고 노력했다.

그렇다면 ⑤현대의 진리는 무엇일까? 중세의 신과 근대의 이성이 진리의 왕좌에서 내려온 시대. 비어 있는 왕좌는 누구의 것일까? 오늘날 당신의 마음속 진리의 자리에는 무엇이 앉아 있는가?

당신의 주관적 신념과는 무관하게 시대의 거대 흐름은 두 가지 태도로 나아갔다. 우선 어떤 이들은 근대 이성을 포기하지 않았다. 이들은 근대가 절대적 이성에 대한 맹신으로 비극을 맞이한 것은 부정할 수 없는 사실이지만, 그렇다 하더라도 우리가 이성이나 합리성까지 포기할 수는 없다고 말한다. 살고 있는 집에 문제가 있다고 집을 태워버릴 수는 없는 것이 아니겠는가? 마찬가지로 근대 이성에 문제가 있다면 그것을 손보고 수정해서 본질을 되찾으면 된다. 이들은 이성이 문제가 아니라 이성의 잘못된 사용이 문제라고 지적했다. 합리적 의사소통의 가능성을 추구했던 철학자 하버마스가 이러한 입장을 대표한다.

반면 다른 이들은 근대가 비극을 맞이한 것은 이성의 오용이 아니라 이성 자체의 문제에서 기인한다고 생각했다. 이들은 근대 합리성의 독단을 무너뜨리고 여기서 탈출하고자 했다. 근대성에서 벗어나려는 이러한 시대적 태도를 '탈근대성'이라고 부른다. 영어로 번역하면 근대를 의미하는 'modern'에 '후에' '다음에' '넘어서' 등을 의미하는 접두사 'post'를 붙여 'post-modern'이 된다.

진리의 역사

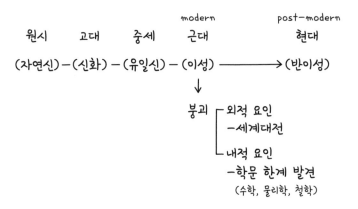

포스트모던, 탈근대, 현대는 일반적으로 같은 말로 사용되고, 모두 근대를 넘어서려는 시대적 방향성을 의미한다. 여기서 근대를 넘어선다는 것은 근대성, 즉 이성중심주의를 극복한다는 것을 의미한다. 그래서 탈근대는 이성에 반대하는 반이성을 특징으로 한다. 반이성이라고 하니까 뭔가 어감이 안 좋은데, 우리 모두 바보가 되자는 부정적인 뜻이 아니라 이성중심주의의 독단과 폭력을 거부한다는 의미다.

그래서 포스트모던은 구체적으로 근대가 추구하던 이성, 합리성, 효율, 주체, 질서, 규율, 규칙, 통제, 발전, 성장, 기술에 저항하며, 이 근대의 속성들을 그 내부로부터 스스로 붕괴시키려고 한다. 근대가 쌓아 올린 완고하고 질서정연한 고층건물 안으로 새로 출근한 포스트모던이 걸어 들어가서 취약해 보이는 몇몇 기둥을 손가락으로 밀어 건물 전체를 무너트리는 것이다. 이렇게 근대 합리성을 내부로부터 붕괴시키는 작업을

'해체'라고 한다. 해체는 포스트모던의 대표적 특징이다. 반이성의 시대가 온 것이다.

포스트모던은 1960년대부터 세계적으로 유행했다. 다만 이론부터 실천까지 그 내용이 너무나 다채로워서 포스트모던이 무엇인지 정확하게 정의하기는 어렵다. 어떤 이들은 포스트모던 자체가 이성에 대한 반대를 말하므로 정의하려는 행위 자체가 불가능하다고 주장한다. 왜냐하면 '정의'도 이성적인 활동이기 때문이다. 일면 타당한 설명이지만, 이런 설명은 포스트모던을 너무 신비적으로 보이게 하는 측면이 있다. 사람들에게 언급되고 사용되는 무엇이라 할 때, 정의할 수 없는 것이란 없다. 우리는 포스트모던에 대해 좀 더 이해하기 위해 이념적인 측면과 실천적인 측면으로 나눠서 살펴보려고 한다.

이념적인 측면

포스트모던 담론이 거부하고자 했던 것은 중세와 근대가 추구했던 이념이었다. 그런데 앞서 살펴보았듯 중세와 근대가 추구한 진리는 상반된다. 중세의 진리가 종교에 기반을 두었다면, 근대의 이성은 이를 거부하며 등장했기 때문이다. 하지만 이러한 대립에도 불구하고 중세와 근대는 이념적으로 중요한 공통점을 갖는다. 그것은 세계를 보는 관점, 단적으로 말해서 이분법이다. 이분법은 말 그대로 대상을 둘로 쪼개서 이해하는 사고방식을 말한다. 인간은 왜인지는 몰라도 잘 모르는 대상이 나타났을 때 이를 둘로 쪼개서 이해하면 잘 이해하게 되었다는 느낌을 갖는다. 예를 들어 무수히 많은 동물이 있을 때, 이들을 한 번에 이해하기는 무척 어렵지만, 척추를 기준으로 척추동물과 무척추동물로 구분하면 동물에 대해 체계적으로 이해할 수 있다. 인류의 역사라는 방대한 기록을 이해할 때도 지배 계급과 피지배 계급으로 나누면 편리하다. 정치는 보수와 진보로, 세계는 서양과 동양으로. 이처럼 이분법은 복잡한 세계를 놀랍도록 단순하게 정리해주는 분석의 틀로 유용하다. 이분법은 중세와 근대의 사람들이 세계를 이해하는 강력한 틀이었다. 문제는 이분법으로 구분된 두 세계가 평화롭게 공존하는 것이 아니라, 필연적으로 하나의 세계가 다른 세계를 억압하고 차별한다는 데 있다.

예를 들어보자. 우리는 세계를 둘로 나누어 이해할 수 있다. 선과 악, 남성과 여성, 서양과 동양, 백인과 유색인, 이성과 감성, 부와 가난, 아름다움과 추함 등으로 말이다. 그런데 이렇게 둘로 구분된 개념은 대등한 가치를 갖는 것이 아니라, 필연적으로 둘 중에서 어떤 것은 우월한 것이 되고 다른 것은 열등한 것으로 가치 평가를 받는다. 그리고 우월한 것으로 규정된 개념은 열등한 개념을 지배하는 당위성을 획득한다. 실제로 선, 남성, 서양, 백인, 이성, 부, 아름다움은 중세와 근대를 통틀어 정상적인 것으로서 지배적 위치를 점유했다. 반면 악, 여성, 동양, 유색인, 감성, 가난, 추함은 비정상적이고 열등한 것으로서 배제와 억압의 대상이 되어왔다. 단적으로 말해 중세부터 근대까지의 기간은 '기독교를 믿는 서양 백인 중산층 남성'의 시대였던 것이 사실이다. 그는 세상의 주인으로서 모든 것을 소유했다. 반면 그가 아닌 것들은 차별의 대상이 되었다. 여성차별과 인종차별이 만연했으며, 이들이 피지배의 대상이 되는 것은 이들의 열등함으로부터 정당화되었다.

포스트모던이 중세와 근대를 비판하는 지점이 여기에 있다. 중세와 근대의 이분법적 사고는 필연적으로 하나의 가치가 다른 가치를 억압하는 폭력을 수반할 수밖에 없다. 그래서 포스트모던은 이분법에서 벗어날 것을 제안한다. 세계를 강압적으로 둘로 쪼갤 것이 아니라, 다양한 가치들을 인정하는 다양성과 다원성을 추구해야만 한다는 것이다.

포스트모던은 그동안 억압받아왔던 가치들의 지위를 회복하고자 하며, 한발 더 나아가 이분법에 포착되지 않고 배제되었던 것들까지도 다시 복원하고자 한다. 남성과 여성의 이분법적 담론에서 아예 배제되었던 제3의 성의 권리가 주장되었고, 이성과 감성의 대립에서 포착되지

않았던 광기가 연구되었다. 또한 백인과 흑인의 정치적, 경제적 대립 구도에서 논의되지 않았던 유색인종들의 고유문화가 관심받기 시작했다. 이처럼 포스트모던은 억압받고 잊혔던 것들의 귀환이다. 그들은 너무나 오랜 기간 동안 잊혀왔던 까닭에 등장할 때마다 우리를 놀라게 하고 거부감이 들게 만들기도 한다. 하지만 오늘날에 이르러 이들의 권리는 많은 이에게 지지받고 있으며, 진통을 겪어가며 점차 우리 사회의 정상적인 구성원으로 받아들여지고 있다.

실천적인 측면

포스트모더니즘은 1960년대를 휩쓴 문화 운동으로 정치, 경제, 사회, 문화, 예술의 모든 영역을 아우르는 실천적 움직임이었다. 유럽과 미국을 중심으로 여성운동, 인종차별 철폐, 학생운동 등의 정치·사회 운동과 함께 회화, 사진, 미디어, 패션에 이르는 문화·예술 운동을 동반했다. 이렇게 폭넓은 포스트모더니즘의 스펙트럼 중에서 정치·사회 운동의 사례로서 68혁명, 그리고 문화·예술 운동의 사례로서 건축에 대해서만 간단히 살펴보자.

우선 유럽에서는 68혁명의 물결이 사회를 휩쓸었다. 68혁명은 1968년에 프랑스 대학생들이 일으킨 시위로 시작하여 기성세대와 시민이 함께 참여하는 혁명으로 발전했다. 이들은 권위적이고 계몽적인 학교와 국가에 저항했다. 당시 유럽 국가들은 공산주의와의 대립을 명분으로 국민을 감시하고 통제하는 것을 정당화하고 있었다. 하지만 시민과 학생들은 자신들을 감시하고 통제하는 국가의 실체를 이해하기 시작했고, 이에 반대했다. 또한 젊은 세대는 산업화에 따른 물질적 풍요만을 추구하는 기성세대를 거부하고, 인간의 가치 회복과 사람들 간의 관계 회복을 꿈꿨다.

모든 권위와 권력, 국가, 체제, 규범에 반대한 68혁명의 정신은 유럽을 휩쓴 뒤 대서양을 건너 미국의 히피 문화에 영향을 미쳤다. 그리고 태평양을 건너 일본에까지 도달했다. 하지만 일본과 가까운 한국이나 중국에는 영향을 미치기 어려웠다. 그것은 당시 한국이 군부독재 시기였고, 중국은 독재적인 공산주의 국가였기 때문이다. 부당한 권위와 물질적 종속을 거부하고 인간의 가치를 회복하고자 했던 68혁명의 이념은 한국 사회에 도달하지 못했다.

서구와 미국 사회를 휩쓴 68혁명의 모토는 다음과 같았다. "행동하라" "일하지 말라" "열정을 해방하라" "금지를 금지하라" "다른 세계는 가능하다" "파괴는 창조의 열정이다" "불가능한 것을 요구하라" "굶주릴지라도 권태로운 것은 못 참는다" "선거는 아무것도 바꾸지 못한다-투쟁은 계속된다" "우리 안에 잠자고 있는 경찰을 없애야 한다" "보도블록을 들추어라! 해변이 나타날 것이다" "더 많이 소비하라, 더 빨리 죽으리니!"

다음으로 건축에서의 포스트모더니즘은 해체주의로 드러난다. 해체주의 건축의 특징은 비대칭적이고, 불안정하며, 기능적인 효율성을 배제한 양식이다. 이를 이해하기 위해서는 반대로 근대 건축을 고려해야 한다. 근대 건축은 아파트로 상징되는 극단적인 효율성을 추구한 모습이었다. 근대의 대표적인 건축가인 르 코르뷔지에는 직사각형의 공간을 겹겹이 쌓아서 많은 사람이 제한된 공간을 최대한 넓고 쾌적하게 사용할 수 있도록 만들었고, 건물이 인간의 편안함이나 효용을 극대화하는 데 기여해야 한다고 생각했다. 그는 살기 편하고 효율적인 집이 집의 본질이라고 보았다. 아파트는 르 코르뷔지에로부터 시작되었다. 한국인이 좋아하는 네모난 고층 아파트는 근대 이성중심주의의 효율성이 만들어 낸 결과물이다. 이러한 건축물은 자산 가치와 생활 편의의 측면에서는 뛰어나지만, 어떤 면에서는 더 이상 아름다워 보이지 않고 인간적이지도 않다.

근대 건축에 대한 전면적 저항이 해체주의 건축이 추구하는 바였다. 그래서 해체주의 건축은 의도적으로 비효율적으로 설계되었다. 둥근 형태를 띠거나 균형 잡히지 않아서 마치 무너질 듯하고, 공간을 낭비하여 비용을 증가시킨다. 물론 이것은 극단적인 효율성을 추구하는 신자유주의 한국 사회에 적합하지 않은 건축 형식임에 틀림없다. 하지만 해체주의는 우리에게 잃어버린 건축적 아름다움을 돌려주고, 질서와 효율로 숨 막히는 도시 속에서 우리를 사유하게 하며, 사람들 간의 관계를 회복해주는 구심점 역할을 한다.

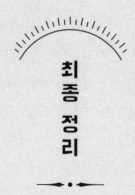

최종 정리

지적 대화를 위한 넓고 얕은 지식 여행은 현실 너머를 향하고 있다. 우리는 첫발을 떼기에 앞서, 진리에 대한 세 가지를 알아보았다. 진리의 속성, 진리에 대한 태도, 진리의 역사가 그것이다.

우선 진리의 속성은 절대성, 보편성, 불변성이었다. 진리가 무엇인지 우리는 그 실체를 규정할 수는 없지만, 그렇다고 진리에 대해 말할 수 없는 것은 아니었다. 진리는 그 개념상 반드시 갖춰야 할 속성을 갖고 있고, 인류는 이를 기준으로 진리를 찾아왔다.

이러한 속성에 부합하는 진리가 있는지를 기준으로 우리는 네 가지 태도를 가질 수 있었다. 절대적 진리가 존재한다는 절대주의, 절대적 진리는 없다는 상대주의, 알 수 없다는 것까지가 우리가 알 수 있는 것이라는 불가지론, 쓸모 안에서만 그 의미를 찾을 수 있다는 실용주의가 그것이었다.

마지막으로는 인류의 역사 속에서 진리가 어떻게 변화되어왔는지를 살펴보았다. 원시의 자연신, 고대의 신화, 중세의 유일신, 근대의 이성으로 흐름은 이어졌다. 특히 근대 이성은 합리성, 객관성, 효율성을 기반으로 인류를 신과 종교로부터 벗어나게 해주었고, 기술과 산업의 발달에 따른 풍요를 선물해주었다. 하지만 이성에 대한 낙관은 오래가지 못했다. 세계대전이라는 외적인 요인과 학문 내부의 붕괴라는 내적인 요인으로 이성의 문제점이 드러났다. 이후 근대성의 붕괴와 함께 단일 진리에 저항하는 포스트모던이 등장했다. 포스트모던은 중세와 근대가 공유해왔던 이분법적 세계관의 폭력성을 지적하고, 그동안 억압되었던 다원적 가치를 복원하는 실천 운동으로 발전했다.

우리는 왜 진리의 역사에 대해 알아야 하는가? 그것은 나의 삶 때문이다. 내가 세상이 말해주는 진리가 진짜라고 믿으며 오늘을 살아가고 있어서다. 가족과 학교와 시장과 국가와 종교는 나에게 진리가 무엇인지 친절하게 말해준다. 물론 그것이 정말로 절대적인 진리일 가능성도 배제할 수는 없다. 하지만 진리가 역사적임을 이해하는 사람이라면, 그렇지 않을 가능성이 더 크다는 것을 이미 알고 있을 것이다. 다만 우리는 두렵다. 내가 기존에 알고 있던 진리가 실은 진리가 아닐 수도 있음을 생각하는 것이 두렵고, 기존에 내가 진리를 위해 쏟아온 정성과 노력이 허튼짓이었을까 봐 두렵고, 지금까지 나와 단일 진리를 공유해왔던 가족과 친구들의 눈치가 두렵다.

어떤 삶을 선택해도 괜찮다. 기존에 알고 있던 진리를 의심하고 그로 인해 주변과 마찰을 빚더라도 다른 진리를 찾아 떠나는 인생도 괜찮고, 내가 믿어왔던 진리에 대한 신념을 더 굳건히 해서 이를 주위 사람들과 함께 지켜나가는 인생도 괜찮다. 결정은 당신이 하면 된다.

근대를 끝내고 현대 포스트모던의 탄생에 중요한 계기를 마련해준 철학자 니체는 자신의 여동생에게 쓴 편지에서 다음과 같이 말했다.

"만약 네가 영혼의 평화와 행복을 원한다면, 믿어라. 다만 네가 진리의 사도가 되려 한다면, 질문해라."

진리의 조건과 역사를 이해했으니, 다음은 진리의 후보자들을 만나볼 차례다. 이들은 철학, 과학, 예술, 종교다. 진리가 될 자격이 있는지 이들을 심도 있게 인터뷰해보려고 한다. 이들을 인터뷰하는 방식으로는 근대의 분석 틀인 이분법을 활용할 것이다. 이미 포스트모던에서 그 한계가 드러났던 이분법을 다시 활용하는 것은, 실제로 이 분야들이 이원론의 세계관 위에서 성장해온 사상 체계들이기 때문이다. 우리는 절대주의와 상대주의라는 진리에 대한 두 가지 태도를 기준으로 철학, 과학, 예술, 종교를 분석해보려고 한다. 이 네 가지 유력한 진리의 후보들을 인터뷰한 후에는 마지막으로 비공식적인 진리의 후보자로 은둔하고 있는 '신비'를 만나게 될 것이다.

이제 첫 후보자인 철학을 만나러 가보자.

철학

세 가지
중심 개념

절대주의, 상대주의, 회의주의

A와 B가 나무 아래서 장기를 두고 있다. A가 말을 들어 B의 진영에 내려놓으며 말한다.

"장이야."

B가 당황한다. A가 점잖게 말을 잇는다.

"장기에서 이기기 위해서는 말이야, 머리를 써야 한다네. 눈을 감고 고도로 정신을 집중해서 말들의 다음 움직임을 논리적으로 예측해야 하지. 자네는 머리를 쓰지 않는 게 문제네."

장기판을 뚫어져라 주시하던 B가 말을 하나 움직이며 말한다.

"멍이야."

A는 미간을 찌푸리고는 장기판을 주목한다. B가 움직인 말 때문에 A의 중요한 말들이 위험해졌다. B가 말한다.

"자네는 하나만 알고 둘은 모르는구먼. 머리를 아무리 굴려도 얻을 수 없는 게 있다네. 삶의 경험은 생각만으로는 얻을 수 없지. 진짜로 장기에서 이기는 방법은 무작정 많이 해보는 것뿐이라네. 수많은 실수를 통해 우리는 장기판을 장악하는 법을 알게 되지."

B의 말이 다 끝날 때쯤, A와 B 근처에서 등을 돌리고 자고 있던 C가 벌떡 일어났다. A와 B는 깜짝 놀랐다. C가 얼굴을 돌렸다. 화가 나 있었다. A와 B는 더 놀랐다. 그 상태로 C는 둘에게 걸어와 소리쳤다.

"시끄러워서 도무지 잠을 잘 수가 없네! 너희, 장기를 말로 하냐? 그냥 하지 마!"

그러고는 장기판을 뒤엎어 버렸다.

고대부터 현대에 이르기까지 철학의 역사에는 A, B, C가 언제나 함께 있었다. A가 우세할 때가 있었고, B가 또는 C가 우세할 때도 있었지만, 어쨌거나 이들은 언제나 거기 있었다. 이들은 철학의 주인공이면서 동시에 앞으로 우리가 이야기할 이 책 전체의 주인공들이다. 이들을 소개한다. A는 절대주의, B는 상대주의, C는 회의주의다.

절대주의와 상대주의에 대해서는 앞서 이미 소개를 받았다. 이 둘은 진리에 대한 상반된 태도였다. 절대주의는 절대적이고 보편적이며 불변하는 단일 진리를 추구하는 입장이다. 반면 상대주의는 절대적 진리를 부정하는 입장이다. 고정불변의 진리를 부정하고, 변화하는 다양한 진리가 존재한다고 믿는다. 이 두 입장은 고대부터 근대까지 철학의 주도권을 놓고 다퉈왔다. 이들과는 달리, 처음부터 이들과 함께 있었지만 항상 무시당하고 존재감이 없던 회의주의도 철학의 한 축을 담당한다. 회의주의는 단일한 진리를 부정한다는 면에서 상대주의와 유사하지만, 더 극단적으로 애초에 진리를 인식하는 능력 자체가 인간에게 결여되어 있다고 본다는 점에서 차이가 있다. 고대부터 근대까지 역사에서 회의주의는 항상 주요 담론에서 배제되어 있었다. 그러다가 현대에 이르러 회의주의는 세련된 형태로 나타나 판 전체를 뒤흔들었다. 앞서 이야기했던 포스트모던은 회의주의에 기반한다.

절대주의, 상대주의, 회의주의는 실제로는 쉽게 정의할 수 없는 용어들이다. 철학을 비롯한 많은 학문에서 사용되는 용어임은 확실하지만, 사용하는 사조나 사람마다 그에 대한 규정을 다르게 하고 있다. 우리는 철학, 과학, 예술, 종교를 구분하는 거대한 물줄기를 표현하기 위한 실용적인 목적에서 이 용어들을 사용할 것이다. 그리고 그 사용 방식은 다음처럼 규정한다.

- **A 절대주의** : 절대적이고 보편적인 단일 진리를 상정하는 태도
- **B 상대주의** : 변화하고 운동하는 세계의 다양한 진리를 고려하는 태도
- **C 회의주의** : 보편적 진리나 그에 도달하는 방법 자체를 거부하는 태도

단순화해서 A, B, C는 진리에 대한 입장에 따라 다음 표와 같이 정리할 수 있다.

진리 있음		진리 없음
절대주의	상대주의	회의주의

엄밀히 말해서 한 명의 철학자나 하나의 철학 사조를 절대주의 혹은 상대주의라고 규정하는 것은 쉽지 않은 일이며 오해의 가능성이 크다. 또 같은 절대주의 철학자라고 해도 각각의 구체적인 내용과 방향성은 세부적인 면에서 큰 차이를 가질 수도 있다.

하지만 이러한 위험성에도 불구하고 우리는 진리에 대한 세 가지 태도로 철학사를 구분할 것이다. 구체성에서 멀어진 지극한 단순함이 갖는 이점 때문이다. 철학사를 구조적으로 개괄함으로써 분주한 일상 때문에 접근하기 어려웠던 철학에 대한 기본 틀을 확립할 수 있을 것이다. 이 책은 철학, 과학, 예술, 종교를 관통하는 단순하고 과감한 골격을 당신에게 선물한다. 이 골격에 살을 붙여나가는 과정은 주변 사람들과의 지적 대화 속에서 각자가 진행해 나가야 한다.

이제 A, B, C를 중심으로 철학의 역사를 탐험해보자.

고대
철학

소피스트, 플라톤, 아리스토텔레스

소피스트 : C

서양 철학의 시작에 대해서는 여러 견해가 있는데, 보통은 자연철학자
나 소피스트를 그 처음으로 본다. 우선 자연철학자들은 고대 그리스에
살던 사람들로, 이들은 세상을 구성하는 요소에 대해서 물었다. 세상을
있는 그대로 보는 것이 아니라, 복잡한 자연 이면의 근본적인 재료를 파
악하려 한 것이다. 예를 들어 의자와 책상은 서로 다른 존재자처럼 보이
지만, 사실 그 본질은 '나무'라는 공통점을 갖는다는 식이다. 여기서 잠
시 철학자들이 사용하는 언어 방식을 하나 알고 가자.

　구체적으로 눈앞에 놓인 사물들, 예를 들어 의자, 책상, 연필, 침대처
럼 직접적으로 보이는 세계를 철학자들은 '현상'이라고 부른다. 반면 이
들의 본래 기원인 나무처럼 개별 존재자의 공통 속성을 '본질'이라고 부
른다. 현상과 본질의 구분은 경제에서의 시장과 정부, 정치에서의 보수

와 진보처럼 철학에서 기본적으로 세계를 이해하는 이분법적 구조다. 현상 세계의 개체는 하나하나가 매우 독특하고 감각적이며 끊임없이 변화하는 특성을 갖지만, 본질 세계의 존재자들은 변하지 않는 영원성을 갖는다. 현상 세계는 상대주의자들이 중요하게 생각하는 세계이고, 본질 세계는 절대주의자들이 중요하게 생각하는 세계다.

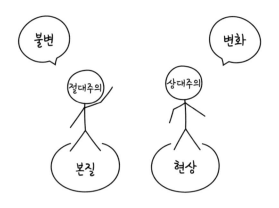

자연철학자들은 보통의 사람들과는 달리, 그다지 중요해 보이지 않는 본질에 대해서 논했다. 뭐 특별히 측정 기구나 기술이 있었던 것은 아니다. 그저 논리적인 사유만으로 이에 닿고자 했다.

대표적으로 탈레스는 만물의 근원이 물이라고 생각했다. 헤라클레이토스는 불, 데모크리토스는 원자를 제시했다. 결과적으로 봤을 때 데모크리토스의 원자가 오늘날 과학적 설명에 가장 근접했던 것 같다. 하지만 중요한 건 누가 맞혔는지가 아니라 이들의 공통된 사고방식에 있다. 자연철학자들은 눈에 보이는 현상 너머를 보려 했고, 사물의 본질에 대해 묻기 시작했다. 이들은 서양에서 최초로 등장한 철학자들인 동시에 최초의 절대주의적 관점을 가졌다.

　자연철학자 이후에 등장한 소피스트들은 상대주의자들과 회의주의자들이었다. 이들은 지중해 주변의 여러 지역에서 모인 지혜로운 사람들의 집단으로, 다양한 주장과 사고를 발전시켰다. 소피스트란 말 자체가 그리스어로 '지혜로운 사람' 혹은 '지혜를 만들어내는 사람'이라는 뜻이다. 이들은 공통적으로 절대적 진리를 인정하지 않았다. 그것은 구체적 현실에서 얻은 경험 때문이었다. 소피스트들은 도시국가 아테네로 오는 과정에서 넓은 세계를 여행하며 다양한 문화를 체험할 수 있었다. 여러 지역의 법과 제도, 관습은 너무나도 다채롭고 상이했다. 그렇기에 인간이 살아가는 방식에서 공통점을 찾는 것은 불가능에 가까워 보였고, 또 굳이 수고스럽게 공통점을 찾을 필요도 없어 보였다. 소피스트들은 자연스럽게 절대적 진리나 고정된 본질을 부정하는 상대주의적이고 회의주의적인 관점을 견지하게 되었다.

　대표적인 인물로는 프로타고라스가 있다. 기원전 5세기 무렵 아테네를 중심으로 활동했던 그는 절대적이고 보편적인 기준은 존재하지 않는다고 생각했다. "인간은 만물의 척도다"라는 그의 유명한 말은 진리가 개개인의 주관적인 판단에 따라 달라질 수 있다는 회의적인 관점을 잘 드러내고 있다.

　소피스트들은 교육자이기도 했다. 그들은 사람들에게 변론술과 수사학을 가르쳤다. 변론술과 수사학은 말하는 법에 대한 기술로, 다른 사람을 설득하는 방법을 찾는 학문이었다. 소피스트들이 변론술과 수사학을 가르쳤다는 것은 그들의 사고방식을 잘 보여주는 사례가 된다. 고정된 진리와 보편적 기준이 없다면 그때부터 중요해지는 것은 내가 아는 사실과 진실을 다른 사람에게 설득하는 것이다. 그런 면에서 소피스트들로 가득한 아테네 사회에서 변론술과 수사학은 매우 쓸모가 있었다. 특히 당시 그리스는 민주제 사회로, 재판에서도 시민에 의한 다수결이 판결을 결정하는 일종의 배심원 제도였기 때문에 말을 잘하고 다른 사람을 잘 설득할 수 있는 사람은 더 많은 부와 기회를 얻을 수 있었다.

소크라테스, 플라톤 : A

소피스트들을 비판하면서 등장한 인물이 소크라테스다. 지금에 와서야 서구 철학의 진정한 출발점으로 평가받고 있지만, 당시 사람들에게는 그도 지혜를 말하는 사람 중 하나로 소피스트와 크게 달라 보이지 않았다. 하지만 소크라테스는 소피스트의 상대주의와 회의주의를 비판하고 진리의 절대성을 주장했다는 점에서 달랐다. 그는 사람들과의 문답법을 통해 누구나 보편적이고 절대적인 지혜에 도달할 수 있을 것이라고 생각했다. 문답법이란 묻고 답하는 과정을 거쳐 진리에 다가가는 방법으로, 산파법이라고도 불렀다. 산파가 산모로부터 출산을 유도하듯, 적합한 질문이 개인으로 하여금 스스로 진리를 잉태하게 한다는 것이다. 소크라테스가 생각하기에 인간은 충분히 근본적인 진리에 도달할 수 있는 존재였다. 이처럼 가장 근본적인 진리의 토대를 찾아간다는 점에서 소크라테스의 사유방식을 '정초주의' 혹은 '토대주의'라고도 부르는데, 우리는 넓은 의미에서 절대주의로 어휘를 통일해서 사용하자.

절대주의 사상은 제자 플라톤에게 이어졌다. 플라톤은 스승의 가르침을 극단화해서 절대적이고 보편적이며 불변하는 진리의 세계로서의 '이데아'를 제시했다. 그에 따르면 이데아 세계는 원래 우리의 영혼이 존재하던 세계로, 이곳의 그림자가 현실 세계가 된다. 변화하고 혼란스러운 현상 세계는 이데아의 모방일 뿐이며, 본질로서의 이데아 세계에 비해 가치가 없다는 것이다. 플라톤은 명색이 철학자라면 불안정한 물질 세계에 집착할 것이 아니라, 초월적인 이데아 세계에 관심을 가져야 한다고 생각했다.

플라톤의 이데아

철학 69

그렇다면 철학자들은 어떻게 이데아를 인식할 수 있는 것일까? 플라톤에 따르면 그것은 지혜를 통해서만 가능하다. 구체적으로는 세 가지 방법이 있다.

첫 번째 방법은 '상기'다. 인간의 영혼은 이미 육체로 들어오기 전에 이데아 세계에 존재했으므로 미약하게나마 이데아에 대한 기억이 남아 있다. 그래서 현실에서 사물과의 접촉을 통해 기억을 되살릴 수 있다. 두 번째 방법은 '변증'이다. 인간은 사물과 사물의 관계를 파악함으로써 사물의 본질을 추상할 수 있다. 세 번째 방법은 '사랑'이다. 사랑은 우리를 특수한 것을 넘어 보편적인 것에 이르게 한다. 예를 들어 내가 어떤 핸드백을 보고 마음을 빼앗겼다면, 이후 나는 궁극적으로는 그 핸드백의 보편자로서의 브랜드까지 선호하게 될 것이다. 사랑은 특수를 넘어 보편으로 우리를 인도한다. 그래서 플라톤은 특히 지혜에 대한 사랑을 강조했다. 지혜에 대한 사랑은 인간의 제한되고 특수한 인식을 영원하고 보편적인 이데아 세계로 점차 고양시킬 것이다.

플라톤은 본질적이고 영원한 이데아 세계를 제시함으로써 절대주의 철학의 시조가 되었다. 서구 철학 전통의 거대한 축을 담당하는 절대주의는 모두 변형된 형태의 이데아 사상이라고 해도 과언이 아니다. 영국의 철학자 화이트헤드가 "2,000년의 서양 철학은 모두 플라톤의 각주에 불과하다"라고 한 말의 의미가 여기에 있다.

플라톤의 철학은 불완전하고 제한적인 인간에게 완전하고 무한한 진리의 세계가 있음을 알림으로써 인간 이성의 가능성을 극대화했다는 의의가 있다. 하지만 완전한 세계를 상정함으로써 상대적으로 현실 세계의 가치를 저하하고 일상을 초라하게 만들었다. 플라톤의 제자 아리스토텔레스는 이러한 스승의 생각에 불만이 있었다.

아리스토텔레스 : B

플라톤이 절대적인 하늘 위의 세상에 관심이 많았다면, 그의 제자 아리스토텔레스는 변화하는 땅 위의 세상에 관심이 많았다. 하지만 그는 아직 플라톤의 거대한 그늘에서 완전히 벗어난 것은 아니어서, 보편적인 지식이나 초월적인 관념에 대해 어느 정도 인정했다. 현실 너머의 초월적인 근원을 탐구하는 학문을 일반적으로 '형이상학'이라고 하는데, 이 용어도 아리스토텔레스의 저서에서 기원한다. 후대에 발견된 아리스토텔레스의 저서들 중에 제목이 없는 것들이 있었는데, 이 내용들은 눈에 보이는 자연 현상에 대한 탐구가 아닌, 그것을 초월한 근원에 관한 내용들이었다. 그래서 후세 사람이 이 원고들을 묶어서 그저 '자연학 다음에 놓은 강의안'이라는 뜻에서 메타피지카(metaphysica)라고 명칭했고, 이를 형이상학(形而上學)이라고 번역한 것이다.

형이상학은 현상 이면의 근원을 탐구하는 학문이다. 아리스토텔레스는 물리학, 생물학, 동물학, 논리학, 수사학, 정치학, 윤리학, 시학 등 거의 모든 분야를 탐구했는데, 이 각각의 학문들이 자기 분야 안에서 궁극적으로 전제하는 근원 개념이 있음을 알고 있었다. 예를 들어 정치학은 '정치'라는 근원 개념이 존재한다는 전제 위에서 모든 탐구를 시작하고, 생물학은 '생물'이라는 근원 개념의 전제 위에서 탐구를 진행한다. 그렇다면 이러한 근원 개념들도 더 궁극적인 근원을 전제하고 있지 않을까? 결국 아리스토텔레스는 근원 개념들의 존재 일반을 탐구하게 된다. 즉, 존재란 무엇인지, 존재 그 자체를 묻기 시작한 것이다. 이렇게 존재하는 것들의 존재 그 자체를 탐구하는 학문이 형이상학이다.

아리스토텔레스는 근원적인 진리에 관심을 가졌지만, 주된 관심사는 현실의 존재였다. 실체가 없는 이데아보다는 눈에 보이는 현실 세계의 원리를 파악하고자 했다. 이를 위해 아리스토텔레스는 현실 세계에 존재하는 개체들을 '질료'와 '형상'으로 구분함으로써 탐구를 시작했다.

여기서 질료란 무엇인가를 만들 수 있는 재료로, 가능성의 상태에 있는 어떤 것이다. 예를 들어 찰흙은 질료다. 이러한 질료를 아리스토텔레스는 '가능태'라 불렀다. 다음으로 형상이란 질료를 통해 만들어져 실현된 상태다. 찰흙으로 빚은 코끼리가 형상이다. 이러한 형상을 '현실태'라 불렀다. 여기서 중요한 것은 아리스토텔레스의 형상은 물질적인 질료에 기반한다는 것이다. 이것은 플라톤이 물질적 기반이 필요 없는 이데아로부터 세계를 이해했던 관점과는 차이가 있다. 아리스토텔레스는 형상이 실현되기 위해서 반드시 필요한 질료의 가치를 높게 평가했고, 그에 따라 자연스럽게 질료의 세계인 현실 세계를 중시했다.

아리스토텔레스의 형상과 질료

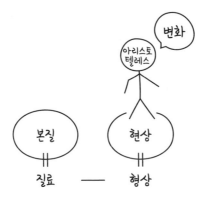

그런데 질료와 형상, 가능태와 현실태는 고정된 개념은 아니다. 흙에서부터 시작해보면, 흙이 질료가 되면 형상은 찰흙이 되고 찰흙이 다시 질료가 되면 형상은 코끼리 작품이 된다. 질료로서의 코끼리 작품이 형상으로서의 전시회 작품이 될 수도 있다. 물질은 가능태로부터 현실태로 운동해간다. 이러한 논리 구조를 따라가 볼 때, 우리는 계속해서 현실태로 올라갈 수 있고, 그 반대로 가능태의 방향으로 내려갈 수도 있다. 그렇다면 맨 아래와 맨 위에는 무엇이 있을까? 최초의 질료와 최종의 형상은 어떤 모습을 하고 있을까? 아리스토텔레스는 맨 아래에 있는 최초 질료로서, 어떠한 형상도 가지고 있지 않고 가능성만을 가지고 있는 질료를 '제일질료'라고 이름 붙였다. 제일질료는 현실에는 존재하지 않고 다만 인간의 사고 속에서만 존재하는 순수한 재료다. 반대로 맨 위에 있는 최종 형상으로서, 어떠한 질료도 지니지 않은 형상을 '순수형상'이라고 이름 붙였다. 그리고 구체적으로 이것은 신이 된다. 신은 질료가 없으므로 물질 세계에서 드러나지 않지만, 모든 물질의 최종 형상으로서 모든 질료가 도달하고자 하는 궁극의 목적이 된다.

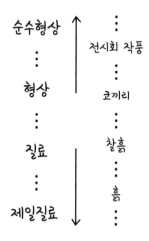

아리스토텔레스의 철학에는 스승 플라톤의 이데아의 흔적이 강하게 남아 있다. 하지만 플라톤과 비교해볼 때 그는 현실의 구체적 존재자들을 중요시했으며, 물질 세계의 변화와 운동에 관심을 가졌다. 질료와 형상의 관계에 대한 설명에서도 아리스토텔레스가 정말 말하고자 한 바는 궁극의 '신'이 아니라, 현실 세계에서 질료가 형상으로 나아가는 '운동'이라고 보는 것이 더 타당할 것이다. 그래서 아리스토텔레스는 이후 자연과학과 경험주의 철학의 기원이 되었고, 플라톤과 함께 서양 철학의 양대 산맥을 이루었다.

지금까지 고대 그리스 철학의 주요 인물과 사상을 살펴보았다. 정리해보자. 이야기는 최초의 철학자들인 자연철학자들과 진리에 대해 회의적인 소피스트로부터 시작되었다. 이들과 견해를 달리하며 등장한 소크라테스는 절대적 진리를 추구했다. 이후 플라톤이 이를 계승, 발전시켜 궁극의 절대적인 세계로서 이데아를 제시했다. 반면 그의 제자 아리스토텔레스는 절대적인 이데아 세계보다는 변화하고 운동하는 상대적인 현실 세계를 탐구하고자 했다. 이를 위해 그는 형상과 질료의 관계와 이들의 운동성에 주목했다.

플라톤과 아리스토텔레스라는 서양 철학의 양대 산맥은 이제 중세로 이어진다.

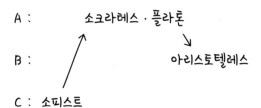

고대 철학

A :　　　　　소크라테스 · 플라톤

B :　　　　　　　　　　　　　아리스토텔레스

C : 소피스트

중세
철학

교부철학, 스콜라철학

교부철학 : Ａ

예수 그리스도의 십자가형 이후, 남겨진 사도들의 헌신적인 노력으로 그리스도교는 점차 유럽 사회로 전파되었다. 하지만 초기 그리스도교는 계시적이고 신비적인 측면이 강했고 유대교 신앙과도 명확히 구분되지 않았기에 다양한 문화권에 수용되기 어려웠다. 이러한 이질감은 쉽게 로마 제국이 탄압할 수 있는 구실이 되었다.

그리스도교를 변호하고 지켜내기 위해서는 합리적이고 보편적인 이론을 정립할 필요가 있었다. 이러한 시대적 요청에 따라 등장한 인물들을 교회의 아버지라는 뜻의 '교부'라 부르고, 이들이 만든 이념을 '교부철학'이라 한다. 사실 이 명칭의 범위는 명확하지 않다. 주교나 교회의 지도자부터 존경받는 평신도까지 이 명칭이 사용되었다.

교부들이 그리스도교 사상을 보편적인 사상으로 정비하기 위해 차용한 이념은 플라톤의 이데아 사상이었다. 특히 당시 널리 연구되던 신플라톤학파의 영향이 컸다. 신플라톤주의는 플라톤 사상의 기반 위에 이를 더 세분화한 이론이었다. 이에 따르면 이데아 세계의 궁극적 근원은 일자(一者)에 가서 닿는다. 이 일자로부터 세계가 분화되어 나온 것이다. 이러한 이론 체계는 유일신 사상에 쉽게 대응할 수 있었기에, 초기 그리스도교가 사상 체계를 벤치마킹할 수 있는 좋은 수단이 되었다.

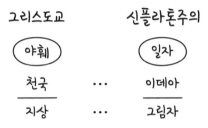

그래서 그리스도교 사상은 플라톤의 이데아론과 실제로 유사하다. 예를 들어 신플라톤주의의 일자는 그리스도교의 하느님에 대응하고, 플라톤의 이데아 세계는 그리스도교의 천국에 대응한다. 플라톤 사상에서 완전한 이데아 세계와 불완전한 현상 세계를 구분하는 이분법은 그리스도교에서 완벽한 천상 세계와 타락한 지상 세계를 구분하는 이분법과 동일하다. 이에 대해서 현대 철학의 문을 연 니체는 그리스도교가 '대중을 위한 플라톤주의에 다름 아님'을 정확하게 지적했다. 니체에 따르면 플라톤 사상이 세계를 이해하는 방식은 그리스도교 세계관에 그대로 반영되어 있다.

플라톤주의를 토대로 초기 그리스도교 교리를 체계화하는 역할을 수행한 교부로는 오리게네스와 그레고리우스 등이 있다. 이 중에서 가장 널리 알려진 인물은 4~5세기에 활동한 아우구스티누스다. 그는 초기 그리스도교의 대표적인 교부로, 중세 기독 사상에 막대한 영향력을 미쳤다. 북아프리카 출신으로 이교도인 아버지와 열렬한 그리스도교인 어머니 사이에서 태어났고, 젊은 시절에는 방탕한 생활을 하다가 참회한 후 그리스도교인이 되었다. 이후 고대 그리스 철학에 대한 깊은 지식과 신실한 신앙을 기반으로 그리스도교를 체계화했다. 이교도의 신을 비판하고 그리스도교를 변호한 《신국론》과 스스로의 삶을 기록한 자서전인 《고백록》이 유명하다.

아우구스티누스에 따르면 세계는 신의 이데아에 따라서 그의 의지대로 창조되었다. 그리고 불완전한 지상 세계에서 원죄를 짊어진 인간은 절대적 존재인 신의 은총에 의해서만 구원받을 수 있다. 이 구원의 대상이 누가 될지는 이미 신이 예정한 것이며, 교회는 신과 예정된 대상이 매개되는 공간이다.

스콜라철학 : B

스콜라철학은 교부철학의 뒤를 잇는 그리스도교 사상의 흐름이다. 9세기부터 중세가 무너지는 17세기 무렵까지를 스콜라철학의 시대로 보는 게 일반적이다. 교부철학이 그리스도교 철학을 정립했다면, 스콜라철학은 이를 증명하고 세밀화했다고 할 수 있다. 비교적 이성적이고 합리적인 측면이 강했던 까닭에 전통적인 교부철학과 충돌하면서 성장했다. 스콜라철학은 초기를 거쳐 중기에 이르면서 아리스토텔레스 사상의 흐름을 도입했다. 즉, 플라톤의 이데아적 절대주의 대신 그동안 기독교 철학 내에서 배제되었던 현실적이고 물질적인 세계에 대한 분석에 차츰 관심을 기울인 것이다.

중세 기독 사상 안에서 플라톤주의와 아리스토텔레스주의의 충돌을 잘 보여주는 사례가 '보편논쟁'이다. 이것은 중세 스콜라철학의 처음과 끝이라고 할 수 있을 정도로 비중이 큰 논쟁이었다. 보편논쟁의 핵심은 하나의 질문에서 시작한다. "보편이 실제로 존재하는가?"

뭔 소린가 싶은 이 질문이 중세 그리스도교 철학을 이끌었다. 당신은 어떻게 생각하는가? 쉽게 예를 들어보자. 지구가 탄생한 이후 전체 인류가 세 명이었다고 해보자. 각각의 이름은 X, Y, Z이다. 이들은 각자 개별자로 존재한다. X는 키가 크고, Y는 수줍음이 많으며, Z는 마르크스주의자다. 이렇게 다양한 개별적 개체들을 우리는 하나의 범주로 묶을 수 있다. 바로 인간이라는 개념으로 말이다. 이 '인간'이 바로 보편이다. 스콜라철학자들은 궁금했다. 과연 이 보편 개념이 실제로 존재하는가? 다행히 객관식이다. 보기를 살펴보자.

① 보편이 실제로 존재한다. 개별적인 것은 보편의 모사, 모방이다.
② 보편은 실제로 존재하지 않는다. 개별적인 것만이 실제로 존재할 뿐이고, 보편은 단지 언어이고 이름일 뿐이다.

당신은 어떤 설명이 사실에 부합한다고 생각하는가? ①의 사고방식을 실재론 혹은 실념론이라고 하는데, 이는 플라톤의 사고와 닿아 있다. ②의 사고방식은 유명론이라고 하며, 아리스토텔레스의 견해를 토대로 한다. 실재론을 극단적으로 주장한 인물은 기욤으로, 그는 보편자가 항상 개별 사물보다 우선한다고 주장했다. 즉, X, Y, Z의 개체뿐만 아니라 더 본질적으로 인간이라는 보편자가 어딘가에 실재한다는 것이다. 현대인은 이런 주장을 받아들이기 어려울 수도 있는데, 플라톤의 이데아가 실제로 존재한다고 믿는다면 충분히 이해할 수 있는 설명이다.

이와 반대로 유명론을 극단적으로 주장한 인물은 기욤의 스승인 로스켈리누스다. 그는 세상을 채우고 있는 건 보편 개념이 아니라, 구체적인 개별 사물일 뿐이라고 주장했다. 즉, 인간이라는 보편 개념은 그저 머릿속의 언어일 뿐이고, 실제로 존재하는 건 각각 다른 X, Y, Z일 뿐이라는 것이다. 로스켈리누스는 자신의 유명론을 삼위일체 개념에 연결해서 성부, 성자, 성신의 존재가 따로 존재한다는 삼신론을 전개했다가 교회로부터 이단이라고 비난받고 자신의 견해를 수정하기도 했다.

기욤의 실재론과 로스켈리누스의 유명론은 중세 교회의 열띤 논쟁을 불러왔는데, 이 두 견해를 절충한 인물이 기욤의 제자 아벨라르였다. 아벨라르는 우선 유명론부터 비판했다. 유명론에 의하면 보편은 단지 언어이며 이름일 뿐, 실제로는 텅 비어 있는 의미 없는 말이다. 그러므로 보편 개념이 포함된 문장 역시 아무런 의미를 지닐 수 없어야 한다. 하지만 우리는 보편에 해당하는 어휘를 유의미하게 사용해서 문장을 만들고 다른 사람들과 의사소통을 할 수 있다. 따라서 아벨라르는 보편 개념이 실제 의미와 가치를 가진 것으로 보아야 한다며 유명론의 보편 부정은 잘못되었다고 비판했다. 동시에 실재론과도 선을 그었다. 그는 보편이 의미를 갖는다 해도, 그것은 자연에 존재하거나 물질적인 실체를 가진 것은 아니고 인간 사고의 유용한 관념이라고 주장했다. 플라톤적인 이데아로서의 보편이 존재하는 것은 아님을 분명히 한 것이다.

중세 보편논쟁

A : 기욤(실재론)

B : 로스켈리누스(유명론)

> 아벨라르(종합)

아벨라르는 중세 그리스도교 철학에서 중요한 역할을 수행했다. 보편논쟁을 마무리 지음으로써 이후 토마스 아퀴나스와 오컴 같은 근대로 가는 길목에 위치한 철학자들이 탄생할 수 있는 배경을 마련한 것이다. 하지만 개인적으로는 사람들의 미움과 스스로의 수치심 속에서 삶을 이어가야만 했던 비극적인 인물이기도 하다. 그는 논리적이고 탁월한 학자였지만 집요하고 고지식한, 어떤 면에서는 피곤한 스타일의 사람이었던 것 같다. 상대의 감정은 고려하지 않고 문제점만 논리적으로 신랄하게 비판했던 까닭에 적이 많았다. 자신의 스승이었던 기욤의 실재론을 끈질기게 비판해서 결국 기욤과 결별한 사건도 유명하다.

또 아벨라르는 중세 최대 스캔들의 당사자이기도 했다. 스무 살 연하의 제자 엘로이즈와 사랑에 빠졌는데, 그녀는 곧 임신을 했다. 하지만 아벨라르는 자신의 명성을 고려해서 결혼을 비밀로 하고, 엘로이즈를 수녀원에 숨겨두었다. 아벨라르가 회피한다고 오해한 엘로이즈의 작은아버지는 복수를 계획했고, 결국 아벨라르의 하인을 이용해서 그가 잠든 사이에 거세시켰다. 이 사건으로 아벨라르는 수치심으로 수도원에 들어가 성직자가 되었고, 엘로이즈는 수녀가 되었다. 이후 그 유명한 두 사람의 편지 왕래가 시작되었다. 아벨라르가 먼저 세상을 떠나고, 나중에 엘로이즈도 영면에 들고 나서야 둘은 다시 만날 수 있었다. 합장을 위해 아벨라르의 관을 열었을 때, 엘로이즈의 시신을 안기 위해 두 팔이 벌어져 있었다는 이야기는 전설로 내려온다. 그들의 서신은 책으로 묶여 지금까지도 많은 이에게 읽히고 있다.

중세 회의주의 : C

중세 철학은 초기에 교부들에 의한 플라톤의 절대주의적 성향이 짙었다면, 후기에는 보편논쟁과 함께 아리스토텔레스의 상대주의적 관점이 수용되었다. 우리의 선입견과는 달리 교회의 권위가 중세 전체를 장악하고 있던 시기에도 철학적 논쟁이 계속되었던 것이다. 하지만 철학적 논쟁들 속에 회의주의는 찾아보기 어려웠다. 왜냐하면 회의주의가 진리에 대한 의심과 거부를 의미한다고 할 때, 중세에 진리를 의심한다는 것은 신을 부정하는 이단 행위와 다를 바 없었기 때문이다. 회의주의자는 이름을 알리기도 전에 불타 죽었다. 그나마 중세 초기에는 플라톤의 철학을 계승한 교육기관인 아카데미아에서 회의주의적 관점이 명맥을 유지했다. 이들은 진리는 발견되지 않고 다만 탐구될 뿐이라는 회의론을 주장했다. 하지만 이후 중세의 나머지 기간 동안에는 교회의 절대적 권위로 회의주의가 등장하기 어려웠다.

그리스도교의 영향력이 컸던 유럽과는 달리 이슬람교의 지배를 받던 스페인에서는 합리주의를 거부하는 회의주의가 등장하기도 했다. 11세기 알 가잘리 등의 이슬람 신학자들과 유다 하레비 등의 유대 신학자들에서 이러한 모습을 찾을 수 있다. 이들은 교조적이고 권위적인 학문 이론과 종교 체계를 거부하고, 개인적이고 주관적인 체험을 강조했다. 하지만 이들 역시 그리스도교, 이슬람교, 유대교의 거대한 유일신 중심의 사회 분위기 속에서 신 존재 자체를 의심하는 심도 있는 회의주의를 전개하지는 못했다.

중세 철학을 정리해보자. 중세의 천 년은 유일신 중심의 절대주의 시대였다. 그리고 여기에 이론적 토대를 제공한 세계관이 플라톤의 절대주의였다. 중세 후기에 이르러서야 아리스토텔레스의 상대주의 관점이 보편논쟁을 중심으로 등장했다. 보편논쟁은 '보편'이 실재하는지에 대한 중세 최대의 논쟁이었다. 보편이 실재한다는 실재론은 플라톤의 절대주의에서 그 이론적 토대를 찾았고, 보편은 실재하지 않고 다만 언어일 뿐이라는 유명론은 아리스토텔레스의 상대주의에서 그 이론적 토대를 마련했다. 보편논쟁을 종합한 인물은 아벨라르였다. 그는 보편을 관념적인 개념으로 정립함으로써 실재론과 유명론의 논쟁을 마무리했다. 고대부터 중세까지 서양 철학의 흐름은 다음과 같다.

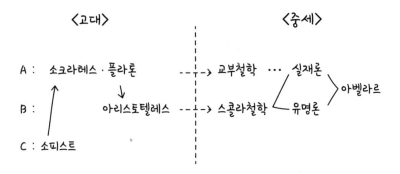

근대
철학

데카르트, 베이컨, 칸트, 니체

신 중심의 중세가 저물고 근대가 동터오면서 이성 중심의 분위기가 사회를 지배하기 시작했다. 그것은 1권 [역사] 파트에서 살펴본 것처럼 물질적 권력을 획득한 시민계급의 부상과 관련되어 있다. 그들은 왕의 권력을 정당화해주는 신을 폐기하고, 인간의 주체성을 보장해주는 이성을 시대의 중심 개념으로 격상시켰다. 이제 진리의 영역은 종교에서 철학으로 이동했다.

하지만 진리의 영역이 변화된 것과는 무관하게, 진리에 대한 입장은 절대주의와 상대주의로 크게 달라지지 않았다. 중세의 절대주의와 상대주의의 싸움이 보편논쟁에서의 실재론과 유명론에 있었다면, 근대의 절대주의와 상대주의는 합리론과 경험론의 논쟁으로 이어졌다.

우선 합리론은 실재론의 관점을 이어받았다. 이들은 실재론이 개별적 개체보다 보편적 관념을 우선했던 것처럼, 현실에서 관찰되는 개별 사건보다는 수학적이고 논리적인 이성을 중요시했다.

반면 경험론은 유명론의 관점을 이어받았다. 이들은 유명론이 보편을 단지 언어적인 것으로 보고 그보다는 개별적인 개체를 우선했던 것처럼, 현실 세계에서의 경험과 관찰을 중요시했다.

실재론 ⟶ 합리론

유명론 ⟶ 경험론

아무래도 세계에는 두 종류의 사람이 있는 것 같다. 눈에 보이지 않는 '본질'이 중요하다고 믿는 사람들과, 손에 잡히는 구체적인 '현상'이 중요하다고 믿는 사람들 말이다. 철학이라는 분야가 어렵고 복잡해 보이지만 실제로는 세부 내용만 조금씩 바뀔 뿐, 이 두 종류의 사람들이 시대를 초월해서 싸우고 있는 것이다. 당신은 어떤 사람인가? 절대적이고 본질적이며 현실에 없는 무언가의 질서를 찾으려는 이상적인 사람인가, 아니면 그런 사람들을 불편해하고 눈에 보이는 구체적인 대상을 탐구하려는 현실적인 사람인가?

절대주의와 상대주의에 대한 근대인의 입장을 확인해본 후, 자신은 어떤 견해에 가까운지를 생각해보는 것도 좋겠다. 이제 근대 합리론과 경험론에 대해 알아보자.

합리론과 경험론은 '어떻게 진리에 도달할 수 있는가?'라는 질문에 답한다는 점에서 공통점을 갖는다. 이처럼 진리에 도달하는 방법을 탐구하는 분야를 철학에서는 인식론이라고 한다. 합리론과 경험론은 인식론의 두 가지 답변이다.

인식론에 대한 이야기가 나왔으니, 서양 철학의 주요 분야로서 매우 중요하게 다뤄지는 존재론과 인식론을 먼저 간략히 구분한 후에, 근대 철학 이야기를 계속해보자.

존재론과 인식론은 진리에 대해 서로 다른 질문을 던지고, 그에 대해 나름대로의 답을 제시한다는 점에서 차이가 있다. 존재론은 '진리가 무엇인가?'를 질문하고 그에 대해 답한다면, 인식론은 '진리에 도달하는 방법은 무엇인가?'를 질문하고 그에 대해 답하고자 한다. 예를 들어보자. P와 Q는 지금 외계인에 대해서 이야기하고 있다.

P : 외계인이 진짜 있을까?

Q : 그럼, 있지.

지금 P와 Q의 대화는 '존재론'적인 대화다. 존재론은 특정 존재의 유무나 존재 방식에 대해서 논하는 분야다. 여기서 중요한 것은 질문을 던지는 방식에 있다. 존재론은 '~이 있는가?' '~은 있다'의 술어로 표현된다. 철학사에서는 구체적으로 '신이 있는가?' '이성이 있는가?' '영혼은 무엇인가?' '자유는 무엇인가?' '신의 존재 방식은 무엇인가?' '이성의 본질은 무엇인가?' 등의 주제로 논의되었다.

계속해서 P와 Q의 대화를 들어보자.

P : 응? 외계인이 있다고? 어떻게 알았는데?

Q : 이성적으로 생각해보면, 우주가 무한하니까 지구랑 비슷한 물리적 조건을 갖는 행성들이 있을 수밖에 없고, 같은 물리적 조건이라면 생명의 탄생 조건도 비슷했을 테니까.

지금의 대화는 '인식론'적인 대화다. 인식론은 존재론처럼 있느냐 없느냐의 물음이 아니라, 어떻게 우리가 그것을 알 수 있는가에 대해서 묻는다. '~을 어떻게 알 수 있는가?'의 술어로 표현된다. '우리가 신의 뜻을 어떻게 알 수 있는가?' '진리에 어떻게 도달할 수 있는가?' '영혼의 존재를 어떻게 증명할 수 있는가?' 등으로 논의되어왔다.

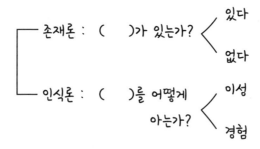

그런데 존재론이든 인식론이든 대답은 거의 정해져 있다고 봐야 한다. 우선 존재론은 그 대상이 신이건 이성이건 외계인이건 '있다', '없다' 둘 중 하나의 대답으로 정해져 있다. 인식론 역시 대답이 정해져 있다. 어떻게 알 수 있는가에 대한 대답은 '이성을 통해', '경험을 통해' 둘 중

하나의 대답으로 귀결된다. 우리가 무엇인가에 대해 이해하는 방법은 머리로 생각해봐서 알거나, 직접 경험해봐서 알거나 둘 중의 하나일 것이기 때문이다.

예를 들어 외계인이 있다는 것을 어떻게 알았는지에 대한 답변으로 앞서 Q처럼 대답한다면, Q는 진리에 도달하는 방법으로 이성을 제시한 것이다. 이처럼 인식론적 물음에 대한 답변으로 이성을 제시하는 입장을 합리론이라고 한다. Q는 합리론자다. 반면 이성적인 사유만으로는 판단할 수 없고, 실제로 외계인과 접촉해서 눈으로 확인해야만 확신할 수 있다는 주장이 가능한데, 이를 경험론이라고 한다.

역사적으로 볼 때 존재론과 인식론은 각각 강조되던 시기가 있었다. 고대와 중세가 존재론적 철학이 중심이었다면 근대 철학에 와서야 인식론적 철학이 논의의 중심에 서게 된 것이다.

철학의 탐구 영역

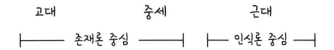

근대인이 궁금했던 것은 진리에 '어떻게' 도달할 수 있을지에 대한 것이었고, 그에 대한 대답으로서 합리론과 경험론이 제시된 것이다. 우리

는 지금부터 인식론의 두 측면인 합리론과 경험론에 대해서 본격적으로 알아볼 것이다.

합리론 – 데카르트 : A

합리론은 합리주의, 이성주의라고도 한다. 이름에서 풍기는 뉘앙스처럼 절대적이고 보편적인 진리를 추구하는 입장을 말한다. 특히 진리에 도달하는 방법으로 인간의 이성을 제시한다. 프랑스나 독일을 중심으로 발전했기에 '대륙 합리론'이라고도 부른다. 대표적인 인물로는 데카르트, 가상디, 스피노자, 라이프니츠 등이 있다.

그중 서양 철학의 거대한 흐름을 존재론에서 인식론으로 전환시킨 대표적인 인물이 르네 데카르트다. 그는 철학 외에도 수학과 과학에서 뛰어난 업적을 남겼다. 그가 활동했던 17세기는 마지막 종교전쟁이었던 30년전쟁이 진행된 시기였다. 30년전쟁은 독일을 중심으로 유럽 각지에서 일어났는데, 오랜 전쟁으로 유럽은 허무주의적이고 회의적인 분위기가 형성되었으며 신과 교회의 권위가 약화되고 있었다. 데카르트는 이런 불확실하고 혼란스러운 시대의 분위기를 극복하려면 누구도 의심할 수 없는 절대적이고 확실한 진리가 필요하다고 생각했다. 이러한 진리를 찾는 방법으로, 그는 반대로 모든 것을 의심해보기 시작했다. 모든 것을 의심하다 보면 도저히 의심할 수 없는 절대적 진리가 스스로 모습을 드러낼 것이라고 생각했기 때문이다. 이것이 발견된다면 그때부터 이 단단한 기반을 토대로 모든 학문 체계를 재정립할 수 있을 것이다. 이렇게 진리를 발견하기 위해서 모든 것을 의심하는 데카르트의 방법을 '방법적 회의'라고 한다.

데카르트는 인간의 지식을 세 가지 범주, 즉 감각지식, 일반지식, 보편지식으로 나눠서 의심해보기 시작했다. 먼저 감각을 통해 얻는 감각지식들을 의심해보자. 감각은 시각, 후각, 청각, 미각, 촉각의 다섯 가지로, 이 다섯 가지 감각 외에 우리가 세상과 만날 수 있는 통로는 없다. 그런데 생각해보면 감각을 통해 들어오는 정보는 불확실하고 나를 속이는 경우가 대다수다. 물이 든 컵에 꽂힌 빨대는 분명 곧다는 것을 알지만, 아무리 봐도 꺾여 보인다. 시각이 나를 속이고 있는 것이다. 코가 막히면 아무 냄새도 맡지 못하고, 어딘가 정신을 쏟고 있으면 나를 부르는 소리도 못 들을 때가 있다. 감각을 통해 알게 된 지식들이 오류의 가능성을 가진다는 것은 조금만 생각해봐도 쉽게 알 수 있다. 결론적으로 감각을 통한 지식은 믿을 수 없다.

다음으로 데카르트가 의심한 지식은 자연과학을 통해 얻는 일반지식이었다. 과학 이론은 다양한 관찰을 통해서 귀납적으로 정리된 지식이다. '태양은 언제나 동쪽에서 뜬다'와 같은 일반화된 지식은 '하루 전에 태양이 동쪽에서 떴다' '이틀 전에 태양이 동쪽에서 떴다' 등의 무수히 많은 개별 사실을 종합해서 만들어낸 것이다. 하지만 이러한 귀납법은 논리적 비약이 따른다. 왜냐하면 무수히 많은 관찰을 한다 해도 그 관찰은 언제나 과거의 관찰에 한정될 뿐이기 때문이다. 그런데 귀납법은 과거의 관찰을 토대로 미래를 예측하려 한다. 그런 까닭에 귀납법은 언제나 미래에 틀릴 가능성을 내포하고 있다. 따라서 자연과학의 지식인 일반지식은 불확실하고 의심 가능한 지식이다.

마지막으로 데카르트는 의심하기 쉽지 않아 보이는 수학과 기하학을 의심하기 시작했다. 데카르트는 이런 지식을 보편지식이라고 불렀다. 일반지식이 경험적 관찰을 통해서 귀납법으로 찾아낸 지식이라면, 보편지식은 논리적 추론을 통해서 연역법으로 도달한 지식이다. 예를 들어 삼각형의 정의는 '한 직선 위에 있지 않은 세 점이 이루는 선분으로 이뤄진 도형'인데, 이러한 정의는 경험적 관찰을 통해 얻은 지식이 아니라 논리적 추론을 통해 얻은 지식이다. 그렇기 때문에 수학이나 기하학의 지식을 의심하기는 쉽지 않다. 하지만 데카르트는 극단적으로 가상의 상황을 만들어 이를 끝까지 의심해보려 했다. 그가 제시한 상황은 '수학적 사실을 항상 틀리게 만드는 악마의 존재'였다. 데카르트는 이렇게 가정해보았다. 1+2는 사실 3이 아니라 원래는 4일 수도 있다. 그런데 악마가 존재해서 나를 속이기 위해 계속해서 1+2가 3인 것처럼 나의 생각을 바꿀 수도 있는 것이다. 이게 무슨 뚱딴지같은 소리인가 하고 생각할 수도 있지만, 데카르트가 이 비현실적이고 극단적인 상황을 제시한 것은 어쨌거나 수학과 기하학이라는 보편지식이라 해도 절대 의심 불가능한 것은 아니라는 점을 보여주기 위해서였다.

끝없는 의심 속으로 데카르트는 침잠해 들어갔다. 깊이와 끝을 알 수 없는 의심의 바다 속으로 내려간 것이다. 과연 이 모든 의심을 멈출 수 있을까? 당신은 어떻게 생각하는가? 오랜 회의의 나날을 보내고 데카르트의 발은 닿을 수 있을지 알 수 없었던 그 끝에 극적으로 닿게 되었다. 어떠한 극단적인 가정으로도 도저히 의심할 수 없는 하나의 진리를 발견한 것이다. 이것이 그 유명한 말 "나는 생각한다. 고로 나는 존재한다"이다. 사실 이 말은 후에 데카르트에 의해 수정되어서 "나는 생각한다. 나는 존재한다"가 되었다. '고로'를 뺀 것이다. 이것은 큰 차이를 만든다. '고로'를 넣을 경우 마치 내가 생각하고 있는 사실로부터 나의 존재함이 발생되는 것처럼 보인다. 데카르트가 생각하기에 '생각한다'와 '존재한다'는 어느 하나가 다른 하나에서 도출되는 것이 아니라 서로 독립해 있는 것이었다. 그런 미세한 차이는 이 각박한 현실을 살아가는 우리에게 그리 중요해 보이지 않지만, 어쨌든 바꿨다고 하니 우리는 수정된 명제를 사용하기로 하자.

데카르트는 이 명제, "나는 생각한다. 나는 존재한다"를 의심할 수 없는 제1명제라고 불렀다. 이 명제는 둘로 나눠서 생각해봐야 한다. 우선 '나는 생각한다'부터 알아보자. 단적으로 말해서 '나는 생각한다'는 도저히 의심할 수 없는 명제다. 왜냐하면 '정말 내가 생각하고 있는 것일까?' 하고 의심하는 순간 나는 이미 의심이라는 '생각'을 하고 있는 것이기 때문이다. 나는 내가 생각하는지 의심하는 순간마다 내가 생각하고 있음을 발견하게 된다. 이로써 '나는 생각한다'라는 명제는 의심할 수 없는 진리가 된다.

다음으로 '나는 존재한다'에 대해 생각해보자. 일단 내가 생각하고 있음은 확실해졌다. 그런데 내가 생각하기 위해서는 생각하고 있는 주체로서의 '나'가 반드시 있어야만 한다. 내가 생각하고 있음이 확실하다면 나는 존재할 수밖에 없는 것이다. 따라서 두 문장은 차례로 의심할 수 없음이 도출된다. '나는 생각한다'는 의심할 수 없고, '나는 존재한다'는 것도 필연적으로 증명된다.

이제 '나'의 생각과 존재를 증명했으니, 데카르트에게 남은 것은 '세계'에 대한 증명이다. 세계를 증명하는 일이 참으로 쓸데없어 보일지 몰라도, 한번 의심해보기 시작하면 정말 의심스러운 게 세계다. 우리는 눈앞에 펼쳐진 세계가 실제로 존재한다고 당연하게 생각하지만, 그렇지 않을 가능성이 충분하다. 사실 당신은 지금 꿈을 꾸고 있는 것일 수도 있고, 혹은 식물인간으로 십 년째 병원 침대에 누워 있는 중인지도 모른다.

지금 보이는 것들은 당신의 상상력이 만들어낸 세계일 수도 있다. 눈앞의 세계가 실제 세계가 아닐 수 있다는 생각은 동양과 서양의 오랜 역사에서 등장하는 사고방식이다. 장자의 호접몽과 세계를 환영으로 이해하는 인도의 마야 사상이 그렇고, 서양의 관념론과 현대 철학의 하이퍼리얼리티 개념이 그렇다. 데카르트도 눈앞의 세계가 허구이거나 가짜일 가능성이 충분하다고 생각했던 것 같다. 그렇다면 이 세계가 진짜임을 어떻게 증명할 것인가? 데카르트는 세계를 증명하기 위해서 신의 관념을 끌어들였다. 다시 제1명제로 돌아가자.

내가 생각하고 존재하는 것은 증명되었다. 그런데 내 생각 속을 들여다보면 독특한 관념이 하나 있는데, 그것은 신에 대한 관념이다. 이 관념이 독특한 것은 신은 개념상 완전하고 절대적이기 때문이다. 생각해보면 나는 나 자신도 의심하고 세계도 의심할 정도로 불완전한 존재인데, 나에게는 이미 '완전함'이라는 개념이 머릿속에 자리 잡고 있는 것이다. 질서에서 무질서가 도출될 수는 있어도 무질서에서 질서가 도출되지는 않듯, 불완전한 것에서 완전함은 도출될 수 없다.

쉽게 예를 들어보자. 우리가 귤나무 밑을 지나다가 나무 밑에 귤들이 떨어져 있는 것을 보았다. 그런데 놀랍게도 떨어진 귤들이 별의 마방진 모양을 하고 있었다. 그러면 우리는 두 가지 가능성을 생각할 수 있다. 떨어진 귤들이 정말 우연히도 별 모양을 만들었거나, 혹은 어떤 지적인 존재가 떨어진 귤들을 별 모양으로 배치했거나. 당연히 후자가 타당한 답변일 것이다. 왜냐하면 질서란 질서를 계획할 수 있는 주체에게서만 나오기 때문이다. 무질서와 불완전성에서 질서와 완전성은 도출되지 않는다. 마찬가지로 불완전한 내가 신이라는 완전한 개념을 가질 수 있는 것도 외부의 절대적 존재가 나에게 신의 개념을 주입해주어서일 것이다. 따라서 절대적 존재로서 신은 존재할 수밖에 없다.

정리해보면 데카르트는 '나'를 증명했고, 내 관념 속에서 발견되는 완전함이라는 개념을 근거로 외부에 '신'이 존재할 수밖에 없음을 증명했다. 그리고 이제 '세계'를 증명할 차례다. 데카르트에 따르면 '신'은 개념상 완벽하기 때문에 이 개념 안에는 성실함도 포함될 것이다. 신의 개념상 신은 방만하거나 불성실하거나 나태할 수는 없다. 따라서 성실한 신은 나를 속이지 않고 이 세계를 존재하게 할 것이다. 결론적으로 신이 있다면 '세계'는 존재해야만 한다.

차례로 '나', '신', '세계'가 증명되었다.

1. 나 증명
2. 신 증명
3. 세계 증명

데카르트

0. 방법적 회의

무신론자이거나 21세기 기술문명을 신뢰하며 살아온 현대인이라면 도대체 이게 무슨 증명인가 싶겠지만, 데카르트가 방법적 회의를 통해 나와 세계를 증명하는 과정은 그 내용보다는 형식에서 의미를 찾을 수 있다. 앞서 살펴본 것처럼, 데카르트 이전까지의 시대는 신을 중심으로 하는 중세였다. 당시에는 신이 중요할 뿐, 인간은 가치나 중요성을 갖지 않았다. 인간과 현실 세계는 단지 신의 피조물로서, 인간의 존재 의미는 신으로부터 도출되었다. 신이 제1원인자이고, 그로부터 파생되는 존재가 인간이었던 것이다.

하지만 데카르트의 사유는 신이 아니라 인간으로부터 모든 세계를 증명하기 시작한다. 진리에 도달하는 길은 나의 의심과 회의를 통해서 발견되고, 나의 존재 증명이 신과 세계의 존재 증명보다 앞선다. 즉, 인간의 이성이 우선이고, 신과 세계는 이로부터 파생되어 증명된다. 데카르트가 아직도 '신'을 언급함에도 불구하고 근대 철학의 아버지로 불리는 이유가 여기에 있다.

데카르트의 작업을 평가해볼 차례다. 우선 그의 사고는 존재론적인가, 인식론적인가? 그는 나, 신, 세계의 본질이 무엇인지를 탐구한 것이 아니라, 내가 어떻게 신과 세계를 증명할 수 있는지 인식의 측면을 탐구했다. 따라서 그는 인식론적인 물음을 가졌다고 할 수 있다. 실제로 데카르트를 근대 인식론의 시작으로 보는 견해가 일반적이다.

다음으로 그는 어떻게 나와 신과 세계를 증명했는가? 현실 세계를 관찰하거나 사람들에게 전화 설문을 돌려 통계를 내거나 하는 방법이 아니라, 순수하게 이성적이고 논리적인 추론만으로 진행했다. 즉, 데카르트는 합리론적 철학을 전개한 것이다.

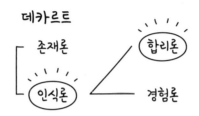

경험론 - 베이컨 : B

합리론이 인간의 이성과 논리만으로 세계를 증명하고 진리에 도달하고자 했다면, 경험론은 반대로 자연 세계에서의 감각적인 경험만이 지식의 원천이 된다고 보았다. 완전무결한 진리를 도출하려는 것이 아니라, 변화하는 경험 세계를 토대로 진리를 발견하고자 한다는 점에서 경험론은 상대주의적인 측면이 강하다. 또한 개별적인 개체에 주목한다는 점에서 중세의 유명론과도 연결된다.

과학을 신뢰하고 실용주의적 사고에 익숙한 현대인의 관점에서 보면, 자연 세계를 관찰하고 실험함으로써 이론을 도출해야 한다는 경험론의 주장은 그다지 특별할 게 없어 보인다. 하지만 경험론이 특별해 보이지 않는 것은 이것이 실제로 별다른 내용을 담고 있지 않아서가 아니라, 우리가 근대의 경험론이 승리한 세계에 살고 있기 때문이다. 산업화 이후 고도로 발전한 현대 사회를 살아가는 대부분의 사람들은 확인되고 증명되는 것만을 믿는 경험론자들이 되었다.

하지만 오늘날의 친숙함과는 달리, 중세 교회의 그림자가 다 걷히지 않았던 근대 초기에 경험론을 주장한다는 것은 가히 혁명적인 일이었다. 왜냐하면 경험론에 의하면 세상의 모든 진리는 관찰할 수 있는 자연에 있고, 우리는 자연에서 규칙과 질서를 찾아내면 충분했기 때문이다. 경험론의 진리 탐구 방법에는 신이 개입할 여지가 전혀 없었다. 그래서 경험론은 중세의 신중심주의를 끝내고 근대 이성중심주의와 근대 과학을 탄생시키는 데 주요한 역할을 했다.

경험론을 대표하는 인물은 프랜시스 베이컨이다. 그는 데카르트보다 35년 전에 태어나서 16~17세기에 영국에서 활동했다. 베이컨 이후의 경험론은 주로 영국에서 발전되어왔기 때문에 '영국 경험론'이라고도 부른다.

우리는 베이컨의 세계관을 두 가지 측면에서 알아보려고 한다. 하나는 기존 학문의 문제점에 대한 그의 비판이고, 다른 하나는 새로운 학문의 방향으로 그가 제시한 방법이다. 그는 기존 학문을 우상론으로 비판했고, 새로운 학문 방법으로 귀납법을 제시했다.

특히 베이컨이 기존의 학문 체계를 비판하려 할 때 염두에 둔 사상은 아리스토텔레스다. 왜냐하면 당시는 중세가 끝나갈 무렵으로, 스콜라철학이 주를 이루고 있었기 때문이다. 앞서 살펴보았듯 스콜라철학은 아리스토텔레스를 기반으로 한 기독교 철학 체계였다. 따라서 아리스토텔레스를 비판한다는 것은 당시의 학문 체계와 기독교 철학 전반의 뿌리를 공격하는 것이었다. 그래서 베이컨의 저서 제목도 '노붐 오르가눔'이다. 아리스토텔레스의 논리와 추론 방법에 대한 저서들을 '오르가논'이라고 부르는 것에 대응해서 지은 제목이다. 여기서 노붐(Novum)은 새롭다는 의미이고 오르가눔(Organum)은 기관으로 해석된다. 우리말로 번역하면 '신기관' 정도가 되는데, 도대체 무슨 말인지 감이 안 온다. 의역해보면 '새로운 학문의 도구' 정도가 되겠다.

기존 학문 비판 : 우상론
(네 가지 우상)
새 학문 방법 : 귀납법

《노붐 오르가눔》에서 베이컨은 우상론으로 기존 학문 체계의 문제점을 지적했다. 여기서 우상이란 인간이 가지고 있는 편견을 말하는 것으로, 인간으로 하여금 과학적이고 이성적으로 사고하지 못하게 하는 걸림돌을 의미한다. 베이컨은 편의상 네 가지 이름을 붙였다. 종족의 우상, 동굴의 우상, 시장의 우상, 극장의 우상이 그것이다. 여기서 종족, 동굴의 우상은 개인의 개체적인 편견에 해당하고 시장, 극장의 우상은 사회적인 측면이 강하다. 하나씩 알아보자.

우선 종족의 우상은 우리가 인간이기 때문에 갖게 되는 편견을 말한다. 예를 들어 '꽃이 웃는다'거나 '새들이 노래한다'라는 문장이 이에 해당한다. 이 문장들은 인간 중심적인 문장으로, 잘못된 정보를 전달한다. 실제로 꽃은 웃지 않고, 새들도 노래하는 것은 아니다. 이러한 오류가 발생하는 것은 인간이 자신의 감정을 사물에 투영해서 사물을 인간적으로 해석하고자 하기 때문이다.

다음으로 동굴의 우상은 개인의 특수성에서 기인하는 오류를 말한다. 사람들은 자신이 살아온 환경과 경험이 한정되어 있음에도 불구하고, 자신의 경험이 전체의 일반적인 경험일 것이라고 생각하는 경향이 있다. 하지만 이러한 사고방식은 오류를 발생시킨다. 베이컨에 따르면 모든 사람은 자신만의 동굴을 갖고 있다. 그래서 그 동굴 안에서 보호받고 있는 동안은 외부의 실제 빛이 아니라 동굴의 틈새로 새어 들어오는 제한된 빛으로 동굴 안을 본다. 베이컨은 이러한 주관성이 극복될 때 편견 없이 학문을 탐구할 수 있다고 생각했다.

시장의 우상은 잘못된 언어 사용에서 발생한다. 사람들은 보통 주어에 들어가는 단어가 실제로 존재할 것이라고 생각한다. 예를 들어 신, 악마, 요정, 도깨비 등의 단어가 존재하면 그에 부합하는 대상이 진짜 있을 거라고 여기는 것이다. 베이컨에 따르면 사람들은 관찰되거나 검증되지 않은 언어를 사용해서 대화하는데, 이럴 경우 혼란에 빠지고 오류를 일으킬 수 있다.

극장의 우상은 권위에 수긍하는 태도에 대한 비판이다. 사람들은 미신, 신학, 철학 등 기존에 전통으로 확립되어 있는 이론들의 권위에 의지하려는 태도를 갖는다. 베이컨이 보기에 이러한 권위에 복종하는 태도는 제대로 된 학문 체계를 세우지 못하게 한다. 그에 따르면 기존의 전통 이론에 기대는 것이 아니라, 오직 자연 세계를 직접 관찰하고 검증하는 방식으로만 학문에 대해서 논해야 한다.

베이컨은 네 가지 우상을 통해 기존의 학문 체계를 비판한 후, 그에 대한 대안으로 새로운 학문 방법인 귀납법을 제시했다. 사실 귀납법은 새로운 것은 아니고, 아리스토텔레스가 이미 체계를 세웠던 방법론이다. 다만 아리스토텔레스는 귀납법보다는 연역법을 더 중요시했는데, 베이컨은 이를 비판하는 동시에 아리스토텔레스의 귀납법보다 조금 더 복잡한 형태의 새로운 귀납법을 제시한 것이다.

여기서는 실제로 그리 큰 차이도 없고 더 복잡해진 귀납법에 대해 알아보는 대신, 오늘날 일반적으로 논의되는 연역법과 귀납법의 차이에 대해 알아보고, 어떤 면에서 베이컨이 연역법을 비판했는지를 생각해 보려 한다.

연역법과 귀납법은 특정 대상을 이해하기 위한 일종의 추론법이다. 연역법은 주로 보편명제에서 특수명제를 이끌어내는 데 유용하고, 반대로 귀납법은 특수명제로부터 보편명제를 이끌어내는 데 사용된다. 이를 이해하기 위해서는 보편과 특수라는 용어에 익숙해지면 된다. 그리고 이 두 개념은 앞서 중세의 보편논쟁에서 이미 알아보았다. 기억을 더듬어보자. 인류 전체가 X, Y, Z 이렇게 셋이라고 가정했을 때, 이들은 인간이라는 보편적인 단어로 묶을 수 있었다. 보편논쟁은 '인간'이라는 보편자가 실제로 존재하는지에 대한 논쟁이었다. 중세의 실재론자들은 보편이 실재한다고 생각했고, 유명론자들은 개체만이 존재한다고 생각했다. 여기서의 개체가 특수를 말한다.

근대 철학은 중세 철학의 연장이라고 봐야 한다. 중세 실재론자들처럼 근대 합리론자들은 보편을 강조했다. 그래서 그들은 보편으로부터 추론을 시작하는 연역법을 추구했다. 반면 중세 유명론자들처럼 근대 경험론자들은 특수를 더 중요시했다. 그래서 특수로부터 추론을 시작하는 귀납법을 강조했다.

　　　　　　〈중세〉　〈근대〉　〈방법론〉
┌　보편 － 실재론 － 합리론 － 연역법
└　특수 － 유명론 － 경험론 － 귀납법

우선 연역법에서는 보편이 우선하고 개체는 이에 종속된다. 보편의 속성이 A라고 한다면 X도, Y도, Z도 필연적으로 A의 속성을 가져야만 하는 것이다. 예를 들어 '인간'의 속성이 빨간색이라고 하자. 그럼 Z씨의 색깔은 무엇이 되는가? 그건 확인하고 말 것도 없이 빨간색일 것이다. 연역법은 보편에 대해서만 알면 무수히 많은 개체의 속성을 일일이 확인할 필요가 없다. 효율적이고 완벽한 추론법이라고 할 수 있다. 만약 우리가 궁극적 보편에 대한 지식을 갖는다면 우리는 모든 특수의 속성을 눈 감고도 알 수 있을 것이다. 특히 합리론자인 데카르트는 실제로 수학, 기하학 등의 완벽한 보편자로부터 세계 전체를 추론할 수 있다고 생각했다.

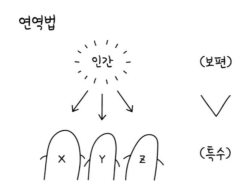

그런데 문제가 있어 보인다. 그렇다면 도대체 보편에 대한 지식은 어디서 온 것인가? 그건 어쩔 수 없이 특수한 개별자를 일일이 확인해서 알게 되는 것은 아닌가? 이를 지적하며 등장한 사람이 경험론자 베이컨이다. 그는 연역법이 언제나 논리적으로 참인 것은 사실이지만, 그것은 우리에게 새로운 지식을 주지 못한다고 주장했다. 연역법은 지식의 확장 없이, 이미 알고 있는 지식을 매 순간 특수에서 확인할 수 있을 뿐이다. 학문이 새로운 지식을 만들어가는 과정이라고 할 때, 연역법은 학문의 진보라는 측면에서 쓸모가 없다.

베이컨은 개별적인 특수를 종합하는 것부터 시작해서 하나의 잠재적인 보편명제를 도출할 수 있다고 생각했다. 예를 들어 X, Y, Z씨를 한 명씩 관찰해보는 것이다. 빨래를 하고 있는 X씨는 얼굴이 빨간색이다. 낮잠을 자고 있는 Y씨를 관찰해보니 그 역시 얼굴이 빨간색이다. 그리고 술 마시고 있는 Z씨 역시 얼굴이 빨간색이다. 이를 토대로 공통점을 추론할 때에야 비로소 보편자로서의 인간의 속성이 '빨간색'임을 알 수 있게 되는 것이다.

귀납법

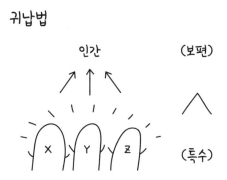

베이컨은《노붐 오르가눔》에서 학문의 진정한 출발점으로 귀납법을 제시했다. 그가 귀납법을 통해 정말로 비판하고자 한 것은 아무런 경험적 근거도 없이 쌓아 올려진 중세의 종교와 철학이었다. 중세 스콜라철학에 이르러 집대성된 신학과 철학은 교회의 강력한 권위와 신앙에 기초하고 있을 뿐, 검증 가능한 현실에서의 근거는 제시하지 못했다. 베이컨은 누구나 관찰 가능하고 검증 가능한 특수한 개체로부터 경험적 자료를 쌓아 올린 새로운 학문 체계를 꿈꿨다. 이런 경험적 학문만이 신이나 천사, 영혼, 천국 등의 형이상학적이고 소모적인 무수한 논쟁을 끝마칠 수 있으리라 생각했다. 베이컨의 경험주의는 당시에 태동하던 자연과학이 발전하는 데 철학적 토대를 마련해주었다.

베이컨의 작업을 평가해볼 차례다. 우선 그의 사고는 존재론적인가, 인식론적인가? 그는 진리가 무엇인지를 밝힌 것이 아니었다. 대신 우리가 오류에 빠지는 상황을 우상론을 통해 설명하고, 학문의 방법으로 귀납법을 제시함으로써 진리에 도달하는 방법을 설명했다. 따라서 그의 물음은 인식론에 집중된다.

다음으로 베이컨은 진리를 획득하는 방법으로 이성적 사유를 제시하는 대신 감각적 세계에서의 경험 자료들을 강조했다. 즉, 그는 경험론적 철학을 전개했다.

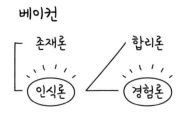

관념론 – 칸트 : A+B

합리론과 경험론의 대립은 근대 서양 철학의 흐름을 이끌었다. 두 관점은 상이한 방향과 목표를 지향하고 있었고, 간극은 좁히기 어려워 보였다. 이러한 상황에서 두 체계를 종합함으로써 소모적인 논쟁을 끝내고 서양 철학을 다음 단계로 나아가게 한 인물이 등장했다. 그가 바로 임마누엘 칸트다. 우리는 한 번쯤 그의 이름을 들어봤고 무엇인가 대단하다는 말도 들어왔는데, 단지 경험론과 합리론을 종합했다는 점에서 뭐가 그리 대단한가 싶을 수도 있겠다.

하지만 우리가 철학사를 탐구하면서 알게 된 것은 철학 전체는 핵심적인 두 가지 전통으로 이어진다는 것이었다. 절대주의-실재론-합리론으로 이어지는 하나의 축과, 상대주의-유명론-경험론으로 이어지는 또 다른 축이다. 그런데 여기에서 합리론과 경험론을 종합했다는 것은 사실 철학 전체의 두 사조를 종합했다는 의미로도 볼 수 있다. 칸트는 2,000년 넘게 이어져오던 거대한 철학 논쟁을 종결지은 것이다. 18세기 독일에서 활동했던 이 경이적인 인물의 업적은 '관념론'으로 알려져 있다. 관념론의 심화된 내용은 0권에서 다루니, 여기서는 철학사의 맥락에서만 간략하게 살펴보려고 한다.

관념론은 일반적으로 실재론과 반대되는 개념으로 사용된다. 무슨 '론'이 이리 많은지, 너무 많아 점점 짜증이 나기 시작한다. 하지만 걱정할 것 없다. 거의 다 왔다. 지금까지 언급되었던 많은 '론'들을 여기서 정리해보자. 거시적인 관점에서 분류해보면, 존재론과 인식론은 질문에 해당하고, 실재론과 관념론, 합리론과 경험론은 그에 대한 대답이라고 할 수 있다.

```
                    실재론
        존재론 <
                    관념론
                    합리론
        인식론 <
                    경험론
```

이제는 친숙해진 인식론부터 기억을 상기해보자. 인식론은 우리가 어떻게 참된 존재를 인식할 수 있는지를 묻는 분야였다. 그에 대한 답변은 두 가지였다. 합리론의 이성과 경험론의 경험.

마찬가지로 존재론 역시 하나의 질문이다. 이것은 다음과 같이 묻는다. 그렇다면 참된 존재는 무엇인가? 존재의 존재 방식은 무엇인가? 이에 대한 답변이 실재론과 관념론이다. 실재론은 우리 바깥의 세계가 실제로 존재하는 참된 존재라고 답하고, 관념론은 우리 내면 세계의 관념이 참된 존재라고 답한다.

이 중에서 실재론의 세계관은 상식적이고 친숙하다. 실제로 존재하는 참된 것이 무엇이든 그것은 나의 외부 세계에 있다. 그것이 종교에서의 신이든, 플라톤의 이데아든, 합리론의 수학적 대상이든, 경험론의 자연 세계든 어쨌거나 이것들은 나와는 무관하게 독립적으로 존재하는 실체다. 반면 관념론의 세계관은 상식적이지 않고 낯설다. 관념론에서 실제로 존재하는 것은 나의 관념이다. 그것은 나의 내면 세계에 있다. 눈앞에 펼쳐진 감각적인 외부 세계는 실제로는 나의 내면 세계에 의해 재구성된 무엇일 뿐이다. 관념론은 나의 의식과 독립해서 존재하는 외부 세계를 의심한다.

당신은 어떻게 생각하는가? 참된 존재는 당신의 바깥에 있는가, 아니면 당신의 내면에 있는가? 실재론이 상식에 부합한다는 큰 장점에도 불구하고, 철학이 발달하고 인간 의식에 대한 탐구가 심화되면서 서양 철학은 관념론의 방향으로 나아가게 되었다. 이뿐만 아니라 꼭 서양 철학에 친숙하지 않다고 하더라도 자신의 내면을 예민하게 관찰하는 사람이라면 관념론이 실제 세계를 더 정확하게 묘사한다는 사실을 이해할 수 있게 된다.

시대와 장소를 초월해서 자기 세계의 진실을 알고자 하는 이들에게 칸트의 관념론은 도움이 된다. 우리는 이제 칸트의 이야기를 들어보려고 한다. 이를 위한 첫걸음으로 '본다'의 의미부터 점검해보자.

무엇인가를 본다는 것은 매우 단순하고 명쾌한 경험으로 느껴지지만, 엄밀히 생각해보면 신비한 측면이 있다.

단순한 상황에서 이야기를 시작해보자. 당신은 손에 사과를 들고 있다. 사과는 어디에 있는가? 이게 무슨 헛소린가 싶을 수도 있다. 당연히 사과는 내 눈앞에 있다. 하지만 눈으로 본다는 것에 대해서 자세히 생각해보면 이상한 점이 있다. 우리가 눈으로 본다는 것은 광원에서 쏟아져 나온 빛의 입자들이 사과 표면에 충돌한 후 튕겨져 나와서 내 수정체를 통과해 망막을 자극하는 것을 말한다. 하지만 아직까지는 '본 것'이 아니다. 더 거쳐야 할 과정이 있다. 빛의 입자들이 내 눈의 망막을 자극하면 망막의 시세포들은 빛을 전기적 신호로 변환해서 시신경을 통해 뇌로 정보를 보낸다. 빛의 알갱이를 뇌로 직접 보내는 것이 아니라 0과 1로 된 디지털 신호를 모스부호처럼 뇌로 알리는 것이다. 이러한 과정을 거쳐 전기적 신호가 내 뇌까지 전달된다. 뇌의 입장에서 생각해보자. 뇌는 눈도, 귀도 없는데 전기적 신호가 여기저기서 흘러 들어온다. 그럼 뇌는 그 정보들을 해석해내야 한다. 그리고 해석을 거치면 뇌는 그제야 전기적 신호를 사과의 이미지로 나에게 보여준다. 눈앞에 그려지는 사과는 실제로는 내 뇌가 만들어내는 영상이다. 우리는 실제 사과를 직접 보는 것이 아니라 뇌가 그려준 영상을 보는 것이다.

다른 가정을 하나 더 해보자. 만약 정상적인 박쥐가 당신이 손에 든 사과를 본다면 어떨까? 사실 박쥐가 사과를 본다는 말 자체에 문제가 있다. 박쥐는 사과를 '듣는다'. 종마다 차이가 있겠지만, 우리가 알고 있는 일반적인 박쥐는 눈이 퇴화되어 있고, 사물을 분간하는 것은 초음파를 통해서 가능하니까 말이다. 박쥐는 음파를 발성해서 그 음파가 되돌아오는 것을 귀로 듣고 세계를 파악한다. 박쥐의 세계에서 사과는 어떻게 드러날까? 상상하는 것은 쉽지 않다. 혹시 박쥐는 어두컴컴한 세상에 사는 건 아닐까? 눈이 안 보이니 세상이 어두울 것이 아닌가? 그럼 세상이 그렇게 어둡고 답답한데, 어떻게 얽히고설킨 나뭇가지들 사이를 그토록 빠르게 빠져나갈 수 있는 걸까? 박쥐는 세계를 선명하게 '보고' 있는 것처럼 행동한다. 추측하건대 아마도 박쥐는 총천연색의 세상을 보고 있을 것이다. 눈이 없이도 말이다.

박쥐가 사과를 인지하는 과정을 상상해보자. 사과 표면에 부딪힌 후 튕겨 나온 초음파는 박쥐의 귀에 닿는다. 그러면 고막이 울리고 청각세포가 자극된다. 그로부터 발생한 전기적 신호가 박쥐의 작고 초라한 뇌로 전달된다. 뇌의 입장에서 생각해보자. 뇌는 눈도, 귀도 없는데 전기적 신호가 여기저기서 흘러 들어온다. 그럼 뇌는 그 디지털화된 전기적 신호를 해석해내야 한다. 그리고 해석을 거치면 뇌는 그 결과물을 이미지화해서 박쥐에게 드러나게 해준다. 아마도 박쥐는 귀로 들었지만, 머릿속에 총천연색의 이미지를 '보게' 될 것이다. 분명 그 대략적인 형태는 우리가 보는 것과 비슷할지 모르지만, 표면의 색깔은 매우 다르게 구성되어 있을 것이다. 상상력을 발휘해보면 박쥐에게 거친 표면은 어둡게, 매끄러운 표면은 밝게 드러날 수도 있다.

당신이 눈으로 본 사과와 박쥐가 귀로 본 사과 중에 실제 사과에 더 근접한 것은 무엇일까? 당연히 인간인 우리가 보는 사과일까? 박쥐가 생각을 할 수 있다면, 이렇게 생각할지도 모른다. "인간이라는 종족이 있는데, 개네들은 눈으로 무엇인가를 본다며? 아니 그게 답답해서 어디 살 수나 있겠어? 어두컴컴한 곳에서 답답하게 살고 있는 거 아니야?"라고 말이다.

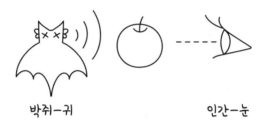

박쥐-귀   인간-눈

이제 처음의 질문으로 돌아갈 차례다. 당신 손 위에 놓인 사과는 어디에 있는가? 그리고 당신의 손은, 당신 눈앞의 세계는 어디에 있는가? 현명한 답은 이것이다. "사과와 세계는 내 머릿속에 있다. 나는 내 머릿속의 이미지를 보고 있다."

본다는 것은 외부의 사물 자체를 보는 것이 아니라, 나의 머릿속에서 해석된 그 무엇인가를 보는 것이다.

이제 칸트의 관념론을 이해하기 위한 준비가 끝났다. 칸트는 세상을 둘로 분리했다. 내 눈앞에 드러난 세계를 '현상'이라고 부르고, 현상 너머의 진짜 세계를 '물자체'라고 불렀다. 칸트에 따르면 결국 우리가 알 수 있는 것은 현상뿐이고, 사물의 실체 자체를 인식하는 것은 절대로 불가능한 일이다. 우리가 볼 수 있는 건 머릿속에서 재구성된 이미지로서의 사과일 뿐, 우리 외부에 존재하는 실제 사과에는 결코 닿을 수 없는 것이다. 여기까지 들으면 우리는 외부 세계를 포기하고 나의 관념 속에 갇힌 것만 같다. 우리는 서로 다른 각자의 현상 세계에 매몰되어 있는 주관적인 존재다. 박쥐와 나는 전혀 다른 세계를 보고 있고, 마찬가지로 다른 사람들 역시 너무도 다른 자신만의 세계를 보고 있는 것이다. 어떤 면에서, 우리 모두는 자폐아다.

하지만 칸트는 이렇게 주관주의로 빠질 위험에 처한 자신의 이론을 현명하게 구제해냈다. 여기에 칸트의 혁신적인 면이 있다. 답부터 말하면, 칸트는 모두의 사고 구조가 보편적인 형식을 가지고 있음을 밝힘으로써 세계가 개인의 주관에 함몰되는 문제를 극복해냈다. 즉, 우리 각자가 자신의 머릿속 세상인 현상 세계만을 보고 있는 것은 사실이지만, 그 현상 세계를 드러내는 사고의 형식 혹은 뇌의 구조가 보편적이기 때문에 사실은 유사한 것을 보고 있다는 것이다. 정신의 구조가 동일하기 때문에 그에 따라 드러나는 세계도 동일하다. 쉽게 말하면 우리 모두는 각각의 카메라지만, 소프트웨어가 모두 동일하게 때문에 비슷한 사진을 촬영하게 된다.

정리해보자. 물자체의 세계는 결코 알 수 없다. 개인은 주관적으로 현상 세계를 구성한다. 하지만 우리의 사고 구조가 동일하기 때문에 우리는 동일한 세계를 본다.

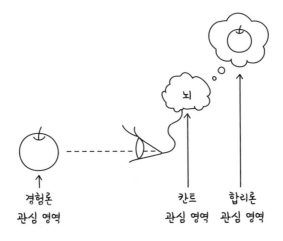

경험론
관심 영역

칸트
관심 영역

합리론
관심 영역

칸트의 설명이 갖는 의의는 무엇일까? 그것은 합리론과 경험론의 문제점을 극복하면서 통합했다는 것이다. 이제 진리는 세계 밖의 '경험'에서 혹은 내 안의 주관적 '이성'에서 찾을 것이 아니라, '주체의 인식형식'에서 찾아야 한다. 합리론자들이 말하는 이성은 주관적인 독단에 빠지기 쉬워서 위험하고, 경험론자들이 말하는 경험은 물자체를 인식할 수 없으니 불가능하다. 하지만 우리 모두의 사고 구조가 동일하기 때문에 우리는 우리 사고의 형식을 분석함으로써 진리에 도달할 수 있다.

그렇다면 모두가 동일하게 가지고 있다는 인식형식이란 무엇인가? 칸트는 주체의 인식형식을 감성형식과 지성형식으로 구분한다. 우선 감성형식은 시간과 공간이다. 칸트에 따르면 시간과 공간은 외부 세계에 실제로 존재하는 실체가 아니라 인식 주체가 가진 형식적 구조다. 다음으로 지성형식은 12개의 범주로 되어 있다. 이를 '칸트의 12범주'라고 한다. 보고 있으면 심란하나, 관심 있는 독자를 위해 아래 그림에 간략히 제시한다.

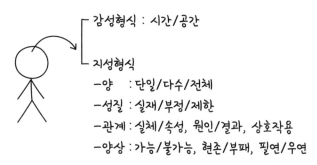

감성형식과 지성형식은 모든 인간에 기본적으로 내재되어 있는 내면의 틀이다. 모든 사람이 이 형식을 갖추고 있기 때문에 우리는 서로 주관적으로 세상을 보는 것이 아니라, 유사한 세상을 함께 보고 있다고 안심할 수 있다.

칸트의 관념론은 혁신적인 통찰이었다. 칸트는 이것을 스스로 '코페르니쿠스적 전환'이라고 명명했다. 코페르니쿠스가 천동설에서 지동설로 급진적인 사고를 전환시킴으로써 진리를 찾아냈던 것처럼, 자신이 외부 세계의 존재를 내면 세계로 옮김으로써 진리를 드러냈음을 자신한 것이다.

칸트 이후의 관념론은 서양 철학의 주류를 형성하며 심화되었고, 헤겔에 이르러 완성되었다. 일반적으로 헤겔은 근대의 마지막 철학자로 평가된다. 그의 거대 철학은 변용되어 마르크스의 사상으로 이어지거나, 혹은 이에 대한 반발로서 실존주의를 탄생하게 했다.

니체 : C

근대가 데카르트, 베이컨, 칸트, 헤겔 등의 걸출한 철학자를 배출하며 절대주의와 상대주의의 종합으로 나아가고 있었지만, 이와 동시에 회의주의적인 사조도 그 모습을 유지해나갔다. 쇼펜하우어로 대표되는 염세주의와 키르케고르에서 야스퍼스로 이어지는 실존주의는 종교, 이성이라는 기존 가치를 거부하고 개인의 삶과 개체의 한계에 대해서 논의했다. 이러한 철학적 조류는 철학사의 거인 니체에 이르러 극단화되었고, 결국 중세의 종교와 근대의 이성을 전복시켜 현대의 포스트모던이 등장하는 길을 열었다. 여기서는 니체의 서구 사회 비판과 그가 제시한 대안을 알아보고자 한다.

19세기 독일에서 활동한 프리드리히 니체의 별명은 '망치를 든 철학자'였다. 별명에 맞게 그는 근대의 서구 문화 전체를 전복하려고 했다. 니체가 진단한 유럽 사회는 병들고 건강하지 못했다. 병의 원인은 플라톤으로부터 시작하는 서구의 이성중심주의 철학과 예수 이후의 그리스도교 사상이었다.

특히 니체는 그리스도교 전통에 기반한 윤리관을 신랄하게 비판했다. 그는 이에 대한 근거를 제시하기 위해 그리스도교와 대비되는 고대 그리스의 도덕관의 기원을 찾아 거슬러 올라갔다. 니체의 사상을 이해하기 위해서는 우선 언어를 구분할 필요가 있다. 좋음과 나쁨 그리고 선과 악을 구분해야 한다. 우리는 보통 이 어휘들을 섞어서 사용하는데, '좋음'과 '선'은 다르다. 예를 들어 명품 핸드백은 좋은 것이지만, 선한 것은 아니다. 마찬가지로 싸구려 핸드백은 질적으로 나쁜 것이지만, 악한 것은 아니다.

니체는 이 차이를 엄밀하게 구분했다. 그에 따르면 고대 그리스에는 선악의 구분 대신 좋음과 나쁨의 구분만 있었다. 여기서 좋은 것은 주인의 생활 방식을 말하고, 나쁜 것은 노예의 생활 방식을 말한다. 그리고 이 주인과 노예는 생활 방식뿐만 아니라, 신분의 차이로부터 비롯된 덕목이 달랐다. 니체에 따르면 주인의 도덕은 지배자 계급의 도덕으로, 여기에는 진취성과 확실성, 결단력, 창조력 등이 내포되어 있다. 쉽게 말해서 주인은 주인처럼 행동한다. 자신이 주인이므로 법을 만들거나 폐기하는 등 모든 것을 주체적으로 선택한다. 그는 도덕에 구속받지 않고 도덕의 기준을 스스로 창조해나간다. 니체에 따르면 주인의 도덕은 건강하고 좋은 것이다.

반면에 노예의 도덕은 나쁘다. 그것은 외부로부터 강압되는 부자연스럽고 억눌린 도덕이다. 노예의 도덕은 겸손, 근면, 친절, 순종, 질서에의 순응 등이 강조된다. 생각해보면 맞는 말이다. 순종적이고 겸손하고 착해야 하는 계급은 노예 계급이다. 그런데 니체는 이러한 노예 도덕의 본질이 분노와 원한임을 밝혔다. 주인이 되지 못하고 주인에게 현실적으로 복수하지 못하는 억눌린 노예들의 원한이 그들의 도덕의 본질이라는 것이다. 니체는 이러한 노예의 도덕을 원한의 도덕이라고 불렀으며, 건강하지 못하다고 생각했다. 그리고 특히 그리스도교가 바로 이 원한의 도덕에 기반하고 있음을 밝혀냈다.

기원전 6세기에 유다 왕국이 멸망한 이후로 유대 민족은 언제나 다른 제국의 식민지 노예였다. 니체에 따르면 이러한 환경 속에서 유대인의 도덕은 원한으로 시작되었고 부자연스러운 형태를 띠게 되었다. 주인에 대한 그들의 원한은 점차 왜곡되고 이상화되어 결국에는 독특한 형이상학적 개념으로 재탄생한다. 즉, 노예들은 자신들이 가진 도덕인 겸손, 근면, 순종, 순응 등을 '선'이라는 개념으로 뒤바꾼다. 그리고 주인의 진취성, 결단력, 창조력 등은 '악'이라는 개념으로 가치절하한다. 마음속의 소심한 복수가 형이상학적 체계를 뒤집어쓰게 된 것이다. 결국 유대인에 의해 '좋음'은 '악'이 되고 '나쁨'은 '선'이 되는 가치 전도의 상황이 발생한다.

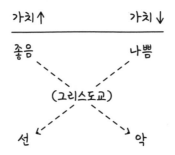

지적 대화를 위한 넓고 얕은 지식

그런데 문제는 유대인으로부터 발생한 그리스도교가 이러한 선과 악의 개념을 공고히 했다는 데 있다. 그리스도교는 유럽 사회 전체를 장악하면서 유럽인에게 선과 악이라는 원한의 도덕관을 뿌리 깊게 심어놓았다. 무엇인가 억눌리고 금욕적이며 겸손하고 희생하는, 건강하지 못한 사람들로 유럽이 병들어가고 있다고 니체는 판단한 것이다. 니체에 따르면 주인의 도덕은 자신에 대한 무한한 긍정에서 출발하는 건강한 도덕이다. 그러나 노예의 도덕은 타인에 대한 원한에서 비롯된 병든 도덕이다.

그렇다면 치료제는 무엇인가? 인류를 다시 건강하게 하기 위해서는 무엇을 해야 하는가? 니체의 처방은 그의 책 《차라투스트라는 이렇게 말했다》에 제시된 초인 사상과 영원회귀 개념에서 찾을 수 있다.

우선 영원회귀는 같은 우주가 무한히 처음으로 동일하게 돌아가는 것을 의미하는 니체 사상의 주요 개념이다. 쉽게 말해서 영원회귀에 따르면 나는 나의 삶이 끝나고 정확하게 나의 삶을 그대로 다시 살게 된다. 이것은 힌두교나 불교에서의 윤회와는 다르다. 윤회는 다른 존재로 환생하는 것이지만, 영원회귀는 지금 자신의 삶을 무한히 반복하는 것이다. 여기에는 어떤 변화나 목적이나 이유는 없다. 나의 부모님과 다시 함께 유년기를 보내고, 동일한 대입 시험에서 동일한 문제를 풀고, 동일한 결과로 동일한 대학에 가서, 같은 사람과 사랑하고 싸우고 헤어지며, 같은 날짜에 결혼하고, 같은 아이를 낳고, 같은 회사에 다니고, 내가 죽었던 동일한 날짜에 삶을 마감한다는 것이다. 그리고 죽는 순간부터 나는 또다시 내 삶을 새롭고도 동일하게 반복한다.

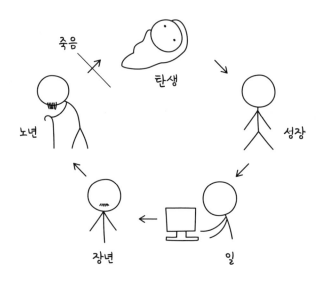

어떤가? 끔찍한가? 아니면 기쁜가? 영원회귀는 우리로 하여금 '삶'과 '순간'이라는 두 종류의 시간의 가치를 전복시킨다. 기존에는 80년의 삶은 길고 지금 이 순간은 짧았지만, 영원회귀를 깨닫는 순간 우리는 알게 된다. 80년의 삶은 유한하지만, 이 순간은 무한히 반복되는 영원한 시간임을 말이다. 영원한 순간에 비교해볼 때 80년의 유한한 삶의 길이는 0에 수렴한다. 영원회귀 사상은 가장 극단적인 허무주의다. 하지만 허무는 허무에서 끝나지 않는다. 영원회귀를 깨닫는 순간, 그는 허무를 딛고 일어나 자신의 삶을 근본적으로 새롭게 변화시켜야 한다. 그는 먼 미래의 불확실한 목표를 향해 지금 이 순간을 희생하는 것이 아니라, 영원한 지금 이 순간을 가장 가치 있고 의미 있게 창조해야만 한다. 왜냐하면 지금 이 순간은 내 평생의 삶보다 훨씬 긴, 무한히 반복될 영원한 시간이기 때문이다. 그리고 이러한 삶의 비밀을 깨닫게 된 존재는 지금까지의 삶을 초월한 초인의 모습에 한 걸음 다가서게 된다.

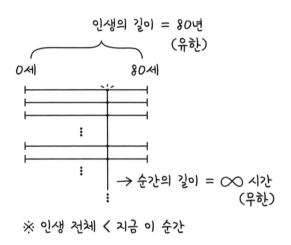

니체는 우리에게 제안한다. 순종적인 노예의 도덕에서 벗어나 자기 삶을 스스로 창조하는 주인이 될 것을 말이다.

중간 정리

지금까지 고대부터 근대에 이르는 철학의 역사를 따라왔다. 철학은 진리에 대한 세 가지 입장으로서 절대주의, 상대주의, 회의주의의 흐름에 따라 전개된다. 철학이 시작된 고대에는 아테네를 중심으로 활동한 소크라테스와 플라톤이 절대주의적 세계관을 제시했다. 반면 아리스토텔레스는 변화하는 현실에 대한 탐구를 주장하며 상대주의적 입장을 강조했다. 소피스트들은 고정불변의 진리를 거부하는 회의주의적 경향이 강했는데, 이후 서양 철학의 주류를 절대주의와 상대주의가 장악하면서 언제나 비판의 대상이 되어왔다.

중세는 플라톤의 절대주의 철학의 영향을 받은 교부철학에서 시작되었다. 이후 아리스토텔레스의 저서들이 발견되면서 스콜라철학이 탄생했다. 스콜라철학은 중세의 가장 중요한 논쟁이었던 보편논쟁과 함께 전개되었는데, 보편이 실제로 존재하는지에 대한 실재론과 유명론의 입

장 대립이 있었다. 스콜라철학의 합리적이고 이성적인 논쟁 분위기는
근대 이성중심주의 철학이 등장할 수 있는 토대가 되었다.

르네상스와 함께 시작된 근대는 이성의 시대로, 철학적 담론은 존재
론에서 인식론으로 변화했다. 인식론은 진리에 도달하는 방법을 탐구하
는 분야로, 그에 대한 답변이 합리론의 이성적 추론과 경험론의 경험적
관찰이었다.

이 두 견해를 종합하며 등장한 관념론은 철학의 관심을 외부의 대상
에서 인식 주체의 내면으로 뒤바꾸며 서양 철학의 흐름을 변화시켰다.
칸트 관념론의 철학사적 의미는 고대부터 중세를 지나 근대에 이르는
절대주의와 상대주의의 세계관을 성공적으로 종합했다는 데 있다.

이러한 주요 흐름과 함께 회의주의도 등장했다. 대표적으로 니체는
서구 문화 저변에 흐르는 거대 담론인 철학과 그리스도교의 실체를 파
헤침으로써 근대를 마감하고 현대의 포스트모던이 탄생할 수 있는 길을
제시했다.

지금까지의 철학사를 정리해보면 다음과 같다.

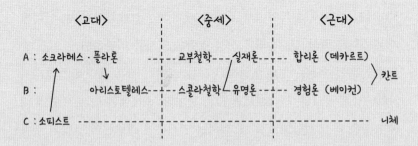

현대
철학

하이데거, 비트겐슈타인, 실존주의

칸트가 합리론과 경험론을 종합하고 니체가 서구 사상의 실상을 파헤친 이후, 현대 철학은 절대주의와 상대주의가 뒤섞인 양상을 보였다. 수많은 철학적 사조와 철학자가 등장했는데, 우리는 이 중에서 오늘날의 사상계에 심대한 영향을 미친 두 인물을 중심으로 현대 철학의 흐름을 살펴보려 한다. 그들은 하이데거와 비트겐슈타인이다.

하이데거 : A

하이데거는 20세기 독일에서 활동한 세계적인 철학자다. 그는 인식론과 관념론을 중심으로 흘러온 서양 철학의 역사를 비판하면서, 가장 중요한 질문인 존재론에 대한 논의는 고대 그리스 이후 제대로 진행되지 않았다고 주장했다. 생각해보면 맞는 말이다. 중세에는 신과 보편에 대한 논쟁을 하고 있었고, 근대에 와서는 인식론과 관념론이 철학의 주류를 이루었으니 말이다. 하이데거는 플라톤과 아리스토텔레스가 진지하게 다뤘으나 그 이후의 철학사에서는 다뤄지지 않은 '존재'라는 무거운 주제를 20세기에 다시 꺼내 들었다.

하이데거의 대표적인 저서는 《존재와 시간》으로, 두께와 난해함은 거의 모든 철학서를 압도한다. 하지만 분량과 표현의 벽 너머에서 그가 다루는 주제는 매우 심오하고 중요하다.

하이데거가 탐구하고자 했던 '존재'는 일상을 살아가는 우리가 한 번도 의심하지 않았던 '있음' 그 자체에 대한 것이다. 예를 들어 '사과가 있다'라는 문장이 있을 때, 우리는 '사과'에 관심을 기울이지, '있음'의 의미에 대해서는 고민하지 않는다. 하지만 철학에서의 진리가 언어로 표현되어야만 한다고 할 때, 우리는 의심 없이 사용하는 술어 '있음'에 대해 검토해야만 한다. '있음'은 도대체 무엇을 말하는 것인가?

고대 그리스 이후 존재의 문제가 단 한 번도 제대로 다뤄지지 않은 이유에 대해 하이데거는 언어적 혼란을 지목한다. 그는 언어를 명확하게 하기 위해 '존재'와 '존재자'를 구분한다. 이게 무슨 말장난인가 싶겠지만, 하이데거 철학에서 가장 중요한 논점이 '존재'와 '존재자'의 구분에 있다. 그에 따르면 사람들은 지금까지 존재와 존재자가 분명히 다름에도 불구하고 그 차이를 망각함으로써 존재자에게만 관심을 가졌지, 존재를 탐구하는 데까지 이르지 못한 것이다. 그럼 존재와 존재자 사이에는 어떤 차이가 있는가? 하이데거는 '존재는 존재자를 존재자이게 하는 것'이고, '존재자는 우리가 말하는 모든 것'이라고 정리한다. 다만 이 모든 것 안에 존재는 포함되지 않는다. 존재는 특정 존재자가 아니다.

$$
\underbrace{\text{사과가}}_{\text{(존재자)}} \underbrace{\text{있다.}}_{\text{(존재)}}
$$

예를 들어보자. '사과가 있다'라고 할 때 사과는 존재자다. 그럼 그 사과는 지금 어떤 상태에 있는가? 당연히 '있는' 상태에 있다. 하이데거가 주목하는 것은 사과가 사과로서 있을 수 있게 하는 그 무엇, 다시 말해 그 존재가 무엇을 의미하는가 하는 것이다. 이 길고 긴 탐구와 난해함을 무례하게 건너뛰어 답부터 말하면, '존재'란 '드러나 있음'을 말한다. 그렇다면 드러나 있음이란 무엇인가? 그것은 은폐되지 않음으로서의 '비은폐성'이다. 쉽게 말해서 존재란 숨겨져 있지 않고 그 상태 자체로 드러나 있는 것이다. 하이데거에 따르면 고대 그리스인은 이러한 비은폐성을 알레테이아(ale-theia)라고 말했다. 알레테이아는 망각, 은폐라는 의미의 레테(le-the-)에 부정을 의미하는 아(a)를 붙인 것으로, 말 그대로 은폐되지 않음, 비은폐성, 탈은폐성이라는 뜻이다. 재미있는 것은 고대 그리스인은 알레테이아를 '진리'라는 용어로 사용해왔다는 것이다.

존재 = 드러나 있음 = 비은폐성 = 알레테이아 = 진리

정리하면 '존재'는 '비은폐성'으로 '알레테이아'이고, 이는 '진리'다. 일단 화는 내지 말자. 이게 무슨 말장난인가 하는 마음 이해한다. 의미를 이해하면 쉬운데 말로 표현하기 어려워서 그런 것뿐이다. 이를 쉽게 이해하기 위해서는 칸트의 관념론에서 힌트를 얻어야 한다. 칸트는 세계를 둘로 나눴다. 기억나는가? 우리가 접근할 수 없는 실제 세계로서의 물자체의 세계와, 나의 내면 세계로서의 현상 세계로 말이다. 인간은 현상 세계 속에 산다. 진짜 세계인 물자체에는 닿을 수 없다. 그렇다면 현상 세계를 만들어내는 그 능력과 힘은 도대체 무엇인가? 칸트와 하이데거는 이를 직접 언급하지 않았으나, 우리는 그것이 나의 '의식'임을 안다. 현상 세계는 나의 의식의 공간, 의식의 장에서 드러난다. 하이데거는 이 점을 고려한 것으로 보인다. 눈앞의 존재자들, 의자, 책상, 컵, 사과는 도대체 어떻게 존재하게 되는가? 바로 나의 의식의 장에서 드러난다. 의식의 열린 장에서 존재자가 드러나는 것이다. 이렇게 존재자들이 드러날 수 있도록 열려 있는 의식의 장을 하이데거의 용어로 '존재' '비은폐성' '알레테이아' '진리'라고 부를 수 있겠다. 의식의 열린 장이 존재자를 존재자이게 하는 '존재'인 것이다.

사실, 의식의 문제는 한 사람의 인생에서 가장 신비하고 심오한 문제라고 할 수 있다. 철학을 공부하는 사람이든, 신앙생활을 하는 사람이든, 또는 직장생활과 일상의 번잡함으로 이러한 고민과 멀어진 사람이든, 그가 어떤 사람이고 무엇을 하는 사람인지와는 무관하게 자기 내면의 진리를 향해 항해하고자 하는 사람이라면, 그는 인생의 어느 한 때에 반드시 의식의 문제를 딛고 넘어서야 한다. 《지적 대화를 위한 넓고 얕은 지식》 시리즈 전체가 향하고 있는 궁극의 목표도 '의식'의 문제에 수렴한다. 이에 대한 심도 있는 내용은 0권을 참고하면 된다. 이 책 2권의 마지막 파트인 [신비]에서도 이 문제를 간략하게 다룰 것이다.

하이데거로 돌아오자. 우리는 하이데거의 물음과 답을 알았다. 물음은 '존재는 무엇인가?'였고, 답은 '비은폐성으로서의 알레테이아, 즉 진리'였다. 하지만 하이데거의 철학에서는 답뿐만 아니라 답에 이르는 과정과 절차도 중요하다. 질문에서 다시 시작해보자. 하이데거는 존재를 탐구하기 위해서는 어쩔 수 없이 존재자에 대한 탐구로 돌아오게 된다고 말한다. 그런데 아무 존재자나 탐구할 수는 없다. 의자한테 아무리 존재가 뭐냐고 물어봐도 답해주지 않을 테니까. 그래서 '존재가 무엇인가?'를 물을 수 있는 존재자에게 가서 존재에 대해 물어야 한다. 그리고 그러한 존재자는 지구에서 인간이 유일하다. 존재에 대한 물음은 인간으로부터 시작해야 한다.

하지만 하이데거는 '인간'이라는 어휘가 너무도 오랜 기간 사용되면서 철학적, 이념적으로 오염되어 오해의 소지가 크다고 생각했다. 그래서 존재가 무엇인지 물을 수 있는 존재자를 '인간'이라는 용어 대신 '현존재'라고 부르기로 한다. 현존재는 현재 존재하고 있어서 존재의 물음을 물을 수 있는 존재자다. 그런데 이러한 존재의 물음을 던질 수 있는 존재자는 '현재' 존재한다는 '시간성'을 내포한다. 이에 따라 하이데거는 존재를 탐구하기 위해 현존재의 시간성을 탐구했다. 그리고 결론적으로 시간이 존재의 나타남 그 자체임을 밝혔다. 그래서 그의 저서 제목이 '존재와 시간'이다.

단순화해보자. 하이데거의 사고 흐름은 다음과 같다.

첫째, 서구 철학의 역사는 존재자에게만 관심이 있지, 존재 자체에는 관심이 없었다. 그것은 사람들이 존재와 존재자를 구분하지 못했기 때문이다. 둘째, 존재에 대한 탐구가 필요한데, 존재에 대해서 묻기 위해서는 물음을 던질 수 있는 현존재를 탐구해야 한다. 셋째, 현존재를 탐구하면 존재는 시간성 위에서 밝혀진다. 넷째, 시간에서 나타나는 존재 자체는 비은폐성으로 알레테이아이며, 이는 진리를 의미한다.

하이데거는 무거운 주제인 '존재'의 문제를 다루기 위해 주의 깊게 언어를 정교화했다. 적절한 어휘를 찾을 수 없으면 자신만의 언어를 만들고 새로운 규칙을 부여해서 존재를 탐구하는 길로 과감하게 우리를 안내했다. 그러다 보니 그의 저서는 어렵고 낯설어졌다. 쓸데없이 존재 자체가 매우 궁금해 참을 수 없고 난해함을 극복할 의지와 여건을 갖춘 사람이라면 그의 저서들을 읽어봐도 괜찮겠다. 다만 그냥 존재하는 것만으로도 충분한 사람들은 모르고 넘어가도 삶에 지장이 될 건 없다.

하이데거는 현존재로서 인간에 대한 탐구를 진행했다는 점에서 오늘날 실존주의 철학자로 쉽게 분류되기도 한다. 하지만 그는 생전에 자신을 그렇게 분류하는 것에 반대했다. 실제로는 존재 그 자체를 밝히고자 했다는 점에서 그는 존재론의 철학자라 할 수 있다. 따라서 우리의 논의 안에서는 근원적 진리로서의 존재를 탐구한 그의 철학을 절대주의 맥락에서 이해하는 것도 나쁘지 않다.

비트겐슈타인 : B

하이데거가 존재에 대해 탐구했다면, 비트겐슈타인은 언어를 탐구했다. 그는 철학에서의 모든 문제가 언어 사용의 문제에서 비롯된다고 생각했다. 따라서 그가 언어를 탐구했다는 것은 철학 전체와 세계 전체를 탐구했다는 것과 같은 의미다.

우리가 일반적으로 생각하는 전형적인 천재의 모습을 하고 있던 비트겐슈타인은 19세기 말에 오스트리아 빈에서 태어나 20세기에 유럽을 무대로 활동했다. 광기 어리고 구도자의 면모를 보였던 그의 삶은 매우 매력적이지만, 우리는 여기서 그의 이론에만 집중해보려 한다.

그의 철학은 젊었을 때와 나이 들었을 때로 나뉜다. 보통 전자를 전기 철학, 후자를 후기 철학이라 한다. 이는 전기와 후기의 철학이 너무나도 대조적인 까닭이다. 각각의 철학은 후대에 서로 다른 방향으로 계승되고 발전되었다.

전기 철학을 대표하는 저서는 《논리-철학 논고》로, 여기서 비트겐슈타인은 두 가지를 구분했다. 하나는 '말할 수 있는 것'이고 다른 하나는 '말할 수 없는 것'이다. 그는 지금까지 서양 철학의 대부분의 문제가 단지 철학자들이 말할 수 없는 것을 말함으로써 일으킨 언어의 문제라고 생각했다. 따라서 비트겐슈타인에게 철학의 문제를 해결하는 유일한 방법은 언어를 형식적, 논리적으로 정밀화하는 것에 있었다.

전기 철학을 대표하는 개념인 그림이론에는 그의 이러한 생각이 반영되어 있다. 그림이론에 따르면 언어는 그림과 동일하다. 그림을 그릴 때 세계의 실제 대상들이 화폭 안에 대응되어 그려지듯이, 언어도 세계의 대상과 대응해야만 한다. 그림이론에 따르면 이름은 대상과 일치해야 하고, 명제는 사실과 일치해야 하며, 언어는 세계와 일치하게 된다. 언어는 세계를 묘사한다.

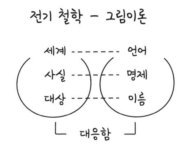

'당연한 말 아닌가? 누구나 당연히 아는 말을 도대체 왜 새삼스럽게 하는 건가?'라고 생각할지 모르지만, 이것을 정교한 형식언어의 논리 기호들로 알아볼 수 없게 풀어나간다는 점에서 경이롭다. 또한 이를 통해 그가 이룬 성과가 중요하다. 그림이론이 도달하는 결론은 모든 철학적 문제가 세계와 대응하지 않는 언어를 사용하기 때문에 발생한다는 것이다. 기존의 철학, 종교, 윤리, 형이상학에서 말하는 신, 영혼, 자아, 도덕은 실제 그것과 대응하는 대상이 없으므로 아무런 의미를 갖지 않는다. 그런데도 철학자들이 이러한 언어를 사용해왔기 때문에 철학은 복잡하고 고통스러워졌다. 이제 철학자의 의무는 잘못된 언어 사용 방식을 지적하고 이를 해소함으로써 문제를 해결하는 것이어야 한다. 그래서 그는 《논리-철학 논고》의 마지막을 "말할 수 없는 것에 대해서는 침묵해야 한다"라고 끝맺는다. 세계와 대응하지 않는 언어는 말할 수 없고 보여줄 수만 있다.

이러한 견해는 영국의 경험론과 이어지는 논리실증주의자들에게 열렬한 환영을 받았다. 경험론은 앞서 살펴보았듯 관찰과 경험을 통해서만 이론을 만들 수 있다는 입장이다. 논리실증주의자들도 같은 맥락에서 경험되거나 검증되지 않은 것들에 대해 강력히 반대했다. 그런 까닭에 논리실증주의자들에게 비트겐슈타인은 자신들의 이론에 정당성을 부여해주는 거목이었다.

하지만 이러한 오해와는 달리 비트겐슈타인에게 '말할 수 없는 것'은 무가치한 것이 아니었다. 다만 그것이 철학의 대상이 되지 않을 뿐, 인생에서 가장 고귀하고 가치 있는 것들은 바로 말할 수 없는 것이었다. 아름다움, 신성함, 도덕성. 이런 것들은 말할 수는 없고, 단지 보여줄 수만 있다. 논리실증주의자들은 당황했다.

언어를 바로잡음으로써 철학의 모든 문제를 끝냈다고 생각한 비트겐슈타인은 학계를 떠나서 방랑자나 순례자와 같은 삶을 살아갔다. 그러다가 중년이 되어 자신의 철학에 문제가 있었음을 깨닫고, 다 끝내지 못한 철학의 문제를 마무리하기 위해 학계로 돌아왔다. 학계에서는 이에 대해 "신이 돌아왔다"라고 표현했다.

그의 후기 철학을 대표하는 저서는 유고작이 된《철학적 탐구》다. 그가 스스로 잘못이라고 깨달은 점은《논리-철학 논고》에서 다루는 언어가 인위적인 특수한 언어에 한정되어 있다는 것이었다. 실제로 일상생활에서 사용되는 방대한 언어는 세계와 일대일로 대응하지 않는다. 일상 언어에서 중요한 것은 명제의 내적인 의미가 아니라 사용 맥락이었고, 일상 언어에서의 단어는 형식적으로 완벽하게 규정되기 어려웠다. 그는 스스로《논리-철학 논고》에 반대했다.

《철학적 탐구》를 대표하는 개념은 '가족유사성'이다. 이 개념은 단어가 하나의 대상과 정확히 대응하지 않음을 보여줌으로써, 자신의 초기 이론인 그림이론이 전제했던 세계와 언어의 대응이라는 개념을 무너뜨렸다. 쉽게 말해서 말의 기본 단위인 단어조차도 규정되지 않는다는 것이다. 언어는 정의되지 않는다. 이것은 중요하다. 역사상의 모든 학문, 종교, 철학, 사상이 존립하기 위한 최소한의 기반이 안정된 언어이기 때문이다. 비트겐슈타인의 생각처럼 단어조차 규정되지 않는다면 인류의 학문과 종교와 철학은 허약한 모래 위에 쌓은 성일 뿐이다.

그의 생각은 다음과 같다. 우선 '가족'에 대해서 생각해보자. 아빠, 엄마, 나, 동생, 바둑이 이렇게 다섯이 있다. 이들을 '가족'이라고 묶을 수 있는 이유는 무엇인가? 기존의 언어관에 따르면 그것은 이들에게서 공통분모를 추출할 수 있기 때문이다. 중세에서 이미 다루었지만, 단어란 개별적 존재들의 보편개념이지 않은가? 하지만 아무리 생각해봐도 이들의 공통분모를 찾을 수가 없다. 나는 동생과 닮았고, 동생은 아빠와 닮았고, 술 마신 아빠는 바둑이와 닮았지만, 아무리 찾아도 전체의 공통점은 없다. 비트겐슈타인에 따르면 우리가 가족이라 이름 붙일 수 있는 것은 우리의 상식과는 달리 공통분모 때문이 아니라, 다만 개체들이 느슨하게 연결되어 있기 때문이다.

'게임'이라는 단어도 마찬가지다. 세상에는 무수히 많은 게임이 있다. 축구 게임, 매스 게임, 체스 게임, 인터넷 게임 등등. 하지만 이 모든 게임이 동일하게 공유하는 본질로서의 공통점이란 없다. 다만 개별적 게임끼리 마치 가족들처럼 느슨하게 연결되어 있을 뿐이다. 비트겐슈타인은 단어는 공통분모로서의 '본질'을 공유하는 것이 아니라 '가족유사성'임을 밝힘으로써 단어가 규정되지 않음을 보여주었다.

후기 철학 - 가족유사성

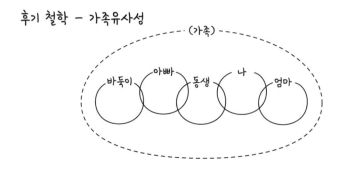

지금까지 당연하게 신뢰하고 있던 언어의 본질이 허구임을 보여줌으로써 언어의 벽돌로 쌓은 서양 철학의 본질주의는 무너졌다. 원래 규정되지 않는 것이 단어이고, 이에 따라 언어 자체가 정확하게 규정되지 않는다고 할 때, 이러한 언어를 가지고 논쟁을 벌인 서구 사회 전체는 불필요하고 소모적인 일을 해온 것이다.

비트겐슈타인의 전기 철학은 경험론과 이어지며 상대주의적인 측면이 있지만, 후기 철학은 서구 사회의 근간을 흔들었다는 점에서 회의주의적인 측면이 엿보인다.

실존주의 : C

우리가 마지막으로 알아볼 현대 철학의 사조는 실존주의다. 이 사상은 가치관과 이념의 혼란을 배경으로 탄생했다. 근대 이성주의가 붕괴한 이후, 두 차례의 세계대전과 체제 경쟁을 앞세운 냉전을 겪으며 사람들은 파편화되고 불안해졌다. 이러한 시대적 분위기 속에서 사르트르의 실존주의가 등장했다.

원래 실존주의는 19세기에 키르케고르와 야스퍼스 등에 의해 앞서 제시되었던 사상적 조류였지만, 이를 체계적으로 정리한 인물은 20세기 프랑스에서 열정적으로 활약한 사르트르였다. 그는 실존주의를 유신론적 실존주의와 무신론적 실존주의로 나눠, 키르케고르를 전자에 배치하고 자신은 후자에 배치했다. 이러한 구분은 널리 알려져 있지만, 이후에 등장한 수많은 철학자와 작가, 예술가, 사회운동가들이 실존주의자로 분류되고 나름대로의 방식으로 활동을 전개하면서, 오늘날 실존주의를 정의하기는 쉽지 않아졌다.

우리는 각각의 사상가들을 알아보는 대신 이들의 공통점만 추려서 실존주의의 개념을 알아보고자 한다.

'실존'의 의미를 이해하려면 존재를 구분할 줄 알아야 한다. 세상에 존재하는 모든 것은 두 가지 방식으로 존재한다. 하나는 본질로서 존재하는 것이고, 다른 하나는 실존하는 것이다. 이 기준에 따라 의자, 돼지, 인간의 세 존재자를 구분해보자.

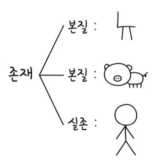

우선 의자는 본질로서 존재한다. 의자의 본질은 단적으로 말해서 '앉는 것'으로, 이것은 개별적인 의자보다 중요하다. 그렇지 않은가? 만약 내 의자의 다리가 완전히 부러져서 '앉는 것'이라는 본질을 아예 상실한다면, 나는 그 의자를 폐기할 것이다. 의자에는 본질이 그 무엇보다도 선행한다.

마찬가지로 돼지도 본질로 존재한다. 돼지의 본질은 '먹는 것'이다. 물론 돼지는 이게 무슨 말이냐며 동의하지 않겠지만, 현실의 돼지는 반대 의사를 개진하지 않으니 원래 하던 대로 우리가 대신 규정하기로 하자. 만약 특정 돼지가 병에 걸려서 못 먹게 되었다면, 그 돼지는 본질을 상실했으므로 우리는 돼지를 살처분할 것이다.

마지막으로 인간의 존재도 생각해보자. 인간의 본질은 무엇인가? '생각하는 존재'인가? 아니면 '신의 피조물'인가? 그것도 아니라면 '직립 보행하는 존재'인가? 이 물음은 서구 역사에서 오랜 시간 논의되어왔다. 하지만 아무리 생각해봐도 그 본질을 상실하면 인간을 파기할 만한 본질은 찾을 수 없다. 지능이 낮거나 생각이 서툴러도 그와는 무관하게 인간은 가치가 있고, 교회를 다니지 않아도 인간은 가치가 있다. 다리를 잃어 직립보행을 못한다고 해도 마찬가지다. 즉, 인간은 의자나 돼지처럼 단일한 본질을 갖지 않는다. 이렇게 고정된 본질을 갖지 않고 그 자체로 존재하는 존재자에 대한 이름이 '실존'이다. 인간은 실존의 방식으로 존재한다.

문제는 규정되지 않고 자유로운 존재인 인간을 억압적으로 규정하고자 하는 집단들이 있다는 것이다. 국가, 사회, 가족, 관습, 도덕, 종교, 철학, 과학은 우리를 본질로 규정하려고 한다. 우리는 '국민'으로, '아들과 딸'로, '피조물'로, '이성적 존재'로, '회사원'으로, '학생'으로 규정되어왔고, 스스로 그것이 자신의 본질이라고 믿는다.

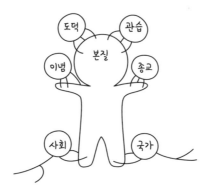

　　하지만 이런 것들은 나의 본질이 아니며, 나는 본질을 가질 수 있는 존재도 아니다. 그렇다면 본질로 존재하지 않는 나는 어떻게 존재하는가? 나에게 뒤집어씌워진 본질을 하나씩 벗어내고 어떠한 규정과 억압으로부터도 자유로워지면, 나에게는 단지 세 가지만이 남게 된다. 그것은 '내가', '지금', '여기' 있다는 사실이다. 인간은 규정되지 않고, 절대적으로 자유로우며, 실존하는 존재다. 사르트르는 이에 대해 "인간은 자유롭도록 저주받은 존재다"라고 말했다. 여기서 저주는 부정적인 의미라기보다는 인간의 숙명에 대해 강조한 표현이라고 하겠다.

나 · 지금 · 여기

기존의 권위와 체제에 저항하는 실존주의 사상은 1968년 유럽의 68 혁명의 사상적 토대를 마련했고, 탈근대적이고 탈이념적인 포스트모던의 도래를 가능하게 했다.

지금까지 논의한 현대 철학을 정리해보자. 칸트와 니체 이후에 절대주의와 상대주의의 가시적 대립은 완화되고 현대 철학은 복잡하고 다양한 방향으로 확산되어나갔다. 그중 우리는 현대 철학을 대표하는 하이데거와 비트겐슈타인을 알아보았다. 하이데거는 존재에 대한 탐구를 진행했고, 비트겐슈타인은 언어를 탐구했다. 그리고 이와 동시에 회의주의적 측면이 세련되게 발전되어온 실존주의에 대해 알아보았다. 이후의 사회는 우리가 이 책의 도입부인 [진리] 파트에서 살펴보았던 포스트모던의 등장으로 이어진다. 이러한 사상적 맥락 위에서 현대의 나와 당신이 탄생한 것이다.

최종 정리

우리는 '진리'에 대한 논의로 이야기를 시작했다. 진리가 무엇인지는 확정되지 않았지만, 그에 대한 상반된 태도가 있었다. 절대주의는 절대적이고 보편적인 진리가 존재한다는 입장이고, 상대주의는 절대적이고 보편적인 단일한 진리는 존재하지 않는다는 입장이었다. 특히 진리의 존재 자체를 의심하는 회의주의도 있었다. 진리에 대한 이 세 가지 태도는 모든 학문의 기본적인 틀이다.

이러한 기본적인 틀을 기준으로 이번 장에서는 철학의 역사를 살펴보았다. 절대주의의 전통은 소크라테스와 플라톤에서 시작되어 중세의 교부철학과 실재론을 거쳐 근대 합리론으로 이어졌다. 반면 상대주의는 아리스토텔레스에서 출발해 중세의 스콜라철학과 유명론을 거쳐 근대 경험론에 와서 닿았다. 합리론과 경험론을 종합한 인물이 칸트이고, 이후에 헤겔과 마르크스가 이를 이어갔다. 현대에 이르러서는 하이데거가 존재를, 비트겐슈타인이 언어를 탐구하며 절대주의와 상대주의의 담론을 이어갔다.

회의주의는 철학사에서 대체로 환영받지 못했으나, 소피스트에서 쇼펜하우어, 니체, 실존주의로 이어지며 결국 현대의 포스트모던이 등장하는 사상적 기반을 마련했다. 이성이나 신, 국가나 전체보다 개인의 개체성과 주관성에 집중한 회의주의는 다양하고 다채로운 이념과 사상이 등장하고 공존할 수 있는 열린 장을 제공한 것이다.

지금까지의 철학사를 정리해보면 다음과 같다.

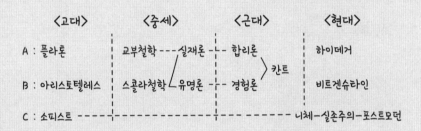

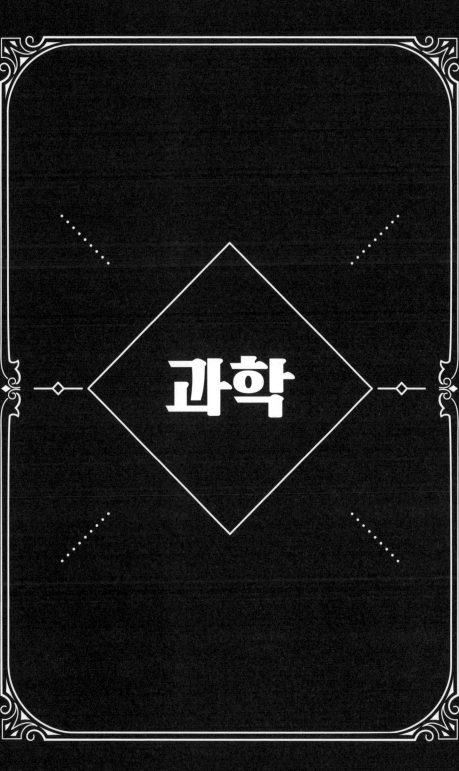

과학

과학의
역사

절대주의에 대한 낙관

우리는 지적 대화를 위한 넓고 얕은 지식으로의 여행을 하고 있다. 이 책은 현실 너머, 인간의 정신에 대한 이야기다. 그리고 첫 여행지로 철학을 둘러보았다. 절대적이고 보편적이며 불변하는 진리를 찾기 위해 인류는 탐험을 계속해왔고, 다양한 진리의 후보들을 발견했다. 첫 번째 후보가 철학이었다면 두 번째 후보는 과학이다. 현대인에게 과학만큼 신뢰받는 진리의 후보는 없다. 근대 이후 오늘날에 이르기까지 과학은 진리의 선두를 독점해왔다. 두 차례의 세계대전과 기술 문명의 폐해로 과학과 기술에 대한 비판의 목소리가 높아지고 있다 해도, 과학적 방법론과 과학자들에 대한 대중의 신뢰는 여전히 전폭적이다.

우리는 과학의 역사를 검토하면서 과학이 어떤 성과들을 만들어왔는지 그리고 무엇이 과학을 진리의 유력한 후보가 되게 했는지를 검토해볼 것이다.

과학 역시 진리에 대한 세 입장인 절대주의, 상대주의, 회의주의로 구분해서 살펴보려 한다. 다만 과학에서 상대주의와 회의주의의 태도는 항상 비주류로 배제되어왔고, 등장한 시기도 비교적 최근이다. 고대부터 근대에 이르기까지 과학은 한눈팔지 않고 성실하게 진리에 도달할 수 있다는 낙관적인 절대주의 견해를 견지해왔다. 실험과 관찰을 통해 검증되지 못한 이론들은 과학적 방법론에 의해 빠르게 폐기되었던 까닭에 상대주의와 회의주의가 과학의 역사에서 얼굴을 내밀 만한 상황은 거의 발생하지 않았다.

 우리는 절대주의적 측면이 강했던 고대부터 근대까지의 과학사를 알아보고, 다음으로 아인슈타인 이후의 현대 과학이 보여주는 상대주의적 특성을 확인할 것이다. 그리고 마지막으로 과학에 대한 회의주의적 견해가 과학철학 속에서 어떻게 등장할 수 있었는지를 생각해볼 것이다.

고대
과학

프톨레마이오스의 천동설

고대 과학은 엄밀한 의미에서는 과학이라 말하기 어렵다. 이 시기의 과학은 관찰과 실험이라는 과학의 고유한 방법론을 사용하기보다는 사유실험이나 추상화 과정을 통해 세계를 설명하는 방식이었으므로 철학과 유사한 면모를 보였고, 이 둘이 실제로 구분되지도 않았다. 앞서 [철학] 파트에서 잠시 다뤘던 자연철학자들이 바로 이들이다.

자연철학자들은 주로 세계를 구성하는 기본 요소가 무엇인지에 대해 논의했다. 이런 기본 요소를 아르케(arche)라고 하는데, 물, 불, 원자 등이 아르케의 후보들이었다. 이 시대에 과학과 관련된 중요한 인물로는 탈레스, 아리스토텔레스, 프톨레마이오스 등이 있다.

특히 프톨레마이오스는 2세기 중엽에 활동한 인물로, 천문학에서 놀라운 성과들을 이루었다. 그는 당시의 천문학 지식들을 모은 저서《알마게스트》에서 천동설을 주장했고, 이에 대한 근거를 수학적으로 기술했다. 천동설은 지구를 중심으로 하늘의 천체들이 회전한다는 설명으로, 매우 상식적인 사고방식이었다. 천동설에 따르면 지구는 우주의 중심에 고정되어 있다. 가장 가깝게 달이 회전하고 그 바깥으로 수성, 금성, 태양이 차례로 회전한다.

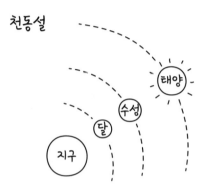

천동설은 지구가 정지해 있다는 상식에 부합했고, 수학적으로 예측되었으며, 신이 창조한 인간 세계를 세계의 중심에 놓았다는 점에서 이후 1,400년간 유럽인에게 거부감 없이 당연한 진리로 받아들여졌다.

중세
과학

과학의 잠복기와 오컴

중세 천 년이 지적 역사에서 암흑기였는지에 대해서는 논란의 여지가 있지만, 과학에서는 암흑기라는 표현이 적절해 보인다. 다만 아리스토텔레스의 철학을 수용한 스콜라철학에 의해 현실 세계와 경험 세계에 대한 관심이 명맥을 이어갔다.

특히 스콜라철학 시기에 활동했던 신학자 오컴은 '오컴의 면도날'이라고 부르는 원칙을 제시했는데, 이는 앞으로 탄생하게 될 근대 과학을 위한 방법론을 제시했다는 점에서 의미가 있다. 오컴의 면도날이란 같은 현상을 설명하는 서로 다른 두 이론이 존재할 때, 논리적으로 더 간결한 이론을 선택하는 것이 더 효율적이고 진실에 가깝다는 사고방식이다. 예를 들어 돌에 걸려 넘어진 사건이 발생했다고 해보자. 이 현상에 대한 이론은 두 가지다.

- **A이론** : 부주의했다.
- **B이론** : 내가 어제 거짓말을 했기 때문에 신이 나에게 벌을 주신 것이다.

오컴에 따르면 우리는 A이론을 선택해야 한다. 그것은 우리가 신을 믿는지 믿지 않는지와는 무관하게, 단지 A이론이 추가적인 전제 없이 더 간결하기 때문이다. 면도날의 의미는 추가적인 가정과 전제를 잘라낸다는 것이다.

중세 말기가 되면 믿음으로 세상을 이해하는 방식에서 벗어나, 오컴의 면도날처럼 객관적인 이론을 정립하고 찾아내는 방법에 대한 탐구가 이루어졌다. 이러한 탐구는 결국 과학 담론이 탄생할 수 있는 사회적 배경을 제공했다.

근대
과학

갈릴레이의 지동설 그리고 수학적 근거

중세가 저물고 르네상스가 태동하던 시기에는 코페르니쿠스와 갈릴레이가 등장하며 비로소 과학이라 부를 만한 탐구 방법이 본격적으로 등장했다. 코페르니쿠스는 15~16세기에 활동했던 폴란드의 천문학자로, 1,400년간 진리로 받아들여진 천동설을 비판하고 지동설을 주장한 것으로 유명하다. 그의 저서 《천체의 회전에 관하여》에서 그는 태양이 우주의 중심이고 지구가 세 번째 행성으로 돌고 있다고 설명했다. 그런데 그가 이단 재판을 우려해서 출간을 주저했던 것과는 달리, 그의 저서는 교회와 큰 마찰을 일으키지 않았다. 그가 경험적 관측 자료나 수학적 근거를 적절히 제시하지 못했기 때문이다. 근거가 부족한 주장은 그 내용이 아무리 파격적이라 해도 사회에서 중요하게 다뤄지지 않는다. 코페르니쿠스가 지동설을 주장할 수 있었던 것은, 태양을 우주의 중심으로 두면 천동설에서 복잡하게 설명해야 했던 행성들의 운동을 매우 단순한 원운동으로 아름답게 표현할 수 있었기 때문이다. 코페르니쿠스적 전환은 과학적이라기보다는 미학적인 측면이 컸다.

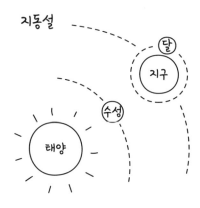

그래서 처음 공론화한 인물이 코페르니쿠스임에도 불구하고, 지동설의 선구자로 평가받는 이는 갈릴레이다. 16~17세기 이탈리아에서 활동한 그는 경험적 관측 자료와 수학적 근거를 바탕으로 지동설을 지지했다. 그는 "우주는 수학 문자로 쓰인 책"이라는 말을 남겼을 정도로 자연과학의 원리에 수학을 적용하기 위해 힘썼다. 그의 이러한 태도는 근대과학을 출발시키는 계기가 되었다. 갈릴레이가 일반적으로 '과학의 아버지'로 평가받는 이유도 여기에서 찾을 수 있다. 갈릴레이의 저서《프톨레마이오스와 코페르니쿠스의 2대 세계 체제에 관한 대화》가 교황청에 의해 금서가 되고, 갈릴레이가 재판에서 자신의 견해를 철회할 것을 강요받은 것도 그의 근거가 코페르니쿠스에 비해 수학적이었기 때문이다.

도대체 수학으로 설명했는지의 여부가 왜 그리도 중요한가? 수학은 예나 지금이나 인류가 찾아낸 학문 체계 중에서 가장 진리와 가깝다고 여겨지기 때문이다. 어떤 이들은 수학이 단지 사람들 간의 약속이므로 다른 시대와 다른 장소에서는 변할 수 있다고 생각한다. 하지만 실제로는 그렇지 않다. '수'와 '연산기호'의 표기 방법은 사회와 문화에 따라 당연히 달라지겠지만, 그것이 실제로 의미하는 바는 어느 사회를 막론하고 동일하게 작동한다. 수학이 단순히 사회적 약속이 아니라는 것은 다음의 예를 생각해보면 쉽게 이해할 수 있다. 예를 들어 어떤 사회 안에서 1+2=4라고 약속하고 이에 따라서 살기로 했다고 가정해보자. 실제로 이러한 약속에 따라서 건축을 한다면 그 건축물은 무너지고 말 것이다. 수학은 허구나 약속이 아니다. 수학적 표현은 사회와 문화마다 달라질 수 있으나, '하나와 둘이 만나면 셋이 된다'라는 내적 의미는 시대와 지역을 불문하고 변하지 않는다.

그렇다면 수학이 이렇게 항상 유의미하게 진리를 내포할 수 있는 이유는 무엇인가? 이에 대해 비트겐슈타인은 수학이 동어반복이기 때문이라고 말한다. 동어반복이란 '무엇인가를 정의할 때, 정의하는 말이 정의되는 것을 되풀이하는 특수한 문장'을 말한다. 예를 들어 '충무공은 이순신이다' '백묵은 흰 분필이다' 등이 이에 해당하는 것으로, 다른 문장들과는 달리 술어의 정보가 주어의 정보와 같다. 이 문장들은 실제로 확인해보지 않아도 진리임을 알 수 있다. 이러한 명제를 간단하게 기호로 표기하면 A=A 정도가 된다. 'A는 A다'라는 형식 구조는 논리적으로 언제나 참일 수밖에 없다. 비트겐슈타인에 따르면 '3+5=8'과 같은 수학적 명제 역시 '3+5'와 '8'이 표현만 다를 뿐 같은 의미를 가지므로 동어반복의 명제가 되고, 증명할 필요 없이 항상 참이 된다. 따라서 자연에서 관찰한 결과들이 수학으로 정리되고 서술된다면, 수학이 내적으로 언제나 참일 수밖에 없으므로 그 관찰 결과도 언제나 참인 이론으로 받아들여질 수밖에 없는 것이다.

과학과 과학자 집단이 현대 사회에서 진리의 담지자로 존경받는 이유가 여기에 있다. 근대 철학에서 우리는 합리론과 경험론이 대립함을 살펴보았다. 합리론자들은 이성적 사유, 즉 수학이나 논리학을 통해 진리에 도달하려 했고, 경험론자들은 자연에 대한 관찰과 실험으로 진리에 도달하려 했다. 그런데 과학은 수학과 관찰의 방법을 병행함으로써 합리론과 경험론 모두를 이론에 대한 근거로 활용하는 것이다. 이러한 이중 검증 절차가 과학이 그토록 빠른 시간에 진리의 왕좌를 차지할 수 있게 한 조건이었다. 갈릴레이가 과학의 아버지인 것은 그가 과학적 관찰과 수학적 근거를 병행해서 제시하는 방법론의 시초이기 때문이다.

갈릴레이

- 과학적 관찰 (경험론)
- 수학적 근거 (합리론)

갈릴레이의 지동설을 추가적으로 보충한 인물은 비슷한 시기에 활동했던 독일의 천문학자 케플러다. 그는 스승이었던 티코 브라헤가 남긴 방대한 천문학 자료를 기반으로, 우주를 기하학으로 표현하기 위해 노력했다. 처음에 케플러는 우주가 아름다운 기하학 체계를 가지고 있을 것이라 생각했다. 그래서 태양 주위를 도는 행성들의 궤도도 완벽한 원의 형태일 것이라고 가정했다. 하지만 행성들의 자료를 아무리 이리저리 맞춰봐도 계속해서 오차가 발생했다. 케플러는 사라지지 않는 수학적 오차를 해결하기 위해 어쩔 수 없이 행성들의 궤도를 원이 아닌 타원으로 바꿨다. 완벽한 원이 아닌 타원형 궤도가 처음에는 마음에 들지 않았지만, 그는 이를 기반으로 케플러의 법칙을 찾아냈다.

케플러의 제1법칙은 행성의 궤도가 타원이며, 타원의 초점 중 하나에 태양이 위치한다는 이론이다. 타원은 원래 두 개의 초점을 갖는다. 그중 한 곳에 태양을 위치시켜야 실제 관측 자료와 일치했던 것이다.

케플러 - 타원 궤도의 법칙

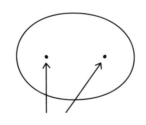

타원의 초점 = 태양의 위치

제2법칙은 타원의 궤도를 도는 행성이 같은 시간 동안 지나가면서 만드는 부채꼴의 면적이 언제나 같다는 이론이다. 이를 통해 태양에 근접할 때와 멀어질 때의 행성 속도에 차이가 발생하는 이유를 수학적으로 설명할 수 있었다.

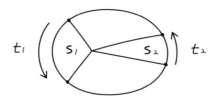

케플러 - 면적 속도 일정의 법칙

*면적 S₁ = S₂ 라면, 시간 t₁ = t₂

갈릴레이와 케플러 이후로 행성들의 움직임은 수학으로 기술되었다. 이때 자연 세계를 기술하는 수학은 기하학이었다. 선, 면, 입체 등의 대상을 연구하는 수학 분야인 기하학을 우주에 적용한 것이다. 이제 인간에게 우주는 기하학적 세계가 되었다.

그런데 얼마 후 데카르트가 기하학과 대수학을 연결하는 해석기하학을 탄생시키면서 과학은 새로운 국면을 맞게 되었다. 대수학은 숫자와 문자로 수학식을 기술한 방정식 문제를 푸는 수학 분야를 말한다. 예를 들어 [y=2x+3]처럼 상수와 변수로 수식을 표현한다.

데카르트 이전에는 수학의 두 분야인 기하학과 대수학이 따로 발전해가는 학문이었다. 그런데 데카르트가 이 둘을 연결하는 방법을 고안해냈다. 그 방법이란 좌표평면이었다. x축과 y축을 갖는 2차원의 평면 위에 도형을 올려놓으면, 이를 문자로 표기할 수 있었다. 예를 들어, 기하학의 대상인 '원'을 좌표평면 위에 올려놓으면 이는 $[x^2+y^2=r^2]$으로 표현된다. 즉, 동그라미, 삼각형, 직선 등 기하학의 대상을 숫자와 문자로 된 대수학으로 표현할 수 있게 된 것이다.

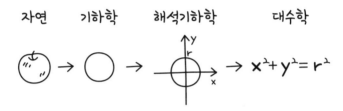

해석기하학의 탄생이 의미하는 것은 기하학이 된 자연 세계가 이제 문자와 숫자의 방정식이 되었다는 것이다. 인류는 복잡하고 다채로운 자연 세계를 수학의 언어로 온전히 서술할 수 있게 되었다.

뉴턴

존재에서 관계로, 물리학의 확장

자연과학에 수학을 적용하는 것은 뉴턴에 이르러 절정을 맞이했다. 갈
릴레이가 죽은 해인 1642년에 영국에서 태어난 뉴턴은 물리학자, 천문
학자, 수학자로 활발히 활동했다. 이와 동시에 연금술과 신학에도 관심
이 많았는데, 그것은 시대 상황에 따른 것이었다. 당시에는 근대적인 개
념으로서의 과학이 확실하게 자리 잡힌 시기가 아니었다. 과학과 종교
와 연금술이 느슨하게 연결되어 있었다.

다양한 연구 분야 가운데서도 뉴턴의 최대 업적은 뉴턴역학 정립에
있다. 우리가 잘 알고 있는 것처럼 뉴턴은 중력에 관심이 많았고, 서로를
끌어당기는 힘으로서의 중력을 수학으로 정리해냈다. 그의 저서《자연
철학의 수학적 원리》는 근대 물리학의 완성에 해당하는 중요한 역작이
되었다. 이 책은 '원리' 부분만 떼서 일반적으로 프린키피아(principia)라
부른다.

당시에도 사람들은 이미 중력에 대해서 관심을 가지고 있었는데, 무게가 무거울수록 중력이 강하게 작용하고, 거리가 멀수록 약하게 작용한다는 것을 알고 있었다. 뉴턴이 한 일은 중력을 보편적인 힘인 만유인력으로 정의하고, 이것이 달과 다른 천체에까지 작용한다는 것을 수학으로 설명한 것이다. 예를 들면, 인력이 물체의 질량에 비례하고 거리에 반비례한다는 기본적인 상식을, 질량을 가진 두 물체 m1, m2와 거리 r과의 관계로 표현한 것이다. 이 말을 대수학으로 표현하면 우리가 학창 시절에 많이 본 다음의 공식이 된다.

$$\text{상수}a \; \frac{(m1 \times m2) \;\longleftarrow\; (\text{질량이 커지면 강해짐})}{r^2 \;\longleftarrow\; (\text{거리가 늘어나면 약해짐})}$$

뉴턴역학의 의미는 기존 과학이 가지고 있던 관심사를 확장했다는 데 있다. 갈릴레이와 케플러가 기하학을 통해서 '사물'들을 수학화했다면, 뉴턴은 그 사물들 간의 보이지 않는 '힘'을 수학으로 정리해낸 것이다. 철학적으로 표현해보자면 기존의 물리학이 존재자에 관심을 갖고 그 존재자를 수학으로 표현하려 했다면, 뉴턴은 특정 존재자와 다른 존재자가 맺고 있는 관계를 파악하고 이를 수학으로 표현하고자 했다고 할 수 있다. 뉴턴으로 인해 물리학은 존재부터 관계까지 세상의 모든 것을 수학으로 다룰 수 있게 되었다.

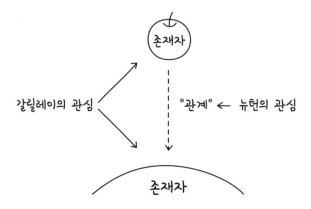

　뉴턴이 완성한 수학적 우주에 더 이상 신이나 영혼이 개입할 여지는 없었다. 뉴턴은 '자연이란 일정한 법칙에 따라 운동하는 거대한 기계'라고 선언했다. 물리학의 모든 문제는 이제 해결되었다.

아인슈타인

특수 상대성이론과 일반 상대성이론

특수 상대성이론

뉴턴역학의 토대 위에서 과학은 200년이 넘는 시간 동안 안정적이고 점진적으로 발전해갔다. 19세기 말이 되면서 '빛'에 대한 연구가 진행되었다. 지금은 전자기파로서의 빛이 파동과 입자의 성질을 모두 갖고 있음이 정설로 받아들여지고 있지만, 당시만 해도 빛은 소리와 같이 파동으로 인식되었다. 여기서의 파동이란 호수에 돌을 던졌을 때처럼 주기적인 진동이 주위로 퍼져나가는 현상을 말하는데, 이것은 반드시 이를 전달할 매질을 필요로 한다. 그래서 빛이 파동이라고 생각했던 19세기의 사람들은 태양의 빛이 지구로 전달되기 위해서는 우주 공간이 매질로 채워져 있어야 한다고 생각했다. 이 보이지 않는 매질은 에테르(ether)라 불렸다.

　에테르를 실제로 검증하기 위해 1887년에 마이컬슨과 몰리가 빛을 이용해서 실험을 진행했고, 이를 통해 두 가지 결과를 얻을 수 있었다. 하나는 우주 공간에 에테르가 없다는 것이고, 다른 하나는 지구의 운동과는 무관하게 빛의 속도가 항상 일정하게 관측된다는 것이었다. 이들의 측정값은 비교적 정확했다. 실제로 오늘날 밝혀진 빛의 속도는 언제나 299,792,458m/s로, 대략 초속 30만 킬로미터로 일정하다. 빛의 속도가 언제나 일정하게 측정된다는 결론이 뭐가 그리 중요하냐고 생각할지 모르지만, 사실 특정 존재의 속도가 항상 일정하다는 것은 상식적으로 이해하기 어려운 일이다. 예를 들어보자.

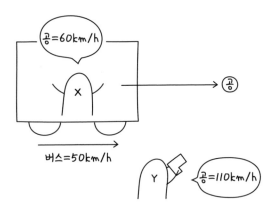

X씨는 시속 50킬로미터로 일정하게 달리는 버스 안에 있다. Y씨는 횡단보도에 서서 다가오는 버스를 관찰하고 있다. 손에는 속도 측정 장비가 들려 있다. X씨가 버스 창문을 열고 버스의 진행과 같은 방향으로 시속 60킬로미터로 공을 던졌다. Y씨에게 날아오는 공의 속도는 얼마

일까? 그것은 시속 110킬로미터가 된다. 버스 속도와 공의 속도가 더해져서 Y씨에게 관측되는 것이다. 공의 속도는 X씨와 Y씨에게 각각 60킬로미터, 110킬로미터로 다르게 측정된다.

이제 버스는 Y씨를 지나쳐서 멀어지고 있다. X씨가 다시 Y씨를 향해, 이번에는 버스의 진행과 반대 방향으로 두 번째 공을 동일한 속도인 시속 60킬로미터로 던졌다. 그러면 Y씨에게 공은 어떻게 관측될까? 공은 버스의 속력을 뺀 만큼인 시속 10킬로미터로 측정된다. 이번에도 공의 속도는 X씨와 Y씨에게 각각 60킬로미터, 10킬로미터로 다르게 측정된다.

같은 방향으로의 속도는 더하고 반대 방향으로의 속도는 빼는 것은 매우 상식적이다. 고정된 속도라는 건 없다. 물체의 속도는 관측자에 따라 변한다. 그런데 빛의 속도는 누가 관측하든 항상 일정한, 초속 30만 킬로미터라는 불가능한 절대속도를 유지한다. 이건 이상한 일이다.

X씨와 Y씨는 이제 우주에 있다. X씨는 초속 20만 킬로미터로 날아가는 무시무시한 속도의 우주선에 타고 있다. Y씨는 달 위에 서서 X씨의 우주선을 보고 있다. 손에는 역시 속도 측정 장비가 들려 있다. X씨가 날아가는 우주선의 헤드라이트를 켰고, 빛이 쏜살같이 앞으로 달려나갔다. Y씨가 측정 장비로 속도를 재면 광자의 속도는 얼마일까? 상식적으로는 우주선의 속도 20만km/s + 빛의 속도 30만km/s이므로, 측정치는 50만 km/s가 되어야 한다. 하지만 Y씨가 측정한 값은 초속 30만 킬로미터다. 그럼 이번에는 우주선에 타고 있는 X씨가 빛의 속도를 측정한다면 어떻

게 나올까? X씨의 측정값도 초속 30만 킬로미터로 나온다. 빛은 관찰자 상태와는 무관하게 언제나 절대적이고 불변하는 속도를 갖는다. 아무래도 우주에는 제한 속도가 있고, 그것이 30만km/s인 것으로 보인다.

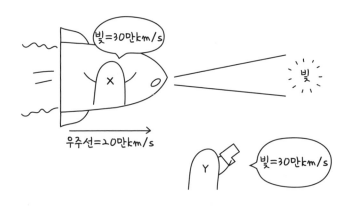

그렇다면 극단적으로 생각해서, 내가 빛의 속도로 빛과 함께 날아간다면 어떻게 될까? 빛이 정지한 모습으로 보이지 않을까? 실제로는 그렇지 않다. 내가 빛의 속도로 빛을 쫓는다고 해도, 나를 기준으로 빛은 빛의 속도로 날아간다. 반면 외부에서 나를 관찰하는 존재가 있다면 그에게는 나와 빛이 나란히 달리고 있는 것으로 보일 것이다. 이게 도대체 무슨 소리인가? 빛에 와서 우리의 속도 개념과 상식은 무너진다.

20세기에 활동한 아인슈타인은 이러한 빛의 성질을 토대로 사유 실험을 거쳐 일반적인 상식을 뛰어넘는 놀라운 결론을 도출해냈다. 특수 상대성이론으로 알려진 이 이론은 우선 두 가지를 전제로 한다. 하나는 빛의 속도가 초속 30만 킬로미터(이후 c로 표기)로 절대적이라는 것, 다른 하나는 이렇게 빛의 속도가 고정된다면 시간과 공간이 관찰자에 따라 상대적이어야 한다는 것이다. 그럴 수밖에 없다. 물리학의 가장 기초 함수인 '거리=속도×시간'에서 속도가 고정된다면 나머지 변수인 거리와 시간이 조정되어야만 한다.

이 상황을 다시 X, Y씨의 사례로 생각해보자. 여전히 X씨는 우주선에, Y씨는 달 위에 있다. 이번에는 둘 다 시계를 들고 있다. 시계는 광자 시계로, 단순한 원리로 시간을 잰다. 원통형의 시계 윗면에서 출발한 광자가 밑면에 닿으면 1초가 흐르는 것이다. 우주선이 빛의 속도에 가깝다고 할 때, 두 사람의 시계는 어떻게 될까? 우선 Y씨의 시계 윗면에서 출발한 광자가 밑면까지 이동하는 1초의 시간 동안 X씨의 광자는 밑면에 닿지 못한다. 우주선이 매우 빠르게 이동하고 있기 때문이다. Y씨가 보기에 X씨의 시계 속 광자는 위에서 아래로 이동하는 것이 아니라, 대각선 아래로 이동하는 것처럼 보인다. 우주선이 이동하고 있으니까. 즉, X씨의 광자는 1초 동안 더 먼 거리를 이동해야 하고, 따라서 Y씨의 광자가 밑면에 닿는 시간 동안 밑면에 닿지 못한다. 결과적으로 Y씨의 시간이 1초 흐르는 동안, X씨의 시간은 아직 1초가 흐르지 않은 것이다. 빛의 속도가 고정되면 관측자들 각각의 시간은 다르게 흐르게 된다.

특수 상대성이론은 '광속의 절대성'과 '속도, 거리, 시간'의 관계를 전제로 심도 깊게 탐구되었고, 결론적으로 다음과 같은 결과를 도출했다.

1. 빛의 속도 c에 근접할수록 시간이 느려진다.

2. 빛의 속도 c에 근접할수록 길이가 짧아진다.

3. 빛의 속도 c에 근접할수록 질량이 증가한다.

이를 토대로 상상해보면, X씨의 우주선이 점차 빛의 속도에 가까워질수록 그는 점점 느려지고, 길이가 짧아질 것이며, 무거워질 것이다. 물론 특수 상대성이론에서는 관측자에 따라 시공간이 상대적이므로, X씨 당사자는 특별한 변화를 느끼지 못할 것이다. 시간과 길이와 질량에 대한 변화는 이를 외부에서 관측하고 있는 Y씨에게만 측정된다.

그런데 여기서 절대속도 c에 근접할수록 질량이 지속적으로 증가한다는 것은 결국 절대속도 c가 되었을 때는 질량이 무한대가 되어야 함을 예측하게 한다. 하지만 이것은 논리적으로 불가능하다. 그것은 질량이 무한대인 물질을 움직이려면 무한대의 에너지가 필요하기 때문이다. 유한한 우주에서 무한의 에너지를 만들어낼 수는 없다. 따라서 절대속도 c에 도달하는 것은 불가능하고, 절대속도 c가 되려면 이론상 질량이 0이어야만 한다. 실제로 빛의 질량은 0이다.

그렇다면 혹시 질량이 음수이거나 허수인 물질이 있다면, 그 물질은 빛의 속도를 넘어설 수 있는 게 아닐까? 그럴 가능성도 배제할 수는 없지만, 질량이 음수이거나 허수인 물질은 수학적 상상 속의 물질이므로 세계에서 어떻게 드러날지 판단하긴 어렵다. 다만 오늘날 질량이 허수인 상상의 물질을 타키온(tachyon)이라고 부르기는 한다.

일반 상대성이론

1905년에 특수 상대성이론을 발표하고 십여 년이 지난 1916년에 아인슈타인은 일반 상대성이론을 발표했다. 특수 상대성이론이 빛에 대한 이론이라면, 일반 상대성이론은 중력에 대한 이론이다. 조금 더 자세히 말한다면, 특수 상대성이론이 우주에서 등속도로 움직이는 '특수'한 영역의 물리학에 대한 것이었다면, 일반 상대성이론은 등속도를 포함한 가속도 운동을 하는 '일반'적 영역의 물리학으로 그 적용 범위를 넓힌 것이다. 모든 물체는 속도를 갖는데, 속도에 두 종류가 있다. 일반적으로 모든 물체의 속도는 느려지거나 빨라지거나 하며 변한다. 이를 '가속도'라고 한다. 반면 특수하게도 계속 같은 속도를 유지할 때가 있는데, 이를 '등속도'라고 한다. 특수 상대성이론은 특수하게 등속으로 움직이는 빛에 대한 이론이다. 반면 일반 상대성이론은 일반적인 가속에 대한 이론인데, 그중에서도 특히 중력을 받는 물체의 속도에 대해 탐구한다.

속도 〈 등속도(빛)　 : 특수 상대성이론
　　　　가속도(중력) : 일반 상대성이론

일반 상대성이론에서 아인슈타인은 가속도 운동이 중력의 작용과 동일하다는 발상을 바탕으로, 중력의 본질을 밝히는 놀라운 통찰을 보여준다. 즉, 중력과 가속도는 구분되지 않는다. 이를 '등가원리'라 한다. 예를 들어보자. 외부가 보이지 않는 밀폐된 우주선에 있는 사람은 자신이 중력의 영향을 받고 있는 것인지, 아니면 우주선이 위로 가속하고 있는 중인지 구분할 수 없다. 실제로 그럴 것 같다. 점점 빠른 속도로 위로 올라가는 엘리베이터 안에 있는 사람은 마치 중력이 강해진 것 같은 느낌을 받는다. 가속도와 중력은 관측자에게 구분되지 않는다.

등가원리

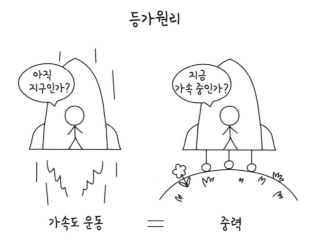

가속도 운동 ＝ 중력

　이 생각이 중요한 것은 그 본질에 대해 알기 어려웠던 중력의 문제를 이미 잘 알려진 가속도의 법칙에 따라 이해할 수 있는 여지가 마련되었기 때문이다. 특수 상대성이론을 통해 우리는 속도가 매우 빨라지면 시간과 공간이 변화한다는 것을 알게 되었다. 그런데 만약 속도와 중력을 구분할 수 없는 것이라면 어떨까? 그렇다면 중력이 매우 강해짐에 따라 동일하게 시간이 느려지고 공간이 변화되어야 한다. 결론적으로 중력 현상이 실제로 시공간의 휘어짐이라는 것이 밝혀지게 되었다.

일반 상대성이론에 따르면 텅 빈 우주에 질량을 가진 물체가 등장하면 그 물체를 중심으로 주변의 시간과 공간이 휘어진다. 3차원의 물체를 둘러싼 시공간이 휘어져 있다는 것을 상상하기는 쉽지 않지만, 이를 2차원으로 변형해서 이해해볼 수는 있다. 예를 들어 매우 얇고 탄성이 좋은 사각형의 고무막이 있다고 해보자. 이 고무막의 네 꼭지를 팽팽하게 당겨서 고정한 후 볼링공을 가운데 올려놓는다면, 볼링공을 중심으로 주변의 고무막이 아래로 움푹 늘어날 것이다. 고무막이 늘어난 모습은 시공간의 휘어짐을 보여준다.

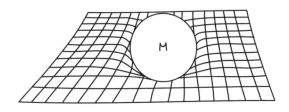

이번에는 볼링공 주변에 탁구공을 놓아보자. 그러면 탁구공은 볼링공이 만들어내는 휘어진 고무막의 곡률을 따라 빙글 돌면서 볼링공에 와서 닿을 것이다. 이것은 마치 볼링공이 탁구공을 중력으로 잡아당긴 것처럼 보인다. 여기서 중력 작용이 무엇인지 이해할 수 있게 된다. 볼링공을 지구, 탁구공을 사람이라고 한다면 지구가 사람을 잡아당기고 있는 것처럼 보이지만, 사실은 지구의 질량이 만든 시공간의 곡률로 사람이 굴러떨어지는 것이라고 할 수 있다.

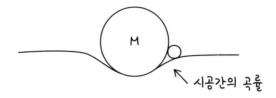

시공간의 곡률

중력이 질량에 의해 휘어진 '시공간의 곡률'이라는 아인슈타인의 일반 상대성이론은 1919년, 멀리서 오는 별빛이 태양 주변을 지나면서 구부러지는 현상이 관측됨으로써 사실로 증명되었고, 학계와 대중의 뜨거운 관심을 받았다. 빛은 질량이 없으므로 뉴턴역학에 따르면 중력의 영향을 받는 대상이 아니다. 그런데 빛이 중력에 의해서 휘어졌다는 것은 중력이 물체에 작용하는 특정한 힘이 아니라 공간의 휘어짐이라는 것을 증명한 것이다.

일반 상대성이론은 과학계에 강력한 영향을 미쳤고, 뉴턴역학의 지위를 대체하며 근현대 물리학의 가장 중요한 이론이 되었다. 이후의 물리학자들은 상대성이론에서 도출되는 결과들을 토대로 블랙홀의 존재, 우주의 팽창 등 다양한 현상들을 예측했다.

우선 블랙홀은 시공간의 곡률을 만드는 물체 M의 질량을 무한히 키워간다고 가정함으로써 예견되었다. 질량이 점차 커질수록 M이 만드는 시공간의 곡률은 무한히 커질 것이고, 결국에는 빛조차 빠져나올 수 없는 깊고 강력한 곡률을 만들어낼 것이다. 우리가 '본다'는 것은 물체에 닿아서 튕겨져 나오는 빛을 감지하는 것인데, 한번 닿은 빛이 시공간의 깊고 강력한 곡률 때문에 빠져나올 수 없다면 우리 눈에 보이지 않게 되는 것이다.

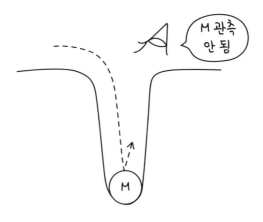

　다음으로, 팽창 우주론은 일반 상대성이론을 면밀하게 검토한 러시아의 수학자 프리드만과 벨기에의 천문학자 르메트르가 주장했다. 팽창 우주론은 이름 그대로 우주가 계속 팽창하고 있다는 설명이다. 이에 대해 아인슈타인은 우주는 멈춰 있다고 주장하며 자신의 방정식에 임의의 상수인 '우주상수'를 도입하면서까지 이에 반대했다. 하지만 미국의 천문학자 허블이 모든 은하가 우리 은하를 중심으로 후퇴하고 있음을 실제로 관측하면서, 팽창 우주론이 정설로 자리 잡게 되었다. 이후 아인슈타인은 자신이 임의로 우주상수를 도입한 것에 대해 '생애 최대의 실수'라며 주장을 철회했다. 아인슈타인의 믿음보다 아인슈타인이 정리한 상대성이론이 우주를 더 정확히 묘사하고 있었던 것이다.

상대성이론이 등장할 수 있었던 배경에는 수학에서 리만 기하학의 탄생이 핵심 역할을 했다. 19세기 수학자 리만이 정립한 이 기하학은 기존의 유클리드 기하학의 문제를 넘어서는 이론으로 제시되었다. 유클리드를 벗어났다는 점에서 비유클리드 기하학이라고도 부른다.

앞서 갈릴레이부터 뉴턴에 이르기까지 물리학이 수학에 기반을 두고 있음을 알아보았는데, 이때의 수학은 기원전 3세기 무렵에 활동한 유클리드 기하학을 바탕으로 하고 있었다. 이 오래된 기하학은 직관적으로 완벽한 다섯 공리를 기준으로 서술되었는데, 수학계에서는 마지막 다섯 번째의 '평행선 공리'가 다른 네 공리와는 다르게 간결하지 않고 의심스럽다는 주장이 제기되어왔다. 예를 들어 제1공리인 '두 점을 지나는 직선은 하나다'는 직관적으로 참임을 알 수 있으며 매우 간결하다. 나머지 공리도 마찬가지다. 그런데 제5공리인 평행선 공리는 어쩐지 복잡하고 직관적이지 않다. 실제 내용은 다음과 같다.

'두 직선이 한 직선과 만날 때 같은 쪽에 있는 내각의 합이 180도보다 작으면, 이 두 직선을 연장할 때 180도보다 작은 내각을 이루는 쪽에서 반드시 만난다.'

오늘날에는 조금 더 쉽게 정리해서 다음과 같이 서술한다.

'직선 위에 있지 않은 점을 지나는 동시에 그 직선과 평행한 직선은 하나뿐이다.'

단순하지 않고 직관적이지 않은 제5공리는 안 그래도 예민한 수학자들에게 비판의 대상이 되었고, 이러한 과정에서 유클리드 기하학을 벗어나려는 비유클리드 기하학들이 제시되기 시작했다. 독일에서 활동했던 리만은 이렇게 새롭게 등장한 비유클리드 기하학들과 기존의 유클리드 기하학을 통합하여 거대한 기하학 체계를 잡은 인물이다.

그렇다면 유클리드 기하학과 리만 기하학의 차이는 무엇일까? 간단히 말하면 유클리드 기하학은 기하학적 대상이 2차원의 면에 위치하는 수학이다. 반면 리만 기하학은 휘어진 공간에 위치한 기하학적 대상에 대한 수학이다. 3차원 이상의 이 휘어진 공간에서는 유클리드 기하학이 제대로 작동하지 않는다. 예를 들어 유클리드 기하학에서의 삼각형은 내각의 합이 180도지만, 축구공처럼 휘어진 공간 위에 위치한 삼각형은 내각의 합이 180도를 넘는다. 유클리드의 제5공리인 평행선 공리도 마찬가지여서, 2D인 유클리드 공간의 평행한 두 직선은 절대 만나지 않지만, 곡률을 가진 3D 공간 위의 평행한 두 직선은 만나게 된다.

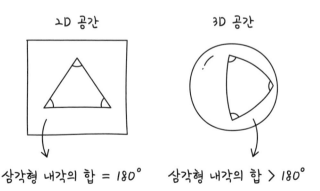

뉴턴역학이 유클리드 기하학을 바탕으로 한 물리학이라면, 아인슈타인의 역학은 비유클리드 기하학, 특히 리만 기하학 위에서 전개되는 물리학이라고 하겠다. 다시 말해 상대성이론이 등장할 수 있는 배경에는 수학의 발전이 있었다.

중간 정리

고대부터 근대에 이르는 과학의 역사를 알아보았다. 고대는 자연철학자들의 시대였으며, 특히 프톨레마이오스에 의해 천동설이 주장되었다. 중세에는 과학적 논의가 진행되지 않았다. 대신 신학과 철학이 사상의 발전을 견인했다. 본격적으로 과학적 논의가 가능했던 건 근대에 들어서면서였다.

근대 초기에 코페르니쿠스가 지동설을 주장했으나, 아직은 과학적 예측이라 말하기 어려웠다. 경험적 관측 자료와 수학적 근거를 통해 본격적으로 근대 과학의 면모를 보여준 인물은 갈릴레이였다. 그는 기하학의 언어로 자연 세계를 서술하고자 했다. 이후 데카르트가 해석기하학을 제시함으로써 기하학을 대수학으로 표현할 수 있는 길이 열렸다. 이것이 의미하는 바는 이제 자연 세계의 존재자들이 수와 문자의 계산식이 되었다는 것이다.

이에 더해 뉴턴이 등장하여 존재자들뿐만이 아니라 그 관계까지도 수학적으로 정리할 수 있게 되었다. 특히 그는 물체들의 관계로서 만유인력에 관심을 기울였다. 뉴턴 이후 근대 과학은 완성된 듯 보였다. 세계의 존재자와 관계는 남김없이 수학의 언어로 설명할 수 있었다.

하지만 남은 문제들이 있었다. 아인슈타인은 뉴턴이 전제했던 궁극적 배경으로서의 절대적 시간과 공간을 무너뜨리고, 관측자에 따라 변화하는 상대적 시공간을 제시했다. 그는 특수 상대성이론에서 절대속도를 갖는 빛의 특성을 탐구함으로써 시간, 공간, 질량의 상대적 변화를 설명했다. 일반 상대성이론에서는 질량에 의한 시공간의 휘어짐으로 중력의 특성을 탐구했다.

근대까지의 과학자들은 언제나 앞선 과학 이론의 문제점을 지적하고 새로운 해결책을 제시하며 과학의 혁신과 발전을 가능하게 했다. 이들은 수학과 관찰을 토대로 확실하고 궁극적인 고정불변의 진리로 나아가고자 했다. 그런 측면에서 이들의 세계관은 큰 틀에서 절대주의적 진리관을 대변한다고 볼 수 있겠다.

〈고대〉 … 〈근대〉

A : 프톨레마이오스 … 코페르니쿠스 ─ 갈릴레이 ─ 뉴턴 ─ 아인슈타인

(천동설)　　　　　(지동설)　　(물체)　　(힘) ⌈ 특수 상대성이론 (빛)
　　　　　　　　　　　　　　　　　　　　　　　 ⌊ 일반 상대성이론 (중력)

현대
과학

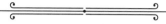

결정되지 않은 우주

아인슈타인의 상대성이론은 현대 물리학의 근간을 이루는 거대 이론이지만, 근대 물리학으로 분류하는 것이 일반적이고 더 적합하기도 하다. 그것은 아인슈타인 이후의 물리학이 아인슈타인을 포함해서 그 이전의 물리학과는 근본적으로 다른 세계관을 갖기 때문이다. 갈릴레이, 뉴턴, 아인슈타인은 동일한 세계관을 가졌다. 그것은 결정론적 세계관이다. 결정론은 우주의 미래가 이미 결정되어 있다는 관점이다. 이에 따르면 우주는 수학과 물리학의 법칙에 따라 한 치의 오차도 없이 정확하게 움직이고 예측된다. 특정 시점의 물리적 조건에 대해 정확히 알 수만 있다면 우주의 과거와 미래를 정확하게 예측할 수 있다는 것이다. 근대 물리학은 결정론의 전제와 확신 위에 쌓아 올려진 왕국이다. 그런 면에서 이들은 절대주의 측면의 과학자 집단이라고 할 수 있을 것이다.

참고로 상대성이론의 경우 이름에 '상대성'이라는 말이 들어가고, 그 내용 면에서도 관측자에 따라 시공간이 고유하게 측정된다는 점 때문에 이를 상대주의 관점이라고 오해하기 쉽다. 하지만 서로 다른 관측자에게서 서로 다르게 관측된 결과값의 차이는 상대성이론 안에서 수학으로 정확하게 예측된다. 불확실성이 들어올 자리는 없다. 이름에서 오는 뉘앙스와는 달리 상대성이론은 전혀 상대주의적이지 않다.

물리학에서 상대주의 경향을 띠는 견해를 찾는다면 그것은 아인슈타인 이후의 현대 양자역학 정도가 될 것이다. 물론 양자역학의 결과 역시 수학으로 정리되고 예측된다. 다만 차이가 있다면 양자역학의 결과값은 확률로만 예측될 뿐, 확정되지 않는다는 것이다. 즉, 양자역학의 세계는 비결정론적 세계다. 우주의 미래는 결정되어 있지 않다.

자신이 제시한 상대성이론을 기반으로 탄생한 양자역학이었지만, 아인슈타인은 양자역학의 비결정론을 완강하게 거부했다. 양자역학의 대표적인 과학자 닐스 보어와의 토론에서 아인슈타인은 "신은 주사위 놀이를 하지 않는다"라며 양자역학의 비결정론적 세계관을 문제 삼았다. 그가 보기에 우주는 주사위를 던지는 것처럼 확률에 의존하는 세계가 아니라 인과법칙으로 견고하게 결정되어 있는 세계였다. 이에 대해 닐스 보어는 "신에게 이래라저래라 하지 말라"라고 답했다.

20세기의 과학적 실험과 검증은 오늘날에 이르러 결국 양자역학의 손을 들어주었다. 실제로 양자역학의 예측은 매우 정확한 편이고, 실용적인 면에서도 현대 기술문명에 크게 기여했다.

```
┌ 절대주의 : 고전 물리학 (인과법칙)
│              - 뉴턴, 아인슈타인
│
└ 상대주의 : 현대 물리학 (확률)
               - 양자역학
```

이제 양자역학에 대해 간단히 살펴보려고 한다. 다만 20세기에 탄생한 이 새로운 물리학은 논의되는 범위와 수학적 전문성뿐만이 아니라 기존의 물리학과 배치되는 철학적 함축 때문에 이해하기 어렵기로 악명이 높다. 쿼크를 증명함으로써 1969년에 노벨상을 수상한 미국의 물리학자 머리 겔만은 다음과 같이 말한다. "양자역학은 우리 중 그 누구도 제대로 이해하지 못하지만 우리가 사용할 줄 아는, 신비하고 당혹스러운 학문이다."

그러니 우리는 대략적인 윤곽만 더듬어본다는 편안한 마음으로, 초기 양자역학에서 자주 언급되어온 두 가지 개념만을 간략히 알아보려고 한다. 하나는 앞서 [진리] 파트에서 살펴보았던 하이젠베르크의 불확정성 원리이고, 다른 하나는 슈뢰딩거의 고양이다.

하이젠베르크의 불확정성 원리

양자역학이 탄생하기 전, 과학자들은 원자나 전자 단위의 소립자들도 당연히 뉴턴역학을 따를 것이라고 생각했다. 보편적인 물리법칙이 큰 세계 따로 작은 세계 따로 적용될 리가 없으니 말이다. 하지만 기술이 발전하고 원자 이하의 세계에 대한 측정이 가능해지면서 과학자들은 당황하게 되었다. 눈에 보이지 않는 미시 세계는 일반적인 상식과는 너무나도 다르게 움직이는 듯했다. 미시 세계를 기술할 새로운 물리학이 필요해졌다. 이러한 요구에서 탄생한 물리학이 양자역학이다.

그래서 우리는 이렇게 구분해볼 수도 있다. 두 가지 물리학이 있다. 뉴턴과 아인슈타인을 포함한 근대의 거시 세계 물리학과, 양자역학자들에 의한 현대의 미시 세계 물리학. 아직은 이 둘을 통합적으로 다룰 수 있는 이론은 없다.

미시 세계를 탐구하며 맞닥뜨린 첫 번째 문제는 매우 근본적이었다. 그것은 소립자의 크기가 너무 작아서 이에 대한 측정 자체가 곤란하다는 문제였다. 반면 우리가 살고 있는 거시 세계의 대상들은 매우 정확하게 측정된다. 사과를 예로 들어보자. 내가 사과를 관측하는 과정은 다음과 같다. 광원에서 출발한 빛이, 사과의 표면에서 반사되어, 내 눈에 들어오는 것이다. 그럼 우리는 사과의 현재 위치와 속도를 정확하게 측정할 수 있다. 내가 지금 탁자 위에 있는 사과를 본다면 우리는 곧 사과의 위치가 '우리 집 거실'이고 속도는 '0'임을 알 수 있다. 자동차도 마찬가지다. 자동차를 타고 고속도로를 과속으로 달리면 며칠 뒤에 집으로 속도위반 딱지가 날아온다. 거기에는 내가 과속한 위치와 속도가 기록되어 있다. 내가 인식하지 못했겠지만, 단속 카메라에서 전자기파를 쏴서 내 자동차를 맞힌 후 반사되어 돌아온 전파를 분석해서 위치와 속도를 확인했을 것이다.

하지만 소립자의 세계에서는 이러한 측정이 불가능하다. 이제 자동차를 소립자 크기로 줄여보자. 자동차 소립자를 측정하기 위해서 우리는 과속 단속 카메라에서 전자기파를 쏴야 한다. 그런데 자동차 소립자가 너무나도 작다 보니 전자기파를 맞은 자동차 소립자의 '속도'가 변하고 만다. 이래서는 과속 딱지를 끊어야 하는지 판단할 수 없다. 그래서 이번에는 자동차 소립자의 속도에 영향을 주지 않을 만큼 약한 전자기파를 쏘았더니 너무 미약해서 이번에는 전자기파가 돌아오지 않는다. 자동차 소립자의 '위치'를 도통 확인할 수 없는 것이다.

핵심은 이것이다. 위치를 확인하려고 하면 속도가 바뀌고, 속도를 확인하려 하면 위치가 확정되지 않는다. 즉, '위치'와 '속도'라는 기본 물리량이 동시에 측정되지 않는 것이다. 그게 뭐가 그리 대수냐고 생각할 수도 있겠다. 하지만 이건 자동차 소립자의 과속 딱지를 뗄 수 없다는 현실적인 문제를 아득히 넘어선다. 진짜 문제는 앞서 상대성이론에서 잠시 설명했듯이, 물리학에서 물체를 이해하는 방식이 시간에 따른 위치와 속도의 방정식을 구하는 것이라는 데 있다. 위치와 속도가 동시에 확정되지 않는다는 결론은 더 이상 물리학이라는 학문 자체를 진행할 수 없음을 의미한다.

이에 대해 아인슈타인은 그것은 단지 측정 기술의 한계 때문이라고 생각했다. 언젠가 기술이 더 정밀하게 발전하면 우리는 소립자의 위치와 속도를 정확히 측정할 수 있을 것이라고 말이다. 하지만 양자역학자들은 그렇게 생각하지 않았다. 그들은 위치와 속도가 동시에 측정되지 않음이 미시 세계의 질서라고 생각했다. 이를 수학적으로 정리한 사람이 바로 하이젠베르크다. 그는 미시 세계가 확정되지 않는다는 의미에서 '불확정성 원리'라고 이름 붙였다.

불확정성 원리를 토대로 앞으로의 물리학에 대해 과학자들의 선언이 뒤따랐다. 이것이 그 유명한 코펜하겐 해석이다. 코펜하겐 해석은 새로운 시대의 물리학으로서 양자역학의 출발을 알리는 선언인 동시에, 근대의 결정론적 세계가 끝나고 현대의 비결정론적 세계가 시작되었음을 알리는 선언이었다. 하지만 그렇다고 코펜하겐 해석이 물리학을 포기했다거나 진리는 알 수 없다는 불가지론적인 선언을 했던 것은 아니다. 이것은 다만 원인과 결과의 수학적 필연을 따르는 결정론의 세계 대신, 수학적 확률로서 제한되는 비결정론의 세계를 제시한 것이다. 실제로 양자역학은 수학적 확률 안에서 매우 정확하게 기술된다.

코펜하겐 해석의 핵심 개념은 두 가지로 정리할 수 있다. 첫 번째는 방금 이야기했던 '물리량이 동시에 측정되지 않는다'이다. 그것은 관측 행위가 위치나 속도에 영향을 미치기 때문이다. 이렇게 양자역학에서는 근대 물리학에서는 고려되지 않았던 '관측 행위'가 물리 현상에 영향을 미친다.

여기서 코펜하겐 해석의 두 번째 핵심 개념이 도출된다. 그것은 '물리량이 관측 행위와 무관하게 객관적으로 존재하는 것이 아니라 관측 행위의 영향을 받는다'이다. 양자역학에 이르러 고전 물리학에서 배제되었던 '관측자'는 화려하게 귀환한다. 고전 역학에서는 누군가가 관측을 하거나 말거나 세계는 세계 나름대로 운동하지만, 양자역학의 미시 세계에서는 누군가가 관측을 할 때 비로소 세계가 결정되는 것이다. 관측하지 않을 때의 소립자는 중첩된 상태의 확률로 존재하지만, 우리가 관측 행위를 할 때 소립자는 비로소 자신의 위치와 속도를 확정한다.

코펜하겐 해석
① 물리량의 동시 측정이 불가능함
② 물리량은 관측의 영향을 받음

슈뢰딩거의 고양이

코펜하겐 해석의 비결정론에 많은 물리학자가 반발했다. 오스트리아의 물리학자 에르빈 슈뢰딩거도 그중 하나였다. 그는 거시 세계와 분리된 양자역학의 결론이 불완전하다고 생각했다. 그래서 이러한 결론이 타당하지 않음을 증명하기 위해 사유 실험을 제안했다. 이 실험은 이후에 '슈뢰딩거의 고양이'로 불렸다.

슈뢰딩거의 고양이

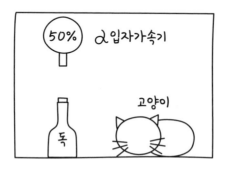

실험은 다음과 같이 진행된다. 우선 밀폐된 공간에 고양이, 독가스가 들어 있는 유리병, 입자가속기를 넣는다. 입자가속기에서는 1시간 후에 알파입자가 방출될 수도 있고 그렇지 않을 수도 있다. 이때의 확률은 각각 50퍼센트다. 만약 50퍼센트의 확률로 알파입자가 방출된다면 그 입자는 독가스가 들어 있는 유리병을 깰 것이고, 그러면 고양이는 죽을 것이다. 반면 50퍼센트의 확률로 알파입자가 방출되지 않는다면 독가스가 들어 있는 병은 안전할 것이고, 고양이도 살아 있을 것이다. 한 시간이 지난 후에 상자 안의 고양이는 어떻게 되었을까? 아직 뚜껑을 열어본 것은 아니다.

고전 물리학자들은 당연히 고양이가 '죽었거나 또는 죽지 않았을 것' 이라고 대답할 것이다. 이것은 상식적으로 당연하다. 우리가 고양이가 죽은 것을 확인하든 확인하지 않든, 상자 안 고양이의 운명은 이미 결정되어 있다. 반면 양자역학자들은 고양이가 '죽어 있으면서 동시에 죽지 않은 중첩 상태의 확률로서 존재한다'라고 말해야 한다. 왜냐하면 알파입자는 미시 세계에 속하는 소립자이고, 코펜하겐 해석에 의하면 소립자는 관측되기 전까지는 확률로서 존재할 뿐, 위치와 속도를 확정하지 않기 때문이다. 알파입자의 위치와 속도가 확률로 존재한다면 고양이의 삶과 죽음도 확률로 존재하고 있어야 한다.

슈뢰딩거는 거시 세계의 고양이가 죽은 상태와 죽지 않은 상태의 중첩으로 존재한다는 것은 말이 되지 않으므로, 양자역학의 결론에 문제가 있고 불완전하다는 것이 증명되었다고 생각했다.

결과적으로는 슈뢰딩거의 처음 의도와는 다르게, 슈뢰딩거의 고양이 실험은 양자역학의 문제점을 보여주는 실험이 아니라 양자역학의 특성을 정확하게 묘사하는 대표적인 사유 실험이 되었다. 과학의 역사는 양자역학의 손을 들어주었으니 말이다. 사유 실험뿐만이 아니라 실제의 실험에서도 소립자의 중첩성은 확인되었다. 물리학자들을 당혹스럽게 만든 이중슬릿 실험을 알아보자.

이 실험은 처음에는 입자와 파동의 특성을 구분하기 위한 실험으로 제시되었는데, 실험의 구조는 매우 단순하다. 평면의 두꺼운 막에 얇고 긴 직사각형 모양의 구멍을 두 개 뚫어놓으면 끝이다. 이제 이 막을 슬릿이라 부르자. 직사각형의 구멍이 두 개라서 이중슬릿이다. 슬릿을 가운데에 세워두고, 한쪽에는 잉크를 채운 구슬탄알을 쏘는 기계를 설치한다. 그리고 반대편에는 탄알을 받을 벽을 설치한다. 탄알을 충분히 쏜다면 탄알은 우선 이중슬릿에서 일부가 걸러지고, 일부가 반대편의 벽에 도달해서 무늬를 만들 것이다. 이때의 무늬는 당연히 슬릿의 모양대로 긴 직사각형 두 개의 모습이 될 것이다. 즉, 입자는 이중슬릿의 모양대로 벽에 무늬를 남긴다.

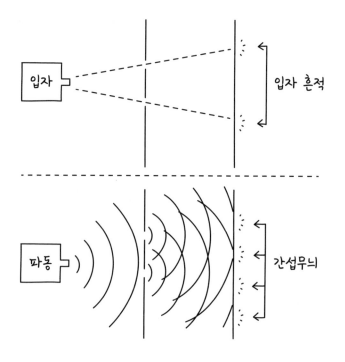

이번에는 입자 대신 파동을 쏘아보자. 구슬탄알을 쏘는 기계를 제거하고 음파를 쏘는 기계를 설치한다. 그리고 음파를 쏜다면 음파는 이중 슬릿까지 도달할 것이고, 두개의 슬릿을 통과한 이후 서로를 간섭하게 될 것이다. 파동은 서로 만났을 때 상쇄되거나 증폭되는 간섭의 모습을 보인다. 이에 따라 벽에는 간섭한 상태 그대로 간섭무늬가 찍힌다. 간섭무늬는 슬릿 모양의 긴 직사각형 여러 개가 일렬로 찍힌 모습으로 나타난다. 즉, 파동은 벽에 간섭무늬를 남긴다.

여기까지는 별로 문제 될 것이 없다. 이중슬릿 실험은 고전적인 실험으로, 벽에 찍힌 무늬를 통해 입자와 파동의 차이를 보여준다. 그런데 기술이 발전함에 따라 사람들은 눈에 보이지 않는 소립자를 대상으로 이중슬릿 실험을 하게 되었다. 그렇다면 소립자는 어떤 무늬를 만들게 될까? 그건 이름에서도 알 수 있듯이 소립자가 구슬탄알과 같은 입자이므로 분명히 직사각형 무늬의 두 개의 잔상일 것이다.

하지만 실제 실험의 결과는 기대와는 달랐다. 소립자가 파동처럼 간섭무늬를 만들어낸 것이다. 이것은 상식적이지 않다. 가능한 대답은, 기계를 출발한 소립자가 이중슬릿 앞에서 둘로 나뉜 다음에 각각 두 개의 슬릿을 지나서 서로를 간섭한다는 것이다. 실험의 결과는 그러하다고 말하고 있지만, 이것은 이성적으로 생각했을 때 전혀 그럴 수 없는 일이다. 그래서 과학자들은 두 개의 슬릿 중에 소립자가 진짜로 지나가는 슬릿이 무엇인지를 확인하기로 했다. 한 쪽 슬릿에 검출기를 두어 이를 관찰한 것이다. 하지만 실험의 결과는 과학자들을 더 미궁으로 빠뜨렸다.

그것은 소립자가 더 이상 간섭무늬를 만들지 않고 하나의 입자처럼 직사각형의 무늬를 만들어내었기 때문이다.

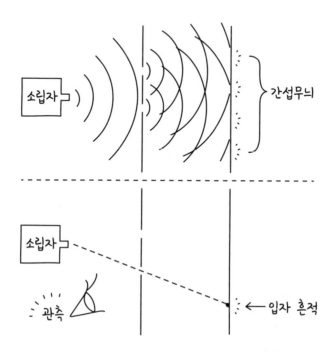

소립자는 마치 우리가 관측을 하는지 그렇지 않은지를 알고 우리를 골탕 먹이는 것처럼 보인다. 보고 있지 않으면 파동처럼, 보고 있으면 입자처럼 행동하니 말이다. 이것이 의미하는 바는 무엇일까? 그것은 양자역학의 예측이 사실에 부합한다는 것이다. 미시 세계의 대상들은 실제로 확률 안에서 중첩되어 존재하는 것으로 보인다. 관측을 하지 않을 때는 위치와 속도가 결정되지 않은 중첩의 상태로 이중슬릿을 동시에 통과하며 간섭무늬를 만들어내지만, 관측을 할 때는 위치와 속도가 하나로 결정되며 단일한 입자로서 하나의 슬릿만을 통과해 직사각형의 무늬를 만들어낸 것이다. 이러한 미시 세계의 특성을 '파동-입자 이중성'이라고 부른다. 그리고 양자역학은 이러한 이중성이 모든 물질의 특성이라고 해석한다.

하지만 소립자들은 그럴 수 있다 해도, 고양이처럼 커다란 개체까지 파동-입자 이중성의 상태로 존재할 수 있다고 생각하는 것은 좀 무리다. 그렇다면 어느 정도의 크기까지 물체는 규정되지 않은 상태로 중첩되어 존재할 수 있는 것일까? 과학자들은 점점 더 커다란 입자들을 대상으로 이중슬릿 실험을 하고 있다.

최근에 이루어진 실험에서는 탄소원자 60개가 축구공처럼 연결된 풀러렌으로 이중슬릿을 통과시켜보았다. 탄소원자는 우리에게는 매우 작은 물질이지만, 사실 소립자와는 비교할 수 없을 만큼 어마어마한 크기를 가지고 있는 물질이다. 그리고 실제로 실험해보니, 실험 장소를 진공 상태에 근접시킬수록 풀러렌이 만드는 간섭무늬가 선명해짐을 확인할 수 있었다. 논리적으로만 생각했을 때는 적절한 실험 조건이 형성된다면 고양이 크기의 물질도 이중슬릿을 동시에 통과해 간섭무늬를 얻을 수 있는 것으로 보인다. 20세기 프랑스의 물리학자 드브로이의 물질파 개념에 따르면 모든 물질은 크기와 무관하게 파동성을 지닌다.

정리해보자. 현대 물리학은 기존의 물리학과는 전혀 다른 세계관을 제시한다. 그것은 결정되지 않은 확률로서 존재하는 세계다. 근대까지의 물리학자들은 현재 우주의 조건만 알면 당연히 미래를 예측할 수 있다고 생각했다. 하지만 현대의 양자역학자들은 그러한 생각을 거부한다. 결정론의 오랜 전통을 깨고 비결정론의 세계를 추구한다는 점에서 양자역학자들은 기존 물리학자들에 비해 상대주의적 측면을 갖는다고 할 수 있다.

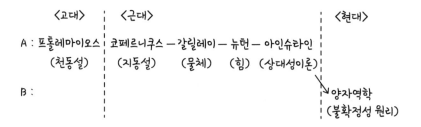

그렇다면 과학 내에서도 진리 자체를 거부하는 회의주의적 측면을 찾아볼 수 있을까? 과학철학의 일부 입장에서 과학적 진리에 대한 회의와 비판을 찾아볼 수 있다. 이에 대해 알아보자.

과학
철학

과학은 진보하지 않는다

현대인에게 진리의 가장 유력한 후보는 누가 뭐라 해도 과학이다. 많은 사람이 사회에서 발생하는 모든 사건에 "과학적으로 증명되었다"라는 말이 붙거나 "외국 대학의 어느 연구소에서 실험한 결과"라는 수식어가 붙으면, 특별한 망설임 없이 이를 사실이라고 받아들인다. 바쁜 일상을 살아가면서 하나하나 사실 여부를 검증하기 어려운 현대인에게 그나마 과학자 집단이 연구한 사실을 신뢰하는 것은 매우 효율적이고 경제적인 일이다. 이렇게 과학에 대한 무한한 신뢰를 보이는 태도를 '과학주의'라고 한다. 과학주의는 모든 문제가 과학으로 해결될 수 있다는 사고방식이다. 흥미로운 건 실제로 과학자 집단이 과학에 대해 갖는 신뢰보다 대중이 과학에 대해 갖는 신뢰가 더 크다는 점이다. 과학의 실제 내용에 대해서는 무관심하면서 과학이 진리라고 믿는 마음가짐은 전혀 과학적이지 않으며, 어떤 면에서는 매우 종교적이다.

우리의 과학적 믿음에 찬물을 끼얹고, 과학적 진보라는 것이 허구이며, 우리가 일반적으로 생각하듯이 합리적이고 논리적인 과정을 통해서 과학이 발전해온 것이 아님을 밝힌 인물이 토마스 쿤이다.

20세기 미국을 중심으로 활동한 과학철학자 쿤은 이를 설명하기 위해 '패러다임'이라는 개념을 사용했다. 이 단어는 워낙 유명해서 일상에서도 종종 들을 수 있는데, 일반적으로는 '사고의 틀' 정도로 사용된다. 예를 들어 사장님이 사원들을 앞에 두고 "이제 우리 회사도 패러다임을 바꿀 때입니다"라고 말했다고 하자. 이 말은 사고를 전환하고, 발전해가자는 의미일 것이다. 이러한 용어 사용이 틀렸다고 말하기는 어렵지만, 사실 쿤이 원래 사용한 의미대로 생각해보면 사장님의 말은 매우 이상하게 들리기도 한다. 왜냐하면 패러다임이라는 용어는 단순히 사고의 틀이라는 의미를 넘어서, 이러한 사고의 틀이 형성되기까지의 비합리적이고 정치적인 투쟁의 과정을 내포하기 때문이다. 실제로 새로운 패러다임이 의미하는 것은 진보가 아니라 단지 예전과는 달라진 사고방식일 뿐이다. 쿤이 왜 이런 개념을 제시하게 되었는지, 과학혁명에서의 패러다임 전환에 대한 그의 생각을 알아보자.

쿤에 의하면 대중의 기대와는 달리 과학의 발전은 그다지 과학적이지 않았다. 우리는 과학의 역사가 실험과 관찰 그리고 수학 적용에 따른 논리적 진보일 것이라고 기대하지만, 쿤이 과학사를 면밀히 살펴본 결과는 그렇지 않았던 것이다. 실제 과학에서의 패러다임 변화는 다음과 같이 진행된다.

1단계 : 우선 모든 사람이 공유하는 보편적인 진리가 존재한다. 예를 들어 프톨레마이오스의 천동설을 신뢰하는 시기라고 해보자. 이 단계에서는 지구가 우주의 중심이라는 생각이 모두에게 무척 당연한 사실로 여겨진다. 이에 대해서는 굳이 고민할 필요조차 없다. 천동설은 이 시대의 패러다임으로 작동한다. 이때의 천문학자들은 이 패러다임 안에서 실험과 관찰을 진행한다. 밤하늘을 관측하고 행성들의 이동 경로를 파악하는 것이다. 패러다임 안에서의 과학 활동을 '정상과학'이라고 부른다. 정상과학이 진행될수록 패러다임은 점점 더 확고해진다.

2단계 : 그런데 위기가 찾아온다. 정상과학 안에서 해결하지 못하는 변칙 사례가 발견되는 것이다. 예를 들어 밤하늘에서 화성의 경로를 추적하다 보면 원래의 경로와 다르게 역행해서 움직일 때가 발견되었다. 그런데 천동설 안에서는 이러한 현상을 설명하기가 어려웠다. 하지만 이러한 변칙 사례들이 발견된다고 해도 패러다임이 단번에 무너지는 것은 아니다. 사람들은 패러다임보다는 변칙 사례 자체가 잘못되었다고 생각하거나, 기존의 패러다임으로 변칙을 수용하려는 다양한 방법들을 모색하기 때문이다. 프톨레마이오스도 실제로 주전원이라는 새로운 규칙을 추가해서 화성의 역행을 설명하고 천동설의 변칙 사례를 해결했다.

3단계 : 위기가 심화되고 혁명이 발생하는 시기다. 새로운 변칙 사례들이 계속해서 발견되고 기존의 정상과학이 이를 수용하기 어려운 수준에 이르면, 패러다임에 심각한 위기가 찾아온다. 기존의 패러다임에서 비교적 자유로운 젊은 과학자 집단이 새로운 이론으로 기존 이론에 도전한다. 이 시기에는 기존의 패러다임과 새로운 패러다임이 경쟁하게 되는데, 이때 새로운 패러다임으로 넘어가는 과정은 우리가 생각하듯 논리적이거나 합리적이지 않다. 새로운 패러다임은 다듬어지지 않은 까닭에 기존의 패러다임보다는 많은 문제점을 갖고 있지만, 미적으로 보기에 좋다거나 더 간결해진다는 과학 외적인 요인들을 기반으로 젊은 과학자 집단에 의해 주장되는 단계다. 과학계를 장악하고 있던 나이 많은 과학자 집단은 기존의 패러다임으로 새로운 변칙들을 설명하기 위해 다양하고 노련한 방법들을 사용한다. 코페르니쿠스가 지동설을 주장함으로써 새로운 세계관을 제시했지만, 기존 과학계로부터 다양한 비판을 받은 사례가 여기에 해당한다. 실제로 코페르니쿠스의 지동설은 움직이는 지구에서 왜 사람이 쓰러지지 않는지 등의 문제점을 해결할 수 없어서 당대에는 설득력을 갖지 못했다.

4단계 : 새로운 패러다임이 기존의 것을 폐기하고 혁명적으로 등장함으로써 새로운 정상과학이 되는 단계다. 여기서 주목할 점은, 이러한 변화가 기존의 정상과학과는 단절되는 혁명적인 변화라는 데 있다.

일반적으로는 새로 등장한 과학 이론이 기존의 과학 이론들을 아우르면서 점진적으로 과학의 진보를 이루어낼 것이라고 기대한다. 하지만 쿤은 실제로는 그렇지 않다고 말한다. 과학은 기존의 정상과학을 무너뜨리고 새로운 정상과학으로 이전해가는 방식으로 변화한다. 이를 '과학혁명'이라고 한다. 쿤이 '과학 발전' 대신 '과학혁명'이라는 단어를 선택한 것은 새로운 패러다임이 기존의 패러다임과 단절되어 있다는 사실을 표현하기 위해서였다.

기존의 패러다임과 새로운 패러다임은 완전히 다른 세계관에서 과학을 바라보기 때문에, 이 두 과학자 집단은 논증과 검증의 절차를 공유할 수 없고 합의점 역시 도출하지 못한다. 따라서 기존의 패러다임을 고수하던 나이 많은 과학자 집단이 늙어서 사라지면, 새로운 패러다임을 추구하는 젊은 과학자 집단이 그 자리를 대체해서 권력을 획득함으로써 비로소 패러다임 이동이 가능해진다. 그리고 이러한 과정을 통해 구축된 새로운 패러다임은 또다시 정상과학이 된다.

과학혁명의 단계

쿤의 패러다임 개념은 과학에 대한 신선한 관점을 제시해주었다. 이에 따르면 과학혁명은 과학적이지 않고 정치적인 권력 투쟁의 결과였다. 과학의 역사는 점진적인 진보가 아니라 혁명적인 단절의 역사였던 것이다. 이는 진화론에 대한 일반적인 오해와도 유사하다. 대중적으로 알려진 진화론은 계단식으로 발전하는 진보의 이미지다. 하지만 실제로 다윈의 진화 개념은 점진적 발전이 아니라 당시 환경에 적합한 개체의 무리가 살아남는, 일관된 방향성을 갖지 않는 수평적 변화일 뿐이다.

과학의 변화

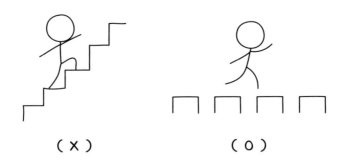

(X)　　　　　(O)

쿤의 패러다임 이동도 마찬가지다. 과학은 수평적으로, 단절되면서 변화해왔고 앞으로도 그럴 것이다. 다음 세대의 과학은 우리와는 다른 모습일 테지만, 오늘날의 과학적 성과로부터 점진적으로 진보한 과학은 아닐 것이다. 그것은 지금의 패러다임과는 공통점을 공유하지 않는 전혀 새로운 관점의 패러다임을 바탕으로 한 낯선 과학일 것이다.

정리해보자. 과학철학은 과학의 역사에서 회의주의 입장을 담당함으로써 과학적 합리성의 한계를 명확히 보여주었다. 이것은 과학 기술에 대한 인류의 막연한 낙관을 경계하게 했고, 과학이 스스로를 돌아보고 더욱 엄밀한 방법론으로 향하는 데 기여했다.

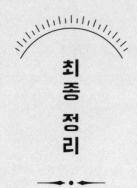

최종 정리

두 번째 여행지, 과학이 끝났다. 과학 역시 진리에 대한 세 가지 관점인 절대주의, 상대주의, 회의주의를 기준으로 구분할 수 있었다. 다만 [철학] 파트에서 세 관점이 균형 있게 등장한 것과는 달리, 과학은 전반적으로 절대주의적 측면을 강하게 띠고 있었다. 그것은 과학 탐구 자체가 세계에 대한 확실성을 얻고자 하는 목적에서 탄생했기 때문이다.

이러한 목적 아래 고대부터 근대에 이르는 시기에는 객관적 검증과 수학적 근거를 토대로 절대주의적 태도가 이어졌다. 특히 갈릴레이부터 뉴턴을 거쳐 아인슈타인에 이르는 근대 과학은 인과법칙에 따른 수학적 필연성을 근거로, 존재자부터 관계에 이르는 세계의 실상을 파악하고 예측하려 했다.

반면 현대에 등장한 양자역학은 미시 세계가 수학적 필연이 아닌 개연적 확률에 의존하고 있음을 밝혀냄으로써, 이를 근거로 불확정적인 세계관을 제시했다. 이런 측면에서 양자역학은 근대 과학에 비해 상대주의적인 측면을 갖는다고 할 수 있다.

마지막으로 과학에서의 회의주의는 과학철학의 분야에서 제시되었다. 쿤은 패러다임의 이동을 과학사를 기반으로 분석함으로써 실제의 과학이 합리적이고 논리적인 논박의 과정이 아니라 정치적인 권력 투쟁의 과정에서 변화되어왔음을 보여주었다. 이러한 결론이 의미하는 것은 이제 과학이 믿을 수 없는 무엇이라는 게 아니라, 과학적 확실성에 대한 맹목적 믿음을 경계해야 한다는 것이다.

진리에 대한 세 관점을 토대로 정리한 과학의 역사는 다음과 같다.

```
        〈고대〉      〈근대〉                                      〈현대〉

A : 프톨레마이오스   코페르니쿠스 ─ 갈릴레이 ─ 뉴턴 ─ 아인슈타인
        (천동설)      (지동설)      (물체)    (힘)  (상대성이론)

B :                                                          ↘ 양자역학
                                                              (불확정성 원리)

C :                                                            과학철학
                                                              (패러다임 이동)
```

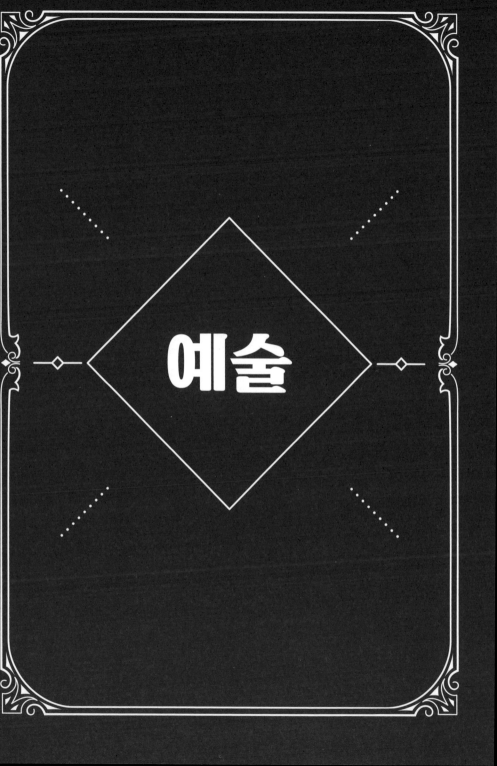

예술

예술의
구분

시간의 형식을 따르는 예술과 공간의 형식을 따르는 예술

세 번째 여행지는 예술이다. 앞서 둘러본 철학이나 과학처럼 예술도 엄연한 진리의 후보다. 합리적이고 논리적인 사고를 통해서만 진리에 도달할 수 있다고 생각하는 사람에게는 이해하기 힘든 사고방식일 수도 있다. 그러나 예술을 이해하고자 하는 사람들은 예술을 향유하는 과정에서 삶에 대한 깊은 이해와 통찰을 얻는다. 문제는 예술적 체험이 너무나 개별적이고 주관적인 까닭에, 각각의 개인이 얻는 통찰에 대한 공통분모를 찾거나 이를 일반화하기가 어렵다는 데 있다. 이러한 이유로 예술은 역사상 과학, 철학, 종교에 비해 진리로서 강조되지 않았던 것이 사실이다. 하지만 공적 측면에서의 지위와는 무관하게 사적 측면에서의 예술 작품은 구체적인 개인의 내면에 심오한 울림을 선사함으로써 수많은 이를 진리 앞에 이르게 하는 역할을 수행해왔다.

예술은 문학, 음악, 미술, 건축, 무용 등 다양한 분야를 갖는다. 각각의 분야는 다루는 대상에서 차이를 보이지만, 단순하게는 시간과 공간의 형식에 따라 구분할 수 있다. 시간의 형식을 따르는 예술은 문학, 음악, 무용이고, 공간의 형식을 따르는 예술은 회화, 조각, 건축이다. 이는 개별 예술 작품을 향유했던 경험을 떠올려보면 쉽게 이해할 수 있다. 음악을 듣기 위해서는 반드시 시간이 요구된다. 몇 초 만에 하나의 음악을 이해한다는 것은 불가능하다. 왜냐하면 음악은 시간성을 기반으로 하기 때문이다. 반면 조각 작품을 감상할 때는 그 작품에 대한 느낌이 직관적으로 다가온다. 그것은 조각이 시간보다는 공간에 의존하는 예술 분야이기 때문이다.

이 중에서 우리는 주로 공간적 형식을 기반으로 하는 예술 작품들에 대해 논의할 것이다. 특히 2차원의 공간 형식을 따르는 서구 회화를 중심으로 예술의 역사를 탐구할 것이다.

예술적 진리에 대한 입장

어떤 그림이 훌륭한가

예술의 역사를 다루기 전에, 다음 사례에 대한 당신의 견해를 묻고 나서 이야기를 계속해보려 한다.

당신에게는 중학생인 세쌍둥이 A, B, C가 있다. 일 년 동안 취미로 미술학원에 보냈더니, 어느 날 세 명 모두가 미술 쪽으로 진로를 희망한다고 이야기했다. 지금 미술학원에 보내는 것도 허리가 휠 지경인데, 본격적으로 미술을 가르치려면 비용이 만만치 않을 것이 분명하다. 게다가 돈 문제를 떠나서 아이들 모두 미래가 불확실한 예술 쪽 진로를 선택하게 할 수도 없는 노릇이다. 어쩔 수 없이 세 명 중에 한 명만을 밀어주기로 했다. 그리고 그 한 명을 선택하는 방법으로, 혼신의 힘을 다해서 각자 하나씩 그림을 그려 오면 당신이 그중 가장 소질이 있는 아이를 선택하기로 했다. 아이들은 모두 동의했고, 자신의 재능을 총동원해서 한 달 동안 그림을 그려 오기로 했다. 주제는 '앉아 있는 사람'이었다.

그리고 한 달이 지났다. 모두가 한자리에 모였다. 우선 A가 그림을 내밀었다. A의 그림을 보는 순간 당신은 아름다움에 놀라고 말았다. A의 그림은 수학적으로 정확한 원근법으로 그렸을 뿐만 아니라, 앉아 있는 사람의 아래쪽으로는 넓어지고 위로는 좁아지는 안정적인 삼각형의 구도를 취하고 있다. 사람의 팔과 다리의 비율은 황금비라고 하는 1:1.618을 정확히 따르고 있다. 편안하고 안정되어 보인다. 중학생이 그렸다고는 믿을 수 없을 만큼 놀라운 그림이다.

다른 아이들 그림은 볼 것도 없겠다 싶을 때, B가 그림을 내밀었다. 어떻게 그렸는지 보기나 할까 하고 그림을 보는 순간 당신은 휘몰아치는 감정에 휩싸였다. 원근법이나 사람의 형태가 정확히 지켜지지는 않았지만, 앉아 있는 사람의 표정과 미묘한 몸동작에서 고뇌하고 있는 인간의 실존이 느껴진다. 찌푸려진 미간에서 고통이 느껴지고, 의자 모서리에 당장 쓰러질 것만 같이 불안하게 걸터앉은 모습에서 현실에 대한 불안이 선명하게 전해진다. 그리고 곧 깨닫게 된다. 이 앉아 있는 사람의 고뇌는 이 그림을 그린 B의 진로에 대한 고민과 고뇌가 녹아 있는 것임을 말이다. 미술 천재인가 싶다.

당연히 B가 화가가 되어야 한다고 생각하고 있을 때, C가 그림을 내밀었다. 혹시 더 뛰어난 그림일까 하고 부푼 기대를 안고 그림을 받았는데, 이건 뭔가. 아무것도 그려져 있지 않다. 뒷면인가 해서 뒤를 돌려봤는데, 앞면이 맞다. 이게 뭐지 싶어 C를 쳐다보니 뭔가를 주섬주섬 가져오고 있다. 의자를 당신 앞에 놓더니 빈 캔버스를 그대로 들고 있으라고 한다. 그러더니만 의자에 앉아 붓으로 캔버스를 마구 휘젓는다. 캔버스에는 몇 개의 선이 정신없이 그려진다. 이게 뭐냐고 물었더니, 의자에 앉은 화가 퍼포먼스라고 하고는 청산유수 같은 말을 쏟아낸다. 그림에 왜 반드시 어떤 대상이 들어가 있어야 하느냐며, 대상이 소거된 그림을 그리려 한다는 것이다. 다만 '의자에 앉은 사람'이라는 조건을 충족하기 위해서 자신이 직접 그림의 대상이 되고 실제 그림은 대상이 없는 그림을 그렸다는 것이다. 남 같았으면 꺼지라고 했을 것 같지만, 자기 자식이고 보니까 어쩐지 정말 예술 천재일지도 모르겠다는 생각이 든다.

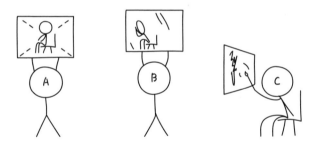

당신은 A, B, C 중에 누구를 화가로 키울 것인가? 어떤 작품이 가장 훌륭하다고 생각하는가? 이 작품들은 미술사에서 가장 기본이 되는 세 입장을 대변한다.

A는 고전주의로 대표되는 예술 사조로, 이성을 통해 그림을 그리려

는 화풍이다. 조화, 균형, 비례, 법칙을 강조한다. 그런 면에서 보편적이고 절대적인 진리를 추구하는 절대주의적 측면을 갖는다.

B는 낭만주의로 대표되는 화풍이다. 개인의 내면과 개성을 존중해 화가의 주관적 표현 방식을 중시하며, 격정적이고 서정적인 모습을 보인다. 그런 면에서 절대적 진리에 저항하는 상대주의적 측면을 갖는다.

C는 현대 미술이다. 현대 미술은 그 폭이 너무나 넓고 다양해서 규정하기 어려운 측면이 있다. 다만 전반적으로는 예전 것들에 대한 거부와 새로운 것들에 대한 추구로 압축해볼 수 있다. 현대 미술은 회화의 내용의 측면부터 형식의 측면까지 다양한 방식으로 예술의 가능성을 실험하는 일련의 작업이다. 그림의 대상이 소거되거나, 그림을 그리는 주체를 사라지게 하거나, 혹은 예술의 범위가 무엇인지에 대한 고민까지 예술의 소재로 활용하는 등 일반인이 보기에는 아무것에나 '예술'이라고 이름 붙여놓은 과격한 행동으로 보인다. "어디까지 예술이라 부를 수 있는지 그 가능성을 직접 실험해보는 것이구나" 정도로 현대 미술을 대한다면 마음이 조금은 편해질 수 있다. 현대 미술은 과거 예술에 대한 해체를 근간으로 한다는 점에서 회의주의적 측면을 갖는다.

A : 절대주의 ― 고전주의

B : 상대주의 ― 낭만주의

C : 회의주의 ― 현대 미술

바쁜 일상 속에서 예술이 어떤 건지만 대략적으로 알고 싶은 사람이라면, 방금 구분한 고전주의, 낭만주의, 현대 미술에 대한 이해만으로도 실용적인 측면에서는 어느 정도 충분하다. 실제 작품을 대면했을 때, 세 가지 측면 중 어떤 측면이 강조된 것인지 대략적으로 판단할 수 있다면, 마음에 드는 사람과 품위 있게 전시회에 가서 상대에게 잘 보이기에는 부족하지 않다. 무수히 많은 화가와 작품에 대한 상세한 설명은 전시회에 직접 가서 함께 알아보면 된다.

실용적인 측면에서는 이미 소기의 목적을 달성한 것과 다름없다. 이제부터는 조금 더 세부적인 미술의 역사를 알아보려고 한다. 세부적인 미술사는 절대주의, 상대주의, 회의주의의 세 측면으로 단순화할 수 있다. 이 세 견해가 각각의 시대마다 어떤 모습으로 등장했는지 확인할 것이다. 다만 시대 구분은 우리가 일반적으로 사용하는 역사 발전의 5단계보다 조금 더 세분화해서 고대, 중세, 르네상스, 초기 근대, 근대, 현대 순으로 알아보고자 한다.

고대
미술

그리스 미술, 헬레니즘, 로마 미술

고대 그리스 미술 : A

고대 미술은 그리스 미술을 대표로 한다. 물론 우리가 잘 알듯 그리스 이전의 시기에도 인류는 예술 활동을 했다. 멀게는 동굴벽화나 토기를 통해서 원시 시대 사람들의 미적 활동을 확인할 수 있다. 가장 오래된 형태의 미적 활동은 지금으로부터 1만5천 년 전인 구석기 시대, 동굴에서 살았던 사람들이 그리고 조각한 작품들이다. 이 작품들은 단순히 재미를 위함일 수도 있고, 혹은 주술적인 목적이었을 수도 있다. 여기서 주술적이라 함은 오늘날처럼 체계적이고 형이상학적인 종교 제의를 의미하는 것은 아니다. 그들은 미술적 형상을 통해서 현실의 욕망을 기원했다. 다산을 기원하는 〈빌렌도르프의 비너스〉가 그 예라 하겠다.

이후 기원전 4천 년 무렵의 이집트에서는 예술 작품이 죽음이나 영원한 삶과 같은 형이상학적인 개념을 반영하는 수단이 되었다. 이집트인은 사람이 죽으면 그 영혼이 육체를 떠나 다른 삶을 누린다고 믿었는데, 이러한 사후관은 이집트 미술이 아름다움을 추구하는 대신 영원성을 담아내는 수단이 되도록 이끌었다. 당시의 화가들과 조각가들의 사명은 죽은 자의 영혼이 생활하게 될 묘실 안에 현세를 재현하는 것이었다. 이집트의 벽화, 조각, 피라미드, 스핑크스 등이 이러한 영원성을 반영한 종교적 예술 작품이다.

이집트의 피라미드

우리가 일반적으로 예술이라 하면 떠올리는 것처럼 '아름다움'을 대상으로 하는 본격적인 작품은 고대 그리스에서 시작되었다. 그리스인은 원근법이나 수학적 비례를 사용하여 조화와 안정을 작품에 반영했다.

물론 그들 역시 신화의 신들을 소재로 했지만, 이것은 이전의 종교적 작품과는 차이가 있다. 이집트인이 예술 작품을 통해 궁극적으로 드러내고자 했던 것이 신의 속성으로서의 영원성이었다면, 그리스인의 작품에 등장하는 신화적 존재들은 조화와 균형을 통해 아름다움을 드러내는 수단이었다. 쉽게 말해 이집트에서의 예술은 종교를 위한 수단이었으나, 그리스에 와서 예술은 독자적인 가치로서 목적 그 자체였던 것이다. 고대 그리스의 미술 작품은 조각과 건축에서 성과가 컸다. 아테네의 파르테논 신전과 에렉테움 신전이 이를 대표한다.

그리스 아테네의 파르테논 신전

그리스 미술이 한층 더 발전할 수 있었던 계기는 알렉산드로스 대왕의 대제국 건설이었다. 알렉산드로스는 그리스 주변부에 위치한 마케도니아의 왕으로, 짧은 재위 기간 동안 그리스, 페르시아, 인도에 이르는 대제국을 건설했다. 마케도니아는 그리스에 인접해 있었던 까닭에 그리스 문화의 영향을 많이 받았다. 특히 알렉산드로스는 스승이 아리스토텔레스였기 때문에 그리스 문화에 대한 동경을 가지고 있었다.

알렉산드로스에 의해 건설된 대제국의 문화를 헬레니즘이라고 한다. 이를 번역하면 '그리스 문화와 같은 문화' 정도가 되는데, 이름에서 알 수 있듯이 헬레니즘은 고대 그리스 문화에 깊은 뿌리를 두고 있다. 다만 알렉산드로스가 대제국을 건설하면서 서양과 동양이 교류할 수 있는 길을 열었기 때문에 이 과정에서 혼합과 융합을 거쳐 새롭고 독창적인 예술 양식이 등장하게 되었다. 이러한 역사적 배경이 헬레니즘 미술의 특징을 형성했다.

헬레니즘 미술은 그리스 예술의 조화와 균형을 기반으로, 동양적인 신비함과 유연함이 반영된 동시에 제국의 위용에 걸맞은 강렬하고도 극적인 효과가 강조되었다. 〈라오콘〉은 이러한 복합적인 특징을 잘 드러낸 걸작이다. 이 작품은 큰 뱀에게 칭칭 감겨 몸을 뒤트는 라오콘과 두 아들의 고통이 강렬하게 표현되어 있다. 이 외에도 〈사모트라케의 니케〉, 〈밀로의 비너스〉가 대표적이다. 실제로 이 작품들은 당장이라도 살아 움직일 것만 같으며, 그 강렬하고 격정적인 동작이 눈에 보이는 듯하다.

〈라오콘〉

　대제국의 헬레니즘 문화는 알렉산드로스 대왕이 서른세 살에 요절하면서 와해되어갔고, 결국 신생 제국으로 떠오르던 로마에 흡수되었다. 이탈리아반도의 작은 마을에서 출발한 로마는 1세기 무렵에 지중해를 중심으로 유럽 전역을 정복하며 거대 제국으로 성장했다. 실제로 당시 로마의 면적은 오늘날 미국의 3분의 2에 이르렀다. 로마인은 그리스 정복에 성공함으로써, 평소에 동경하던 그리스 미술을 현실에서 직접 접할 수 있는 기회를 얻게 되었다. 그리고 그리스 미술을 국제적 성격을 띤 보편의 미술로 확장하는 역할을 수행했다. 그리스와 로마의 미술과 신화, 문화가 유사한 것은 이러한 이유에서 비롯되었다. 특히 로마는 건축에서 압도적인 역량을 보여주었는데, 대표적으로 원형 경기장인 콜로세움, 로마의 모든 신에게 바쳐진 판테온 신전 등이 있다.

정리해보면 고대 미술은 그리스 미술, 헬레니즘, 로마 미술로 이어지는 예술로서, 기본적으로 그리스 정신을 기반으로 한다. 다양한 소재와 기교 속에서도 그 근본은 조화와 균형, 비례의 아름다움을 추구한 것이 그리스 정신이라고 할 수 있다. 이 시기의 미술은 일반적으로 우리가 미술이라고 할 때 일차적으로 떠올리는 가장 이상적이고 상식적인 모습으로, 절대주의적인 측면을 갖는다. 실제로 예술철학과 미학에서는 가장 근본이 되는 그리스 미술의 양식을 '미의 대이론'이라고 부른다. 이러한 예술적 정신은 고대부터 근대에 이르기까지 역사의 흐름 속에서 수많은 예술가에 의해 끊임없이 재현되고 모방되는, 예술이 스스로 회귀하고자 하는 이데아적 모델로 작동했다. 앞으로 만나게 될 르네상스 미술, 고전주의, 신고전주의에서 이러한 모습을 확인하게 될 것이다.

고대 미술

A : 그리스 미술 — 헬레니즘 — 로마 미술

중세
미술

초기 미술, 로마네스크, 고딕

중세 그리스도교 미술 : (A)

아름다움의 이데아를 추구했던 그리스·로마 미술은 중세가 되면서 자취를 감춘다. 이유는 크게 두 가지로 나눠 생각해볼 수 있다. 첫 번째는 중세 초기의 환경적 요인을 들 수 있다. 중세 초기라 할 수 있는 4세기부터 9세기에 이르는 5백여 년간은 전쟁과 약탈이 반복되는 혼란기였다. 우리가 중세를 암흑 시대라고 평가하는 것이 정당하다면, 그 이름에 가장 부합하는 시기가 중세 초기라고 하겠다. 이러한 혼란 속에서 예술의 발전을 기대하기는 어려웠다.

두 번째 요인은 내적인 측면으로서 그리스도교의 탄생과 확장에 있다. 근대 철학자 니체에 따르면, 그리스도교는 자신들의 주인이었던 그리스·로마 문명에 원한을 가진 유대인의 노예의 도덕을 근간으로 한다. 주인이 가진 좋은 덕목을 악으로 규정한 이들은 인간적이며 진취적인 그리스·로마의 문화를 인정하지 않았다. 대신 자신들의 순종적이고 검소하며 금욕적인 덕목을 선으로 규정했다. 그래서 유대교적 가치 체계를 이어받은 그리스도교가 장악한 중세에는 아름다움에 대한 그리스의 거대 이념이 자취를 감추게 된 것이다.

이러한 시대 분위기에서 예술은 단지 교리 전달의 보조 수단으로서만 그 명맥을 유지했다. 그리스도교의 절대적이고 배타적인 특성은 종교와 관련되지 않은 예술의 가치를 인정하지 않았던 것이다. 종교의 그림자가 깊게 드리운 중세의 시간 동안 예술은 사실상 퇴보했다. 다만 중세 후기에 이르러서는 교회 건축의 발전과 함께 장식으로서의 예술이 미약하게나마 발전할 수 있었다.

이제 중세 미술을 초기 미술, 로마네스크 양식, 고딕 양식으로 구분해서 각각의 특성을 살펴보려 한다.

중세 초기의 미술은 단지 문맹자들에게 신의 섭리와 교리를 전달하기 위한 보조 수단일 뿐이었다. 교회는 신, 영원, 속죄, 믿음과 같은 형이상학적인 개념들을 시각적인 이미지로 바꾸는 것에 미술의 역할이 있다고 보았다. 당시의 예술가들 역시 자신의 재능은 신으로부터 부여받은 선물이므로 당연히 신에게 돌려져야 한다고 믿었다. 그래서 이 시기의 작품들은 대부분 익명으로 제작되었다. 초기 그리스도교인의 지하묘지이자, 로마제국의 박해를 피해서 예배 장소로 사용되었던 카타콤의 벽면에는 당시의 그림들이 남아 있다. 다만 이 그림들은 그리스 미술과 비교하기 민망할 정도로 유치해 보이는 면이 있다. 앞서 이야기한 대로 중세 초기의 예술은 예술 자체가 목적이 아니라 교리 전달의 수단이었기 때문이다.

중세 초기의 모자이크

위 벽화에서 가운데 예수 그리스도가 왼손에는 생선을, 오른손에는 빵을 들고 있다. 이것은 보리떡 다섯 개와 물고기 두 마리로 5천 명을 배불리 먹였다는 '오병이어의 기적' 이야기를 담고 있다. 초기 그리스도교 미술에서는 더 이상 과거 그리스의 화려한 미적 성취를 찾아보기 힘들다. 다만 기교의 조악함만으로 중세 초기 미술의 가치를 평가하는 것은 충분하지 않다. 중세의 기독교적 세계관과 역사성을 담지하고 있고 당시 예술가들의 가치 체계를 드러낸다는 측면에서 중세 초기 미술은 비교할 수 없는 역사적 가치를 지닌다.

313년, 로마의 황제 콘스탄티누스가 밀라노 칙령을 통해 그리스도교를 공인함으로써 땅 밑의 어둠에 잠겨 있던 초기 그리스도교 예술은 극적인 전환을 맞이하게 되었다. 국가 차원의 강력한 지원과 함께 제국의 거대한 공적 예술로 성장하게 된 것이다. 특히 콘스탄티누스는 324년에 사도 베드로의 묘지 위에 교회를 건축하게 함으로써, 오늘날 바티칸시국의 주성당이자 세계 최대 규모의 교회당인 성 베드로 대성당이 건설될 수 있는 기초를 닦았다.

11세기 후반에 이르러 그리스도교가 유럽 전역을 완벽히 장악하자 거대한 교회가 빈번하게 건설되었고, 이에 따라 건축술과 예술이 함께 발전했다. 유럽에서의 교회의 승리를 상징하는 이러한 건축과 미술 양식을 '로마네스크'라고 한다. 번역하면 '로마풍' 정도가 되는데, 당시에 웅장한 교회를 건축하기 위해서 고대 로마의 건축 기술과 양식을 도입했기 때문에 붙여진 이름이다. 단단하고 육중한 모습의 로마네스크 석조 건물들은 멀리 떨어져서 봐도 꽤나 묵직한 것이, 마치 하나의 성이나 요새처럼 보인다. 특히 가장 높은 탑의 지붕이 둥글게 돔형을 이루고 있는 게 특징인데, 이는 동방과의 잦은 전쟁 과정에서 이들의 문화에 영향을 받은 까닭이다. 이후 등장하는 고딕 양식이 벽의 두께를 줄이고 높은 첨탑을 만드는 것과 확연한 차이를 보인다. 대표적인 로마네스크 건축물로는 이탈리아의 피사 대성당이 있다. 그 옆에 있는 쓰러질 듯한 피사의 사탑이 더 유명하기는 하다.

이탈리아의 피사 대성당

로마네스크가 이렇게 두껍고 육중한 모습을 띠게 된 데는 종교 해석적인 이유와 기술적인 이유가 있다. 우선 종교적 측면에서는, 당시의 교회가 지상에 만든 신의 공간이라는 의미를 가졌기 때문이었다. 교회라는 공간은 신이 실제로 내재할 수 있는 곳으로, 외부의 악한 세계로부터 종교적 이념을 수호하는 전투적 공간이었다. 그런 까닭에 건축은 성이나 요새와 같은 모습을 띠었다. 다음으로 건축적 측면에서의 이유도 있었다. 아직 건축 공법이 충분히 발전하지 않았던 까닭에 건물을 높게 올리기 위해서는 그 무게를 지탱할 기둥과 벽도 함께 두꺼워질 수밖에 없었다. 두꺼운 벽 때문에 창은 좁고 작게 낼 수밖에 없었고, 결과적으로 실내는 어둡고 차분한 느낌을 자아냈다. 이 당시에 교회를 다니는 사람이었다면 신은 근엄하고 무거운 존재라고 생각했을 것이다.

11~12세기의 2백 년 동안 로마네스크 양식이 유행했다면, 이후 2백 년간은 고딕 양식이 유행했다. 고딕은 건축술의 발전과 함께 등장했다. 천장과 건물의 무게를 지탱하는 기둥과 골격에 대한 기술이 발전하면서 벽의 두께는 얇아졌고, 높고 아찔한 첨탑들이 들어섰다. 그래서 건물은 한결 가벼워 보인다. 벽이 얇아지면서 큰 창문을 낼 수 있게 되었고, 유리창에 장식을 하는 스테인드글라스가 크고 화려해지기 시작했다.

고딕 양식의 이러한 구조적 특성은 실내에 들어선 사람에게 로마네스크 건축과는 상반된 분위기를 풍겼다. 가느다란 석재 기둥으로 내부 공간은 높고 넓어졌으며, 정면에는 거대한 스테인드글라스에서 오색찬란한 빛이 쏟아져 들어왔다. 이런 교회를 다니는 사람들은 천국에 대한 동경과 신의 영광에 대한 감정의 고양을 경험했을 것이다. 고딕 양식을 대표하는 건축물은 파리의 샤르트르 대성당과 노트르담 대성당이 있고, 한국의 명동성당이 고딕 양식을 따르고 있다.

프랑스 파리의 샤르트르 대성당

중세 예술을 정리해보자. 이 당시의 예술은 내용적으로는 신과 교회에 종속되고, 형식적으로는 교회 건축의 발전과 함께한다고 할 수 있다. 예술의 독자적인 가치는 인정되지 않았고, 신의 영광과 권위를 드러내거나 교회의 교리를 전달하는 수단으로 예술이 사용되었다. 다만 초기 그리스도교 미술을 지나서 로마네스크 양식과 고딕 양식을 거치면서 미적인 요소가 반영되고 확장되었다.

중세 예술은 절대적이고 보편적이며 불변하는 진리로서의 신에 대한 예술이지만, 그렇다고 해서 고대 그리스·로마 예술처럼 절대주의적 예술로 평가할 수는 없다. 내용상 절대적인 존재를 다루고 있으나, 예술의 본질로서 아름다움의 형식에서는 퇴보한 느낌이 강하다.

중세 미술

(A) : 초기 그리스도교 미술 ― 로마네스크 ― 고딕

르네상스
미술

르네상스 양식, 바로크, 로코코

르네상스 양식 : A

르네상스는 중세의 신 중심 세계관에 대한 저항으로부터 시작되었다. 중세의 주인공인 왕과 영주들은 물질적으로 장원을 소유함으로써 지배 권력을 획득하고, 정신적으로는 신으로부터 지배의 정당성을 얻었다. 이들과 대립하며 성장한 부르주아는 새로운 생산수단으로서 공장을 소유하면서 물질적 측면에서 권력 기반을 확보했으나, 정신적 측면에서는 아직 종교에 종속되어 있었다. 부르주아는 신을 대체할 새로운 정신적 가치를 탐색했고, 결국 인간의 이성에서 그 가능성을 찾았다.

부르주아가 인간의 이성을 회복하기 위해 지향한 문화는 중세 이전의 고대 그리스·로마 문화였다. 철학자들과 예술가들은 그리스도교의 절대적 유일신의 손이 닿지 않았던 고대 문화에서 인간의 가치를 복구하기 위한 영감을 얻었다.

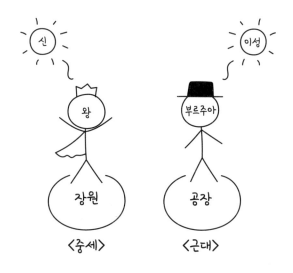

물론 실제로 고대 그리스·로마의 문화가 완벽한 인간 중심의 문화였
는지는 의심스럽다. 당시에도 종교로서 신화가 인간에게 강력한 영향력
을 미치고 있었기 때문이다. 하지만 그럼에도 불구하고 고대가 인간 중
심의 문화로 평가받을 수 있는 것은 중세의 절대적이고 초월적인 그리
스도교 신에 비해서 고대의 신은 충분히 인간적인 모습을 하고 있기 때
문이다. 신화 속의 신들은 그리스인과 동시대를 함께 살아가는, 고뇌하
고 갈등하며 질투하는 지극히 인간적인 존재들이었다.

교회와 유일신에 대항해서 인간적 가치가 필요했던 부르주아들은 고
대 사회로 관심을 돌렸고, 고대 문화를 재탐색하는 분위기가 학계와 예
술계를 장악하기 시작했다. 이를 '르네상스'라고 한다. 르네상스는 '부
활' '다시 태어남'을 뜻하는데, 여기서의 부활과 재생은 고대 문화의 부

활과 재생을 말하며, 동시에 인간적 가치의 부활과 재생을 의미한다. 이 탈리아에서 시작한 이 문예부흥운동은 전 유럽으로 확산되었다.

다만 14세기부터 16세기 사이에 일어났던 르네상스는 과도기적 측면이 컸다. 중세를 극복했다고는 하지만 아직도 종교적 측면에서 그리스도교의 영향력이 강하게 남아 있었고, 경제적 측면에서도 자본주의를 도입하거나 이를 바탕으로 한 가시적인 계급 변화는 아직 나타나지 않았다. 그래서 최근에는 르네상스를 근대의 시작으로 보는 것이 타당한가에 대한 논란이 있다. 르네상스를 근대의 시작보다는 중세의 마지막에 등장한 문화로 평가하고자 하는 견해가 그것이다. 우리는 다만 중세와 근대 사이에 르네상스가 있어서 신 중심의 세계관에서 인간 중심의 세계관으로 변화가 시도되었다는 정도만 기억하면 되겠다.

이러한 과도기적 성격 때문인지 실제로 르네상스 시기의 화가들도 화풍은 고대의 전통을 따르지만, 내용 면에서는 그리스도교의 소재를 활용하는 등 복합적인 모습을 보였다.

르네상스 미술은 초기와 전성기로 나눌 수 있다. 우선 초기 화가들은 현실적이고 객관적으로 인체를 묘사하려 노력했고, 정확성에 치중했다. 그러나 화면 속의 개별 대상에 대한 사실적인 묘사가 두드러진 반면에 그림 전체의 조화로운 구성에는 아직 소홀했다. 그림의 소재는 고대 신화에서 따온 경우가 많았다. 대표적인 작품으로는 보티첼리의 〈비너스의 탄생〉이 있다. 후에 르네상스의 천재적인 화가들이 원근법이나 해부학을 토대로 완벽한 재현을 보여준 점에 비한다면, 아직은 르네상스의 가치가 완전히 성숙하지 못한 시대 상황을 보여준다고 하겠다.

보티첼리 〈비너스의 탄생〉

위의 작품이 〈비너스의 탄생〉이다. 거인족 크로노스가 아버지인 우라노스를 거세한 후에 남근을 바다로 던졌는데, 그 남근 주위에 거품이 모여 미의 여신 비너스를 탄생시켰다는 그리스 신화의 내용을 담고 있다. 가운데 비너스를 중심으로, 왼쪽에는 바람의 신이 비너스를 해안으로 인도하고 있고, 오른쪽에는 계절의 여신이 외투를 벗어 비너스를 맞이하고 있다.

이후 전성기의 르네상스 미술은 다른 어떤 시기보다도 많은 천재가 등장했다. 이 시기 작품들은 이성적인 규칙을 통한 객관성과 정확성을 토대로 창작되었고, 동시에 조화와 균형이라는 미의 이념이 이상적으로 구현되었다. 대표 화가는 레오나르도 다 빈치로, 그는 15세기 중엽부터 16세기 초까지 활동했다. 여기서의 '다 빈치'는 '빈치에서 온'이라는 뜻으로, 실제 이름은 그냥 레오나르도다. 화가이자 조각가, 건축가, 기술자이기도 했던 레오나르도는 전형적인 천재의 모습을 보여주는 독특한 인물이었다. 그는 평생 동안 삼십 구 정도의 시체를 해부함으로써 인간의 골격과 근육의 움직임에 대해 정확히 이해하고 있었고, 이를 바탕으로 인물을 현실적으로 묘사할 수 있었다. 또한 공기원근법의 이론을 정립해서 2차원의 평면에 깊이감을 강화하기도 했다.

원근법은 두 종류가 있다. 일반적인 것은 선원근법으로, 평면에 대각선을 그려서 물체가 점점 작아지다가 결국 사라지는 소실점을 만들고, 이를 기준으로 앞의 물체는 크게, 뒤의 물체는 작게 그리는 방식을 말한다. 선원근법은 르네상스 시기에 이미 잘 알려진 방법이었다. 또 다른 원근법은 공기원근법으로, 가까이 있는 물체는 선명하게 보이지만 멀리 있는 물체일수록 공기로 인해 푸른색이 가미되고 채도가 낮아져 윤곽이 희미해지는 현상을 표현한 방법이다. 공기원근법이 잘 표현된 작품이 〈모나리자〉다. 이 작품은 인체와 공간에 대한 사실성과 객관성을 바탕으로 한 르네상스 시대를 대표하는 모범적인 작품이라고 평가할 수 있겠다. 이 외에도 〈동방박사의 예배〉, 〈최후의 만찬〉 등이 유명하다.

레오나르도 다 빈치 〈모나리자〉

레오나르도 외에 이 시대를 대표하는 인물은 미켈란젤로다. 레오나르도보다 스무 살 정도 어린 미켈란젤로는 레오나르도와 경쟁 관계였다. 레오나르도가 회화에 집중한 반면, 미켈란젤로는 조각에 집중했다. 대표적인 작품으로는 그를 단번에 거장의 반열에 오르게 한 〈피에타〉가 있다. 피에타란 '자비를 베푸소서'라는 뜻의 이탈리아어다. 십자가에서 내려진 그리스도를 그의 어머니 마리아가 안고 있는 모습을 조각했다. 침울하지만 비통하지 않은 절제된 마리아의 표정과 사실적인 묘사는 경건함을 자아낸다.

미켈란젤로 〈피에타〉

이 외에도 〈다비드상〉과 〈모세상〉이 그의 천재성을 드러낸 작품으로 남아 있다. 그는 평생 자신이 조각가라고 생각하며 살았지만, 교회에서는 그가 회화도 그리기를 기대했다. 이러한 요구로 그는 〈시스티나의 천장화〉와 〈최후의 심판〉 등의 작품을 남겼다. 〈시스티나의 천장화〉에는 누워 있는 아담과 하늘 위의 신이 손가락을 맞대려고 하는 그 유명한 〈천지창조〉의 그림이 포함되어 있다. 다만 그의 회화는 2차원의 회화적인 장식미가 있다기보다는 뒤의 풍경을 최소화하고 인물의 신체를 강조한 조각적인 면모가 강하게 나타난다. 그는 그림도 조각처럼 그린 것이다.

르네상스 미술은 교회에 종속되어 있던 수단으로서의 예술에서 벗어나, 고대 그리스·로마 시대처럼 예술 자체의 가치를 회복했다는 점에서 의미를 갖는다. 이성적으로 완벽함과 조화를 추구하고 궁극적인 보편의 미를 지향했다는 점에서 르네상스 미술은 절대주의적 측면을 갖는다.

전성기를 구가하던 르네상스 미술은 17세기가 되면 지나치게 이성적이고 규칙적인 측면에 대한 반발에 직면했다. 이성이 아닌 감성에 호소하는 상대주의적 화풍이 등장한 것이다. 이를 바로크라고 한다.

바로크, 로코코 : B

르네상스 미술 이후 17세기와 18세기는 각각 바로크와 로코코의 시대였다. 르네상스 미술이 이성적인 측면이 강했다면, 바로크와 로코코는 감성에 호소하는 예술 사조였다. 다만 바로크는 무겁고 어두운 반면 로코코는 밝고 가볍다는 차이가 있다. 우선 바로크는 포르투갈어로 '비뚤어진 진주'라는 뜻이다. 처음에는 르네상스 미술에 비해 단정하지 않고 우아하지 못하다는 경멸의 뜻으로 붙여진 이름이었으나, 이후 전 유럽을 휩쓴 고유한 양식으로 자리매김했다.

르네상스 미술이 고전적인 균형과 조화의 세계를 표현하려 했던 것과는 달리 바로크는 역동적이고 장식적인 예술을 추구했다. 바로크 미술의 시대를 열었다고 평가되는 인물은 이탈리아에서 활동한 카라바조다. 그의 대표 작품으로 〈홀로페르네스의 목을 치는 유디트〉가 있는데, 그는 주위를 어둡게 하고 주인공에게 스포트라이트를 비춰 명암의 대비를 극대화함으로써 감상자가 정서적으로 강렬한 체험을 하게 했다. 이러한 특성은 이후 바로크 화가들에게 지대한 영향을 미쳤다.

강렬한 명암과 화려하고 역동적인 형태의 바로크 화풍은 루벤스에 이르러 정점을 이뤘다. 루벤스는 바로크의 대표 화가로, 작품으로는 〈십자가를 세움〉과 〈십자가에서 내려지심〉이 유명하다. 세 개의 패널로 그려진 이 대작은 살아 움직일 것만 같은 신체의 역동성이 강렬한 색채와 함께 화려하게 그려진 작품이다. 특히 〈십자가에서 내려지심〉의 경우 영국 동화이자 일본 애니메이션으로 만들어진 〈플란다스의 개〉에서 화가를 꿈꾸던 주인공 네로가 그토록 보고 싶어 했지만 돈이 없어서 볼 수 없었던 그림으로 등장한다. 결국 추운 겨울에 몰래 교회에 들어간 네로가 파트라슈와 함께 죽기 전에 이 그림을 보게 되는데, 그 슬픈 결말이 화려하고 역동적인 루벤스의 그림과 대비되어 극적인 효과를 일으켰다.

루벤스 〈십자가에서 내려지심〉

카라바조와 루벤스 외에도 렘브란트와 벨라스케스 등 천재적인 화가들이 이 시대를 주도했다.

18세기가 되면, 바로크의 감성적 측면을 이어받지만 그 표현의 무게감과 강렬함에서 벗어나 부드럽고 섬세하며 에로틱한 분위기의 로코코가 등장한다. 로코코는 프랑스에서 탄생해 전 유럽에서 유행했는데, 그것은 시대적 상황과 무관하지 않았다. 1789년 프랑스 혁명 무렵 왕권이 약화되고 부르주아가 세상의 주인공으로 떠오르면서, 예술가들도 왕실을 위한 그림보다는 부르주아나 귀족이 향유할 수 있는 그림을 그리게 되었다. 그래서 당시의 그림은 부르주아와 귀족의 주거 장식을 위해 아늑하고 감미로운 동시에 에로틱한 감성의 밝은 화풍이 주를 이루었다. 우리는 영화에서 프랑스의 화려하고 장식이 많으며 향락적인 사교계를 흔히 볼 수 있는데, 그때의 전형적인 모델이 되는 시기가 로코코 시대라고 할 수 있다.

이 시기의 대표적인 화가는 부셰다. 그는 프랑스 로코코 미술의 전성기를 대표하는 화가다. 그는 당시에 유행하는 소품들이나 장식들을 그림의 소재로 사용하는 대중적인 화가로, 당시 사람들에게 인기가 많았다. 40년간의 활동 기간 동안 회화만 1천 점을 제작할 정도로 왕성하게 활동했던 까닭에 현재까지도 많은 작품이 남아 있다. 〈비너스의 화장〉, 〈아침 식사〉 등이 유명하다.

부셰 〈비너스의 화장〉

중간 정리

지금까지 고대, 중세, 르네상스 시기의 미술을 알아보았다. 우선 고대 미술은 그리스·로마를 기반으로 하는, 이성을 중시하고 조화와 균형과 비례를 통해 아름다움을 추구하는 미술이었다. 이러한 절대주의적 측면의 미술은 미술사의 중심축으로서 역사 전체에서 작가들이 끊임없이 회귀하고자 하는 정신적 고향이 되었다.

이어서 나타난 중세 미술은 사실상 고대 미술과의 단절이었다. 초기 그리스도교 미술에서 로마네스크, 고딕으로 이어지는 변화는 점차 미적 측면이 강조되긴 했지만, 전반적으로 예술의 가치를 저하하고 종교의 가치에 예술을 종속시키는 모습을 보였다.

이후 르네상스 시대가 되어서야 예술 그 자체의 가치를 회복하기 위한 노력이 나타났다. 르네상스 미술은 중세의 신에 종속된 예술을 해방시키고 고대의 미적 화풍을 재현했다. 이에 따라 이성중심적이고 수학적이며 조화와 균형을 추구하는 형태를 띠었다.

르네상스 후기에 이르면서 엄격한 조화와 균형에 저항하고 감성적이며 장식적인 측면을 강조한 바로크와 로코코가 등장했다. 이 양식들은 종교와 왕실을 위한 예술이 아닌, 당시부터 새로운 권력으로 떠오른 부르주아와 귀족을 위한 예술을 추구했다. 개인의 감성과 체험이라는 주관성이 강조된 상대주의적 화풍이 탄생한 것이다.

미술사를 단순화해본다면 그리스·로마 미술로 시작해서 이 시대의 정신을 이어받는 르네상스 미술은 이성적인 예술을 추구하는 절대주의적 미술이라고 할 수 있을 것이다. 이에 비해서 감성적 측면을 강조하는 바로크, 로코코는 상대주의적 미술로 볼 수 있다. 다만 중세는 종교적 성향이 예술의 가치를 압도하므로 논외로 하려고 한다. 표로 정리하면 다음과 같다.

(~3세기)	(4~13세기)	(14~18세기)
〈고대〉	〈중세〉	〈르네상스〉
	(중세 미술)	
A : 그리스·로마 미술	----------	르네상스 미술
		↓
B :		바로크 로코코

초기
근대 미술

신고전주의와 낭만주의

신고전주의 : A

르네상스 이후 근대 미술은 크게 초기 근대와 후기 근대로 구분하여 살펴볼 수 있다. 우선 초기 근대 미술은 로코코의 퇴폐미에 대한 저항으로 시작된다. 로코코의 감성적이고 유약하며 여성적인 측면에 대한 반발이 다시 예전의 고대 미술이나 르네상스 미술의 이성적이고 강인하며 남성적인 모습으로의 회귀를 낳은 것이다. 이들은 예술의 뿌리가 되는 고대 그리스·로마 미술로 돌아가고자 했기에 신고전주의라고 불렸다. 사실 신고전주의는 화풍 면에서는 새로울 게 없다. 단지 그리스·로마 미술로의 복귀가 이들의 추구점이다.

앞으로도 계속 살펴보겠지만, 예술사에서는 이성과 감성, 절대주의와 상대주의가 반복해서 등장한다. 르네상스의 이성에 대한 반대가 바로크와 로코코의 감성을 낳고, 이에 대한 반대가 다시 신고전주의의 이성 추구를 낳은 것이다. 잠시 후에 살펴보겠지만, 신고전주의의 이성 추구에 반대해서 다시 낭만주의가 인간의 감성을 앞세우며 등장한다. 초기 근대 미술은 신고전주의와 낭만주의의 대결이었다. 우선 신고전주의에 대해서 더 알아보자.

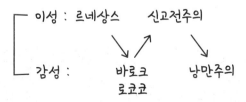

프랑스 로코코의 퇴폐미에 대한 저항으로 영국에서 시작된 신고전주의는 다시 프랑스로 수용되어 절정을 맞이했다. 당시 프랑스에서 신고전주의가 빠르게 확산될 수 있었던 것은 시민들의 요구 때문이 아니었다. 국가가 주도해 의도적으로 확산시킨 데 그 원인이 있다. 당시의 왕루이 16세는 프랑스 로코코의 향락적인 분위기에서 벗어나 엄숙하고 계몽적이며 애국적인 분위기를 만들어내고자 했다. 그래서 그는 프랑스 아카데미를 설립하고 국가 차원에서 화가를 양성했다. 이 아카데미에 소속된 화가들은 매년 두 차례 열리는 살롱전에 참여할 수 있었고, 이는 국가 차원의 관심 속에서 개최되었다. 그런데 살롱전의 심사자들이 최고의 가치를 부여하는 작품은 언제나 성경, 신화, 고대사 등을 다루는 역사적인 작품이었다. 그런 까닭에 화가들은 역사적인 측면에 몰두하게 되었고, 개인의 주관과 감성은 등한시되었다.

이러한 국가 주도의 살롱전으로 프랑스 사회에서 막대한 인지도와 영향력을 쌓은 인물이 신고전주의를 대표하는 화가 다비드였다. 그의 뛰어난 재능은 프랑스 전체의 미술 흐름을 고전적이고 엄숙한 분위기로 바꾸는 데 기여했다. 대표적인 그림으로는 〈마라의 죽음〉, 〈호라티우스의 맹세〉, 〈소크라테스의 죽음〉 등이 있다.

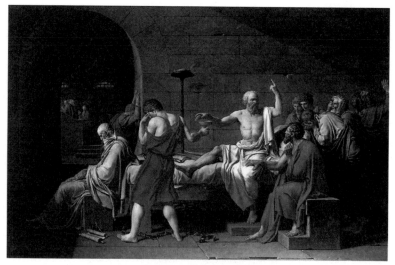

다비드 〈소크라테스의 죽음〉

위의 작품은 독배를 들기 직전에 소크라테스가 고결함을 지키며 제자들에게 자신의 철학을 밝히는 장면이다. 다비드는 개별 인물의 사실적인 묘사와 안정된 배치로 고전주의적인 안정감과 비율, 조화를 훌륭하게 드러내고 있다.

다비드 외에 신고전주의를 대표하는 화가는 앵그르다. 그는 다비드에게 가르침을 받았으며, 스스로를 혁신적인 인물이 아니라 고전 미술을 보존하는 사람이라고 생각했다. 다만 고대 미술은 남성의 근육이나 누드를 미적 대상으로 묘사했던 것과는 달리 앵그르는 여성의 누드를 주로 그렸다. 그리는 대상은 달라졌지만, 그리스 조각 작품의 미적 요소를 분석하고 이를 고전풍의 세련미로 그려낸 까닭에 그는 전형적인 신고전주의 화가로 평가된다.

앵그르의 여성을 그려내는 천재적인 소묘 능력과 미적인 탁월성은 화가들에게 큰 영향을 미쳐, 이후 회화에서 남성 누드는 거의 사라지고 여성 누드가 프랑스 예술계를 지배했다. 대표작으로는 〈그랑 오달리스크〉, 〈샘〉, 〈터키 욕탕〉 등이 있다.

앵그르 〈그랑 오달리스크〉

낭만주의 : B

낭만주의는 신고전주의의 이성적이고 엄숙하며 절대적인 측면에 대한 반발로 탄생했다. 낭만주의 예술가들은 신고전주의가 고대를 모방하고 재현하려고만 할 뿐, 개인의 감성과 주관의 탁월성을 소홀히 했다고 판단했다. 이에 따라 창작자의 주관적 표현을 강조하고 자유로운 공상과 환상의 세계를 그림의 대상으로 하는 낭만주의 미술이 탄생했다. 감성을 중시한다는 점에서 바로크, 로코코와 유사한 측면이 있다고는 하지만, 화려하고 장식적인 측면을 강조하기보다는 화가의 강렬한 내면을 외부 세계에 투영한다는 측면이 강했다.

작가의 주관적 해석과 내면의 감성을 중시했던 까닭에 낭만주의는 자연스럽게 작가의 천재성에 대한 관심으로 이어졌다. 격정적이고 창백하며 고뇌로 가득 찬 전형적인 천재의 이미지는 이때 확립되었다.

낭만주의 미술의 창시자 격인 인물은 제리코다. 그의 작품 〈메두사호의 뗏목〉은 당시 미술계에 큰 파장을 일으켰다. 이 작품은 낭만주의 미술의 전형적인 요소들인 격렬한 움직임, 강렬한 명암 대비와 색채 효과 그리고 극적인 상황 등을 모범적으로 담고 있는 작품이다. 〈메두사호의 뗏목〉은 당시 사회적으로 화제가 되었던 실제 사건을 소재로 그려내고 있다.

1816년 프랑스에서 식민지 아프리카로 향하던 프랑스 군함 메두사호가 침몰했는데, 급조된 뗏목에 150명이 타고 13일간 표류하다가 죽

음의 상황에 놓이게 되었다. 방향키도 없고 난간도 없는 뗏목에서 파도
가 몰아치자 수많은 사람이 쓸려나갔다. 총을 가진 사람들은 뗏목의 중
앙을 차지하고자 사람들을 죽였다.

강렬한 태양 아래서의 목마름과 굶주림으로 시체를 먹었다는 소문이
돌았다. 15일간을 표류한 후에 아르귀스호에 구조되었을 때는 단 15명
만이 살아남아 있었다. 제리코는 아르귀스호를 처음 발견한 극적인 순
간을 상상력을 통해 화폭에 담았다. 뗏목의 아래쪽으로 즐비한 시체들
과 눈앞에 닥친 죽음의 처참함 속에서 희망이 발견되는 순간을 격정적
으로 담아낸 것이다.

제리코 〈메두사호의 뗏목〉

제리코의 친구이자, 그에게서 영향을 받은 들라크루아는 후에 낭만주의의 대표 화가로 자리매김했다. 그의 대표작은 너무도 유명한 〈민중을 이끄는 자유의 여신〉, 그리고 낭만주의의 선언서처럼 여겨지는 〈사르다나팔루스의 죽음〉 등이 있다. 특히 이 작품은 기원전 7세기 고대 아시리아의 마지막 왕 사르다나팔루스의 이야기를 다루고 있다. 그는 적에게 포위되어 2년 정도 궁정에 갇혀 살게 되었다. 결국 적들이 최후의 침입을 감행하자 그는 모든 애첩과 애마를 죽이고 궁정을 불태우게 했다. 들라크루아는 이 극적인 장면을 상상을 가미해 아름답게 그려냈다.

들라크루아 〈사르다나팔루스의 죽음〉

초기 근대 미술은 이성과 절대적 객관성을 강조한 신고전주의, 감성과 상대적 주관성을 강조한 낭만주의로 구분된다. 이성과 감성, 절대와 상대의 대립은 후기 근대까지 이어졌다. 이제 후기 근대의 미술 사조를 알아볼 차례다.

후기
근대 미술

사실주의와 인상주의

사실주의 : A

사실주의는 리얼리즘과 같은 말로, 낭만주의가 보여주는 극적이고 과장된 미적 양식에 대한 저항으로부터 탄생했다. 낭만주의가 화가의 상상력으로 이상적인 세계를 창조하는 데 관심을 기울인 반면, 사실주의는 사실적인 그림을 그리길 요구했다.

그런데 문제는 '사실'의 의미가 다양하다는 데 있다. 무엇이 사실인가? 눈에 보이는 자연과 인물을 단지 있는 그대로 정확하게 묘사하는 것이 사실인가? 하지만 이러한 생각은 당시 사진기의 발명과 함께 화가들로부터 회의적으로 여겨지고 거부되었다. 정확한 묘사만으로 화가를 평가할 수는 없다. 만약 정확한 묘사가 예술의 기준이 된다면 그 어떤 화가도 사진기만큼의 예술적 창작을 할 수 없을 테니 말이다.

그래서 사실주의에서의 '사실'은 눈에 보이는 사물을 똑같이 그려낸다는 의미가 아니라, 그릴 대상을 선정하는 데서의 '사실'을 추구한다는 의미다. 쉽게 말하면 우리의 남루한 현실을 포장하지 않고 있는 그대로 그려내는 것이 '사실'이 되는 것이다. 사실주의 이전의 그림들은 역사의 영웅을 용맹하게 그린다거나, 도자기 같은 피부를 가진 여신의 누드를 그린다거나, 한껏 치장한 귀족을 아름답게 그렸다. 하지만 이것은 일상적인 현실이라는 '사실'과는 너무도 동떨어져 있었다. 사실주의 미술은 진짜 사실을 그려내려고 노력했다. 노동자의 남루한 삶이나 이웃의 가난, 노동의 고됨을 가감 없이 묘사했다.

이를 대표하는 화가는 쿠르베로, 사실주의의 시작을 알린 인물인 동시에 사실주의 미술에서 독보적인 존재다. 쿠르베는 파리 살롱전에 〈오르낭의 매장〉을 출품하여 엄숙한 아카데미 비평가들의 혹평과 대중의 환호를 동시에 받았다. 자신의 고향 오르낭에서 일어난 장례식을 그려낸 작품으로, 가운데 구덩이를 기준으로 늘어선 사람들은 실제 마을 사람들 한 명 한 명을 정확하게 그렸다. 이들은 장례식인데도 불구하고 가운데 몇몇 사람을 제외하고는 모두 다른 곳으로 시선을 두고 별로 관심이 없어 보인다. 게다가 이 작품의 크기는 6미터에 이른다고 하니, 이다지도 사소하고 일상적인 사건을 왜 이렇게 대단하게 그려놓았는지 당시 사람들은 당혹스러워했다고 한다. 그때까지만 해도 장례식에 대한 소재는 흔했는데, 모두 교회나 신과 연결된 개인의 성스러움을 소재로 했었기 때문에 그 충격은 더 클 수밖에 없었다.

쿠르베 〈오르낭의 매장〉

〈오르낭의 매장〉은 사실주의의 신호탄이었다. 이후 그는 〈돌 깨는 사람〉, 〈화가의 아틀리에〉 등 현실의 모습을 가감 없이 담담하게 보여주는 사실적인 그림을 그려냈다. 당대의 가난한 다수를 있는 그대로 그렸을 뿐이지만, 쿠르베의 그림은 정치적일 수밖에 없었다. 이는 당시의 사회 분위기에서 기인한다. 프랑스 혁명 이후 왕과 귀족 중심의 엘리트주의에서 다수의 가난한 민중의 참여가 강조된 민주주의로 변화하면서 당시는 이념 대립으로 매우 혼란스러운 상황이었다. 왕을 중심으로 한 전통적 세계관과 민중을 중심으로 한 혁명적 세계관이 충돌하고 있었다. 이러한 분위기에서 민중을 회화의 주인공으로 가져온 것만으로도 그의 작품은 진보 성향을 강력하게 대변할 수밖에 없었다. 극적인 효과도 노골적인 주제의식도 없었지만 사람들은 거울을 보듯 사실주의 안에서 자기 삶의 누추함을 대면했다.

이렇게 표현 방식에서 필연적으로 발생하는 정치적 이념성으로 결국 20세기가 되면 사실주의는 프롤레타리아 계급의 독재를 추구하는 공산주의 정치 이념을 대변하게 된다. 사회주의 리얼리즘으로 불리는 이러한 미술 사조는 1934년 제1회 소비에트 작가회의에서, 사회주의 사상에서 인정하는 유일한 창작 방법으로 채택되었다. 공산주의 이념을 선전하고 확산하는 도구로 사용된 것이다. 미술이 미의 추구라는 본질에서 벗어나 이념 전달의 수단이 되었다는 점에서, 사회주의 리얼리즘은 중세 암흑기의 교회 미술과 비슷한 양상을 띤다고도 볼 수 있겠다.

하지만 결과론적인 정치적 이용과는 무관하게, 사실주의의 탄생은 예술에서 배제되었던 일상을 예술의 소재로 데뷔시키고, 예술의 의미를 새롭게 고민하게 했다는 점에서 미술사적 의의를 갖는다.

인상주의 : B

작가의 주관과 감성이 강조된다는 점에서 인상주의를 낭만주의와 같이 상대주의적 미술로 분류했으나, 인상주의는 고전주의뿐만 아니라 낭만주의에 대해서도 저항하며 탄생했다. 19세기 말에 프랑스를 중심으로 탄생한 이 미술 사조는 사실주의처럼 낭만주의의 비현실적이고 과장된 화풍을 거부하고 일상의 삶과 자연을 그려내려고 했다. 다만 사실주의가 민중의 가난과 노동이라는 정치, 경제적 측면의 소재를 채택했다면, 인상주의는 단지 눈에 '보이는' 것을 가감 없이 그려내려고 했다는 점에서 차이가 있다.

인상주의 화가들은 말 그대로 지금 이 순간 눈에 보이는 인상을 그리려 했다. 엄밀히 말해서 인간은 눈에 보이는 대로 세상을 보지 못한다. 보이는 그대로를 보는 것이 아닌 언어를 본다고 하는 편이 실제에 더 부합할 것이다. 예를 들어 지금 눈앞에 흰색 컵이 있다. 컵은 분명 2차원으로 일부만 눈에 들어올 테지만, 우리는 보이지 않는 컵의 뒷부분을 이미 가정하고 완벽한 컵으로 인식한다. 또한 컵의 그림자나 표면의 반사는 그다지 신경 쓰지 않는다. 컵은 흰색의 완벽한 형태로 개념화된다. 사실 우리가 본 것은 컵의 실제적인 이미지가 아니라, 컵의 개념이다. 정리하자면 우리는 이미 알고 있는 개념을 바탕으로 눈에 보이는 물체를 재구성한다. 마치 세상에 태어나서 처음 그 장면을 보는 것처럼 순수하게 있는 그대로를 본다는 것은 너무나 어려운 일이다.

인상주의 화가들이 하고자 했던 일은 개념이나 이념을 걷어내고 순수하게 보이는 그대로를 그리는 것이었다. 그들은 흰색 컵을 그리는 것이 아니라 태양 아래서 순간적으로 반짝이고 변화하는 컵 표면의 색깔을 그리려고 했다. 지금 이 순간 컵의 인상을 빠른 붓놀림으로 화폭에 담으려 한 것이다. 인상주의 화풍의 시작이면서 동시에 완성이었던 인물은 모네다. 그의 대표작은 〈인상, 해돋이〉, 〈수련 연작〉, 〈일본식 정원〉, 〈루앙 대성당〉 등 대단히 많은데, 아름다운 색채로 지금까지도 인기가 많다. 인상주의라는 용어를 탄생하게 한 작품 〈인상, 해돋이〉는 모네가 고향집에서 항구를 내려다보며 즉흥적으로 그린 그림이다.

모네 〈인상, 해돋이〉

　현대인의 시각으로 보면, 해가 뜨는 장면이 우리에게 주는 인상을 어떻게 이렇게 잘 표현했는지 놀라울 따름이다. 하지만 당시 사람들은 이 그림을 매우 불편하게 생각했다. 그들이 생각하기에 그림이란 일단 고전주의와 낭만주의가 보여주듯 두꺼운 물감으로 무게감 있게 표현되어야만 했다. 실제로 당시 사람들은 붓칠이 그대로 보이는 모네의 그림을 너무 못 그린 그림이라고 평가했다.

　모네 외에도 같은 시대에 인상주의로 분류된 화가들로는 마네, 르누아르, 드가, 로댕 등이 있는데, 이들은 보통 전기 인상파 화가로 불린다. 하지만 같은 인상파로 분류되는 것과는 무관하게, 각각의 화풍과 표현

기법은 공통분모를 찾기 어려울 정도로 다채롭다. 다만 기존의 고전주의와 낭만주의가 갖는 소재의 역사성과 표현의 무거움을 탈피하고 지금 당장의 이미지와 일상을 그리려 했다는 점에서 공통점을 찾을 수 있다.

전기 인상주의 단계를 거쳐 독자적이고 다양한 방법으로 인상주의를 넘어서려고 노력한 화가 집단을, 인상주의 이후에 나타난 화가들이라는 의미로 후기 인상파라고 부른다. 이들은 더 개인적이고 주관적인 경험에 근거해서 그림을 그렸다. 대표적인 후기 인상주의 화가로는 고흐, 고갱, 세잔 등이 있다. 오늘날 한국 사회에서는 고흐와 고갱이 특별히 인기가 많다. 특히 고흐는 그의 삶의 처절함과 독특하고 매력적인 화풍으로 많은 사랑을 받고 있다. 하지만 후기 인상파 화가 중 미술사의 측면에서 중요하게 다뤄야 할 인물은 세잔이다.

세잔은 근대를 마무리하고 현대 미술을 탄생시키는 데 중요한 역할을 한 인물이다. 처음에 세잔은 인상파 화가들과 어울리며 인상주의의 영향을 받았다. 하지만 그들이 사물의 형태보다는 순간적인 빛의 변화에 집중했던 것에 비해 세잔은 사물의 형태에 관심을 가졌다. 특히 일상의 평범한 사물들에서 견고하고 영구적인 형태를 찾아내려고 했다. 예를 들어 현실의 불완전한 사과는 기하학의 구로, 나무는 원기둥으로, 산은 원뿔로 환원하려 했다. 이렇게 사물의 형태와 색채에 대한 심도 있는 분석을 위해 그는 비슷한 그림을 여러 차례 반복해서 그렸다.

대표적으로 〈목욕하는 사람〉, 〈카드놀이 하는 사람〉, 〈생 빅투아르산〉, 〈정물화〉는 비슷한 그림이 수없이 존재한다. 그중 정물화는 테이블 위에 사과, 접시, 꽃병 등을 두고 매우 다양한 방식으로 많이 그렸다. 이 그림들은 순간적으로 보면 큰 문제를 느끼지 못하지만, 자세히 살펴보면 무엇인가 어긋나 있고 잘못 그렸다는 생각이 든다. 아래의 그림을 참고하자. 우선 하나의 테이블 위에 헝겊 천이 놓여 있는데, 그 왼쪽과 오른쪽 테이블 모서리의 평행이 맞지 않는다. 위쪽 모서리도 마찬가지다. 실수한 걸까? 그렇지는 않다.

세잔 〈정물화〉(평행이 어긋나 보인다)

이러한 불일치는 세잔이 잘못 그려서가 아니라, 오히려 너무 정확하게 그려서 발생한다. 실제로 사람은 시각적으로 중간 부분이 가려진 직선을 어긋나게 보거나 물체의 수평을 다르게 본다. 한번 시험해보자. 멀리 아무 직선 형태의 사물을 찾아서, 한 쪽 눈을 가린 상태에서 손바닥으로 직선의 중간 부분을 가리고 양쪽 직선이 평행하게 보이는지 살펴보자. 흥미롭게도 양쪽 직선은 어긋나 보인다. 하지만 이러한 실제의 불일치는 이성에 의해 조정됨으로써 우리는 논리적으로 당연하게 보고자 하는 방식으로 보게 된다. 세잔은 사물을 반복해서 관찰함으로써 이성적으로 시각이 조정되기 전의 상태를 하나의 화폭에 구현한 것이다.

이 외에도 세잔의 그림에서 이상한 점을 더 찾을 수 있다. 다음 그림을 보자. 무엇이 이상해 보이는가? 테이블 위에 놓여 있는 체리 접시가 뭔가 어색하다. 체리 접시는 테이블의 수평과 어긋나서 마치 체리 접시만을 위에서 따로 보고 그린 듯하다. 즉, 테이블을 앞에서 본 관점과 체리 접시를 위에서 본 관점이 하나의 그림에 동시에 표현된 것이다. 세잔은 왜 의도적으로 관점을 어긋나게 한 것일까? 그것은 그가 진정으로 그리고자 한 것이 화가라는 단일한 관점으로 포착한 인상이 아니라 사물의 본질이었기 때문이다.

이 지점에서 세잔은 인상파와 결별한다. 인상주의가 순간적인 이미지를 빠르게 그릴 때 당연히 전제하는 것은 그림을 그리고 있는 화가의 단일한 시선이다. 사실 인상주의뿐만이 아니다. 기존의 모든 그림은 한 명의 화가의 관점에서 본 1인칭의 세계를 그린다. 이때의 주인공은 화가가

된다. 회화는 화가 중심의 세계인 것이다. 반대로 세잔이 그리고자 한 것은 사물 그 자체의 본질이다. 이때 그림의 주인공은 사물의 본질이 된다. 생각해보면 실제 사물은 관찰자의 시선과 독립해서 존재한다. 따라서 세잔이 생각할 때 그림에 존재하는 화가의 단일한 시선은 그렇게 중요한 요소가 아니었다. 정말 중요한 것은 시간과 공간의 제약에서 벗어난 구성적 측면에서의 사물의 형태였다. 그래서 세잔의 그림에서는 다른 측면에서 관측된 대상들이 동시에 하나의 화폭에 그려지는 것이다.

세잔 〈정물화〉(관점이 어긋나 보인다)

세잔의 이러한 선구적인 작업은 후에 현대 입체파와 추상미술을 탄생하게 함으로써 현대 미술이 시작하는 계기를 마련했다.

근대의 미술을 정리해보자. 근대 미술은 초기와 후기로 나누어진다. 초기의 근대 미술은 객관적 이성을 중시하는 신고전주의와 주관적 감성을 강조하는 낭만주의의 대결로, 전통적인 대립 구도를 충실하게 반영하고 있다.

후기에는 사실주의와 인상주의가 등장하며, 신고전주의와 낭만주의를 모두 비판했다. 특히 고전주의와 낭만주의가 선택했던 소재의 역사성이나 종교성에서 벗어나 일상적이고 현실적인 그림을 그리고자 했던 것이 사실주의와 인상주의의 특징이다. 다만 사실주의가 노동과 민중의 현실이라는 '사실'을 그렸다면, 인상주의는 순간적으로 변화하는 빛의 '인상'을 그리려 했다는 점에서 차이가 있었다. 인상주의는 후기에 이르러 다채롭고 개성 넘치는 천재 화가들을 탄생시키며 실험적인 현대 미술로 넘어가는 다리가 되었다.

<초기 근대>   <근대>

A : 신고전주의(이성) ---> 사실주의(이념)

B : 낭만주의(감성)   ---> 인상주의(감각)

이제 근대 미술을 절대주의와 상대주의 미술로 구분해보자. 신고전주의의 절대적 측면과 낭만주의의 상대적 측면은 각각 사실주의와 인상주의로 이어진다고도 볼 수 있다. 우선 사실주의는 감성을 강조하는 낭만주의의 과장된 화풍을 거부하고 실제 현실을 그리려고 했다는 점에서 절대주의적 측면을 갖는다고 하겠다. 하지만 사실주의가 정치적 이념성을 강하게 내포했고, 이후에 사회주의 체제를 선전하기 위한 수단으로 변화했다는 점에서 중세의 그리스도교 미술처럼 절대주의와 상대주의에 포착되지 않는 논외의 미술 화풍으로 분류하는 것이 타당하겠다. 반면 인상주의는 낭만주의에 대한 거부이긴 하지만, 화가 개인의 주관과 감성을 강조했다는 점에서 상대주의적 미술로 분류할 수 있다.

이를 토대로 지금까지의 미술 흐름을 정리해보자.

```
          (~3C)       (4~13C)      (14~18C)      (18~19C)      (19C)
         〈고대〉     〈중세〉     〈르네상스〉   〈초기 근대〉   〈근대〉
                    (중세 미술)                            (사실주의)

A : 그리스 · 로마 미술 --------- 르네상스 미술 --- 신고전주의
                                        ↘    ↗       ↘
B :                              바로크 --- 낭만주의 --- 인상주의
                                 로코코                 후기 인상주의
```

현대
미술

입체주의와 추상미술

후기 인상주의 이후 20세기가 되면, 실험적이고 독창적인 미술 형식과 예술철학들이 다채롭게 발생했다. 고흐와 고갱의 원색적인 색채와 화가 내면의 강렬한 정신은 각각 야수파와 독일의 표현주의로 이어졌고, 세잔의 사물을 분석하고 하나의 화폭에 두 개 이상의 시점을 담아내는 표현법은 입체파로 계승되었다. 이 외에도 이탈리아의 미래주의, 영미의 다다이즘과 초현실주의까지 현대 미술은 규정하기 어려운 다양하고 독창적인 방법으로 발전해나갔다.

다만 굳이 공통점을 찾는다면, 과거의 전통에 대한 거부와 창조적인 실험 정신을 근간으로 한다는 것이다. 현대 미술을 단순화해서 한마디로 정리하면 '새로움에 대한 강박' 정도가 될 것이다. 그럴 수밖에 없는 것이, 서양 철학이든 미술이든 새로운 분야에 대한 선구적인 개척자만 역사상으로 기억되고 가치를 인정받아왔기 때문이다. 대중이 불편함을 느낄 정도로 예술가들이 새로움에 대한 탐색을 계속하는 이유가 여기에 있다. 새로움에 대한 추구를 기준으로 근현대 미술을 정리하면, 오늘날의 복잡한 현대 미술이 왜 지금의 모습이 되었는지를 쉽게 이해할 수 있다. 자신이 예술가 X라고 가정하고 실제로 한번 상상해보자.

X씨는 지금까지 정당하게 인정받지 못했고, 그로 인해서 어렵게 생계를 유지해가는 젊은 화가 지망생이다. 새롭고 참신한 미술만이 높게 평가받는 예술계의 분위기 속에서 X씨는 어떤 미술로 사람들의 관심을 끌 수 있을까? 우선 X씨가 고전주의 미술 화풍이 사회를 장악하고 있는 초기 근대에 살고 있다고 해보자. 당시의 모든 예술가는 성모나 그리스도, 고대 그리스 신화의 영웅들을 정교하고 아름답게 그려내고 있다. 여기서 어떻게 새로움을 창조할 것인가? 좋은 방법이 있다. 성모나 그리스도나 신화의 영웅들은 나의 외부에 있는 완벽한 존재들이라는 공통점이 있으니, 그와 반대로 나의 내면의 불완전성으로 눈을 돌리면 된다. 자신의 상상이나 감정을 불완전하지만 아름답게 그린다면 사람들의 관심을 끌고 새로운 분야를 개척할 수 있을 것이다. 그래서 X씨는 내면의 격정적인 상태를 표현하는 새로운 양식을 실험해보고, 이를 낭만주의라고 이름 붙였다.

처음 평론가들의 평가는 형편없었다. 점잖지 못하다, 우아하지 않다 등 미술계와 대중의 비난이 쏟아졌다. 하지만 기존 미술에 환멸을 느끼고 대안을 찾고 있던 젊은 화가들은 X씨의 새로운 양식에 환호하고 그를 모방하기 시작했다. 그리고 결국에는 모든 화가가 낭만주의를 흉내 내게 되었다. 더 이상 X씨의 그림과 다른 화가들의 그림에는 차이가 없다. 이제 어디서 새로움을 찾을 것인가?

X씨가 다시 곰곰이 생각해보니, 그렇게 대립하는 것으로 보였던 고전주의와 낭만주의 역시 공통점을 갖고 있었다. 두 사조가 소재로 사용하는 신, 영웅, 상상, 감정 모두 과장되고 비현실적인 측면이 강했던 것이다. 이제 비현실적인 것은 식상하다. 그동안 예술의 대상이 되지 못하고 외면받았던, 지극히 평범하고 일상적인 대상들을 그려보자. X씨는 현실을 있는 그대로 담담하게 그리기 시작했다. 사람들이 평범하게 식사하는 모습이나 화장실 앞에서 멍하니 기다리고 있는 모습, 노을이 지는 모습을 과장 없이 그렸다.

역시 처음에 평론가들은 별 볼 일 없는 그림이며, 심지어 못 그린 그림이라고 혹평했다. 예술이란 일상을 벗어나려는 영혼의 성스러운 날갯짓이라며, 매일 보는 현실을 뭐하러 그렸느냐는 비판도 있었다. 하지만 곧 젊은 화가들은 X씨의 그림에서 새로움을 느끼고 이에 큰 영향을 받았다. 어떤 이들은 사실을 그렸다고 해서 사실주의로, 다른 이들은 순간적인 현실의 이미지를 그렸다고 해서 인상주의로 X씨의 화풍에 이름을 붙여줬다. 그리고 이제는 모든 사람이 일상의 현실을 그림의 소재로 사용하게 되었다. 이제 다시 어디서 새로움을 찾을 것인가?

우리는 방금 고전주의, 낭만주의, 인상주의로 화풍이 필연적으로 변화하는 과정을 살펴보았다. 미술가들은 새로움을 찾기 위해 그림의 대상을 변화시켜왔다. 그림의 대상은 '종교와 영웅'에서 '상상과 주관'으로 그리고 '현실과 인상'으로 변화되었다. 이제 더 이상 새로운 종류의 대상은 없어 보인다. 여기서부터 현대 미술의 고민이 시작된다.

더 이상 새로운 그림 소재는 없다. X씨는 새로운 종류의 대상을 찾는 것을 포기하고 하나의 사물에만 집중하기로 했다. 같은 그림을 그리고 또 그리기를 반복했다. 그러다 보니 그림을 그리는 행위가 매우 제한되어 있음을 깨달았다. 실제의 대상은 3차원의 공간에 놓여 있는데, 그림은 2차원이기 때문에 우리는 그림의 대상을 2차원으로 변환해야 한다. 이때 변환의 기준이 되는 것은 화가의 단일한 시점이다. 화가가 보는 시점으로 사물을 재해석하는 것이다. 그런데 이러한 단일한 시점은 예술에서 필연적인 것일까? 그렇다는 근거는 없다. X씨는 생각이 여기에 미치자, 기존까지 모든 회화가 당연하다고 생각해왔던 화가의 단일한 시점을 포기하고 다양한 시점에서 본 사물의 모습을 2차원의 화폭에 담아내기로 했다. 즉, 앞과 옆과 뒤를 모두 하나의 화폭에 담아낸 그림을 탄생시킨 것이다.

X씨는 엄청난 비난에 직면했다. 미술계와 대중의 충격은 매우 컸다. 그의 그림은 고전주의, 낭만주의, 인상주의가 그나마 유지하고 있던 아름다움의 추구가 전혀 보이지 않았다. 그림은 기괴하고 이해하기 어려웠다. 그래도 X씨의 미술에 대한 새로운 시각에 크게 공감하는 젊은 화가들이 존재했고, X씨로부터 많은 영감을 받게 되었다. 그들은 X씨의 그림이 입체적으로 구성되었다고 해서 입체주의라고 불렀다.

하지만 아무리 충격적이고 놀라운 시도라도 오래되면 익숙해지고 식상해진다. 이제 예술가들은 무엇을 새롭게 추구할 수 있을까? 대상을 해체하기까지 했으니 대상으로 새로움을 만들어낼 수는 없어 보인다. X씨는 고민에 빠졌다. 그러다가 그의 생각은 극단으로 향했다. 대상을 변화시키는 데는 한계가 있다. 차라리 대상을 없애버리자. 사물을 바라보는 단일한 시점을 유지하는 것이 예술의 필수 조건이 아니었던 것처럼, 그림에 반드시 대상이 있어야 한다는 법은 없다. 대상의 존재는 예술의 필수 조건이 아니다. 그래서 X씨는 실재하는 대상도, 상상의 대상도 모두 없애버리고 대상이 없는 그림을 그리기 시작했다. 화폭에는 이제 색과 선과 면들의 유희만이 남았다. 이로써 추상미술이 탄생했다.

새로움의 시도 1

대상 해체
대상 소거

현대 미술에서 입체주의와 추상미술은 매우 중요한 두 사조가 된다. 이들은 새로움에 대한 시도로, 예술의 대상을 새롭게 분석해서 제시하거나, 혹은 아예 제거했다. 이들에 대해서 알아보자.

입체주의 : C

큐비즘이라고도 부르는 입체파는 파리에서 일어난 미술 혁신 운동이다. 후기 인상주의 화가인 세잔이 사물의 기하학적 분석과 다양한 시점의 적용을 도입한 이래로, 이를 계승하고 발전시킨 것이 큐비즘이다. 대표 작가로 피카소가 있다. 그는 어릴 때부터 그림에 대한 소질이 남달랐는데, 10대 후반기에 이미 고전주의 미술 양식에 익숙해 있었다. 그런 까닭에 그가 처음 입체주의 그림을 그렸을 때 주변 사람들은 크게 걱정했다. 다양한 관점의 대상을 하나의 화폭에 담은 결과물은 너무나 기괴했고, 기존의 예술에 대한 관념으로는 이해하기 어려웠기 때문이다.

하지만 결과적으로 피카소는 사람들의 우려와는 달리 새로운 미술 양식을 연 세계적인 예술가로 인정받았다. 그의 대표작으로는 입체파의 시작을 선언하는 작품인 〈아비뇽의 처녀들〉과 〈게르니카〉가 있다. 특히 〈게르니카〉는 자신의 고국 스페인이 내전을 치르고 있던 당시에 나치가 게르니카 지역을 폭격한 사건을 담고 있다. 당시 스페인은 자본주의와 공산주의의 대립이 치열했는데, 자본주의를 옹호하는 우파 프랑코파를 독일과 이탈리아가 지원하고, 공산주의를 옹호하는 좌파 인민전선을 소련이 지지하는 상황이었다. 피카소가 나치의 폭격에 분노한 것은 이념적인 지향성 때문이 아니라, 나치의 폭격이 군인이 아닌 민간인에게 향했다는 점 때문이었다. 흑백으로 그려진 이 그림은 절규하는 사람들과 분절된 신체들이 커다란 화폭에 분산되어 구성됨으로써 전쟁의 참상이 강렬하게 느껴지는 걸작이다.

추상미술 : C

입체주의는 그림의 대상을 분석하고 새롭게 재구성한다는 점에서 획기적이었으나, 어쨌든 특정 대상을 그린다는 점에서는 구상미술의 오랜 전통을 따르고 있었다. 그런데 20세기 무렵 아예 그림의 대상을 그림에서 제거하는 추상미술의 화풍이 탄생했다. 추상미술의 탄생으로, 미술은 이제 구상미술과 추상미술로 구분되었다.

순수추상미술의 시작으로 평가되는 화가는 러시아 출생의 칸딘스키다. 그는 실재하는 대상을 화폭에서 완벽하게 제거하고, 색의 덩어리와 단순한 선과 면으로 시각적 효과를 강조했다. 그는 색이 영혼의 떨림을 준다고 말할 정도로 대상을 제외한 순수한 추상이 인간의 감정에 강력한 영향을 미칠 수 있다고 생각했다.

추상미술은 세계대전 동안은 주춤하다가 1940년대 이후가 되면서 미국에서 추상표현주의로 발전하여 현대 미술을 주도하게 되었다.

칸딘스키 〈노랑 빨강 파랑〉

오늘날의
미술

예술의 주체를 흔들다

우리는 현대 미술의 주요한 두 화풍으로서 입체주의와 추상미술을 살펴보았다. 이 두 회화 양식은 기존 미술 역사의 연장선에 있다고 볼 수 있다. 그 연장선이란 회화의 대상에 대한 변화와 소멸이다. 미술의 역사에서 새로움을 찾는 시도는 언제나 미술의 대상과 관련되어 있었다. 대상의 선택과 표현의 역사가 미술의 역사라 해도 과언이 아니다.

이제 미술은 갈 데까지 갔다. 그림의 대상을 없앴는데, 더 이상 뭐가 남아 있겠나? 하지만 미술의 대상은 사라졌다 해도 현대 미술의 본질인 새로움에 대한 욕망은 남아 있다. 이제 어디에서 새로움을 찾을 것인가? 다시 X씨의 이야기로 돌아가 보자.

X씨의 사회는 모든 화가가 추상미술을 하고 있다. 이제 추상은 더 이상 신선하지 않다. X씨는 새로운 미술을 위한 고민에 빠졌다. 대상이 없

어진 미술계에서 이제 남은 것은 무엇인가? 오랜 생각 끝에 X씨는 깨달 았다. 그림의 대상은 사라졌지만, 아직 그림을 그리는 주체는 남아 있다. X씨는 그동안 미술 작품에서 제외되어 있었던 제작 주체로서의 화가를 작품의 일부로 편입시키기로 했다.

이제 현대 미술은 그동안 작품 밖에 머물고 있던 '작품을 제작하고 있 는 화가'를 예술 작품의 일부로 끌어들인다. 오늘날의 미술은 미술의 주 체를 흔드는 방향으로 나아가고 있는 중이다.

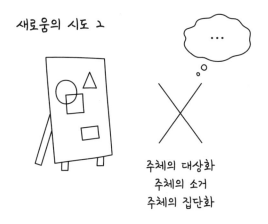

주체의 대상화
주체의 소거
주체의 집단화

주체를 흔드는 방법은 다양하다. 첫 번째 방법은 X씨처럼 '화가의 행 위 자체'를 예술로 규정함으로써 새로움을 추구하는 것이다. 실제로 20 세기 미국의 추상표현주의를 대표하는 잭슨 폴록은 커다란 천을 바닥에 깔고 자신의 주관이 이끄는 대로 공업용 페인트를 흩뿌렸는데, 이후 이 러한 작업 방식은 '액션페인팅'이라 불렸고 행위 자체가 하나의 예술 범위로 평가되었다. 오늘날까지 많은 예술가가 퍼포먼스 형태의 예술을 줄기차게 진행하고 있는 것도 여기에서 기인한다. 미술을 하는 행위를 예술로 포함하는 예술사적 맥락이 크게 작용한 것이다.

잭슨 폴록의 액션페인팅

주체를 흔드는 두 번째 방법은 주체를 아예 없애는 것이다. 이를 '자동기술법' 혹은 '자동묘법'이라고 부른다. 주체를 정말로 아예 없앨 수는 없고, 이성의 통제를 벗어나 무의식적인 무념무상의 상태에서 손이 움직이는 대로 그림을 그리는 방법을 말한다. 독일 출신의 초현실주의자였던 막스 에른스트는 작품 활동 초기에 종이 위에 물감을 짜서 반을 접었다가 펴는 데칼코마니 방법을 사용했는데, 이는 작가의 이성적 의식이 작품에 반영되지 않는 자동기술법에 따른 활동의 하나라고 할 수 있다. 어릴 적 미술시간에 아무 생각 없이 선생님이 시키는 대로 했던 데칼코마니를 통해 우리는 이미 현대 미술의 자동기술법을 체득했던 것이다.

주체를 흔드는 마지막 세 번째 방법은 주체를 집단화하는 것이다. 요즘 미술 전시회에 가보면 예전의 전시회와는 달리 품위 있게 감상할 수 있는 기회가 드물다. 안내하는 사람들이 자꾸만 작품들을 만져보라고 하고, 어디 가서 서 있어보라고 하는 등 감상자가 작품을 경험하고 작품의 일부가 되도록 한다. 미술 작품이 하나의 종교적 성물처럼 모셔지던 과거의 전시회와는 다른 모습이다. 이것은 다수가 작품에 참여하고 그로써 작품을 완성해나가는 과정이다. 오늘날의 예술가들이 이런 프로젝트를 진행하는 것은 예술가라는 주체를 변형하려는 현대 미술의 맥락을 토대로 한다.

현대 미술을 정리해보자. 지금까지 20세기 미술과 최근 예술의 방향성에 대해서 이야기해보았다. 이제 현대 예술가들이 무엇을 하려는지 감이 오는 것 같다. 단정적으로 정리한다면 현대 예술은 '미의 추구'라기보다는 '새로움의 추구'다. 그리고 새로움을 추구하기 위한 방법으로서 우선 예술의 대상을 변화시켰고, 다음으로 예술의 주체를 변화시켰다.

그리고 이 책에서는 다루지 않았지만, 이와 같이 현대 미술에서 대상과 주체가 탐구되는 동안 일부 예술가들과 평론가들은 '예술의 의미'를 탐구하는 독자적인 영역을 개척하기도 했다. 현대 예술의 다양성 속에서 예술의 범위를 어디까지로 볼 것인가에 대해 평론가들과 예술가들이 논평과 퍼포먼스로 그 가능성을 탐구하고 있는 것이다.

이제 앞으로는 현대 미술의 낯선 모습과 마주친다면 당황하지 말고 다음 두 가지만 생각해보면 되겠다. 그러면 현대 미술을 쉽게 이해할 수 있을 것이다.

① "아! 새로운 무엇인가를 시도하려고 노력하고 있구나."
② "예술의 대상, 주체, 의미 중에 무엇을 흔들고 있는 것이지?"

최종 정리

우리는 지금까지 고대, 중세, 르네상스, 초기 근대, 근대, 현대로 이어지는 미술의 역사를 살펴보았다. 미술사에서 큰 흐름은 세 가지로 구분된다. 우선 보편적 이성을 중시하는 절대주의 예술관이 있다. 다음으로 이와 대비되는 주관적 감성을 중시하는 상대주의 예술관이 존재한다. 마지막으로 현대에 이르러 절대주의, 상대주의 예술관을 모두 거부하고 끊임없이 새로움을 추구하는 회의주의 예술관이 있다.

이성과 합리성 그리고 완벽한 이상을 추구하는 절대주의적 입장은 그 기원을 고대 그리스·로마에서 찾는다. 이후에는 종교적 성향이 강했던 중세 그리스도교 미술을 지나 르네상스 미술로 이어졌다. 르네상스 미술은 이후 신고전주의로 이어졌는데, 르네상스나 신고전주의나 모두 고대 그리스·로마의 미술을 이상적인 미술로 상정하고 이를 복구하는 데 주력했다.

이러한 이성주의적 미술에 대한 반발로 개인의 주관과 감성을 중시하고 변화하는 세계를 화폭에 담으려는 상대주의 입장이 나타났다. 르네상스 시기에 등장한 바로크, 로코코 미술은 이성적인 르네상스 미술에 반기를 들고, 유연하고 화려한 미술을 추구했다. 이러한 감성 중심의 미술은 이후 낭만주의로 이어져 화가 내면의 주관성과 표현력을 강조하는 방향으로 나아갔다.

근대에 이르면 낭만주의의 비현실성에 반발하여 삶의 현실을 미술의 대상으로 하는 사실주의가 탄생했고, 동시에 고전주의와 낭만주의의 무거움과 역사성에서 벗어나 순간의 인상을 포착하려는 인상주의가 등장했다. 인상주의는 이후 후기 인상주의의 대표 화가인 세잔에 이르러 미술의 대상을 분석하고 관점을 다양화함으로써 현대 미술이 탄생할 수 있는 길을 열게 되었다.

현대에 이르면 미술은 더 이상 절대주의와 상대주의의 싸움이 아니라, 예전 것들을 파괴하고 새로운 것들을 실험하는 회의주의적 창조의 장으로 바뀐다. 세잔의 예술적 전망을 이어받아 입체파가 등장했고, 입체주의가 대상을 해체함으로써 새로움을 추구했던 방식은 더욱 극단화되어 추상미술이 자리 잡을 수 있는 토대가 되었다.

오늘날에는 예술의 대상에 대한 분석과 해체를 넘어 주체로서의 예술가를 대상화, 소거, 집단화하는 방향으로 예술의 새로운 길이 실험되고 있는 상황이다.

지금까지의 예술의 역사를 정리해보면 다음과 같다.

　　　〈고대〉　　〈중세〉 〈르네상스〉 　〈초기 근대〉　 〈근대〉　　〈현대〉
　　　　　　　　（중세 미술）　　　　　　　　　　 （사실주의）

A : 그리스·로마 미술------ 르네상스 미술-- 신고전주의

B :　　　　　　　　　　　　바로크 ---- 낭만주의 --- 인상주의
　　　　　　　　　　　　　　로코코　　　　　　　후기 인상주의

C :　　　　　　　　　　　　　　　　　　　　　　　 ↘
　　　　　　　　　　　　　　　　　　　　　　　　　　현대 미술
　　　　　　　　　　　　　　　　　　　　　　　　　　┌대상 실험
　　　　　　　　　　　　　　　　　　　　　　　　　　└주체 실험

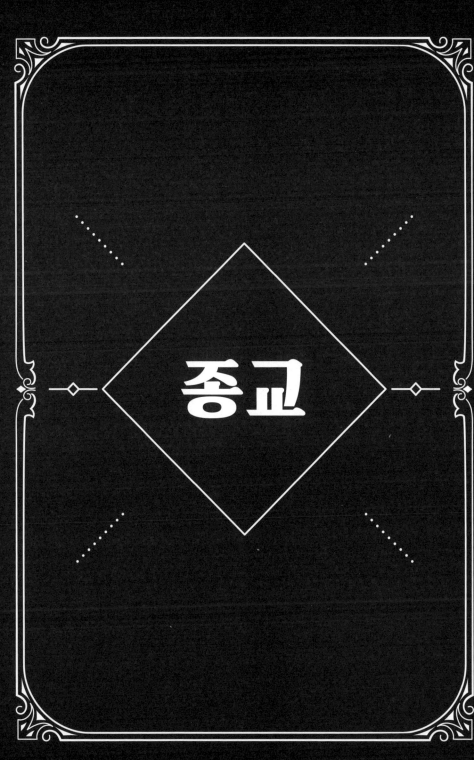

종교

종교라는
진리

인간의 가장 중요한 문제에 대한 직접적인 답변

철학, 과학, 예술은 각자의 영역에서 진리 탐구를 위해 애써왔지만, 일상을 살아가는 보통의 사람들에게 종교만큼 진리라는 용어와 밀접한 분야는 없다. 인간에게 가장 중요한 문제는 내가 어디에서 왔으며, 어떻게 살아야 하고, 결국 어디로 가는가에 대한 질문이기 때문이다. 종교는 그 어떤 학문 분야보다 이에 대한 직접적인 답변을 제시해주었다.

다만 그 답변에 대한 객관적인 근거를 제시할 수 없다는 문제는 종교가 독단적이고 배타적으로 변질될 가능성을 갖게 했다. 하지만 이러한 문제점에도 불구하고 종교는 사람들을 위로하고 그들에게 삶의 방향을 제시해줌으로써 자기 삶의 진리 앞으로 다가서게 했다.

이제 강력한 네 번째 진리의 후보를 만나볼 차례다. 오랜 역사의 시간 동안 인류의 문화와 개인의 삶에 광범위한 영향력을 미쳐온 주요 종교들을 간략히 정리해보려 한다.

종교의
구분

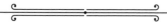

절대적 유일신교와 상대적 다신교

세상에는 수많은 종교가 있다고 하지만, 실제로는 거의 하나의 종교가 세계를 장악하고 있다고 해도 과언이 아니다. 이 종교는 유대교, 그리스도교(가톨릭, 개신교), 이슬람교를 아우르는 《구약》이라는 종교다. 이 《구약》의 종교인 유대교, 그리스도교, 이슬람교를 보통 세계 3대 종교라 부른다. 불교나 힌두교나 유교는 무시하는 거냐고 반발할 수도 있겠으나, 이 세 종교를 3대 종교로 부르는 것은 인구, 지역, 역사의 맥락에서 타당해 보인다. 우선 인구로는 이 세 종교를 믿는 인구가 적게 잡아도 전체 인류의 3분의 2 이상이다. 지역적으로는 아시아 대륙을 제외하고 유럽, 아메리카, 아프리카, 러시아, 호주 대륙 모두를 이들 종교가 차지하고 있다. 근현대 역사를 보아도 마찬가지다. 우리가 아무리 억울하다고 주장해도 세계가 서구 그리스도교 문화권의 역사였던 것은 사실이다. 다만 인구, 지역, 역사의 맥락에서 세계 3대 종교라고 규정한다고 해서, 이것이 이들 종교가 진리에 더 가깝다거나 더 가치 있다는 뜻은 아니다. 규모 면에서 그렇다는 것뿐이다.

전 세계에 막대한 영향력을 미치고 있는 이 3대 종교를 구체적으로 알아보자. 이들은 성서에 대한 입장의 차이로 구분된다. 성서는《구약》과《신약》으로 구분되어 있다.《구약》은 '옛날의 약속' '오래된 증거'라는 뜻으로, 신과 오래전에 맺은 약속을 말한다. 천지 창조부터 아담, 노아, 아브라함, 모세 이후까지의 내용을 다루고 있으며 대체로 기원전 1000년경부터 정리되어왔다.《신약》은 '새로운 약속'이라는 뜻으로, 서기 1세기 무렵에 활동한 예수 그리스도와 그 제자들에 대한 이야기다.

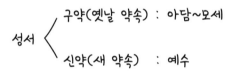

유대교, 그리스도교, 이슬람교는 외적으로는 매우 달라 보이지만, 믿음 체계에서《구약》의 내용을 진리로 받아들인다는 점에서는 동일하다. 세 종교 모두 세상을 6일 만에 창조한 유일신과 홍해를 가른 모세의 이야기를 진실로 받아들이는 것이다. 다만 시간의 격차를 두고 탄생한 예수 그리스도의 행적이 기록되어 있는《신약》에 대해서는 명확한 입장 차이를 보인다.

즉,《구약》과《신약》에 대한 입장에 따라서 세 종교를 구분해볼 수 있는 것이다. 우선 유대교는《구약》을 절대시하지만,《신약》은 인정하지 않는다. 예수의 가치나 지위를 인정하지 않는 것이다. 다음으로 그리스도교는《구약》을 믿고 동시에《신약》을 절대시한다. 예수를 신의 지위에서 이해하려는 것이 그리스도교의 태도다. 마지막으로 이슬람교는《구약》을 절대적으로 믿지만,《신약》을 절대시하지는 않는다. 그렇다고 유대교처럼 예수를 부정하지도 않는다. 예수라는 인물은 여러 예언자들 중 한 명이라고 생각한다. 반면 최종적으로 신이 보낸 인물로서 예언자 무함마드가 남겨준 〈코란〉을 절대시한다.

	구약	신약	
유대교	○	×	
그리스도교	○	○	
이슬람교	○	×	+ α

참고로 말하면 한국에서는 그리스도교의 영향력이 막강한데, 여기서의 그리스도교란 1세기에 나사렛이라는 지역에서 태어난 예수를 메시아인 그리스도로 믿고 따르는 사람들의 무리를 의미한다. 그리스도교를 세분화하면 로마가톨릭, 프로테스탄트, 동방정교회로 구분할 수 있다. 이들은 한국에서 각각 로마가톨릭은 천주교로, 프로테스탄트는 개신교로 번역되었다. 동방정교회도 한국에 유입되었지만 교세가 크지는 않다.

그런데 한국에서는 용어를 번역하면서 언어적으로 혼란이 발생하기도 했다. 개신교를 기독교라는 단어와 동일하게 사용하는 데서 혼란이 발생한 것이다. 한국 사람들은 일반적으로 로마가톨릭과 프로테스탄트를 천주교, 개신교로 구분하는 것이 아니라 천주교, 기독교로 구분한다. 하지만 '기독교'는 원래 '그리스도교'를 번역한 것이므로 천주교, 개신교보다 큰 범주의 단어다.

그리스도교
(기독교)
- 로마가톨릭　　(천주교)
- 프로테스탄트　(개신교)
- 동방정교회

이렇게 보면 유대교, 이슬람교, 천주교, 개신교, 동방정교회 할 것 없이 모두 외형상 차이에도 불구하고 그 뿌리가 동일함을 알 수 있다. 디테일에서의 차이가 어떠하든 이들은 모두 세계를 창조한 인격적 존재로서의 유일신을 믿고, 그에 대한 기록으로서의《구약》을 따르는 것이다.

종교
- 절대적 유일신교 (구약)
　-유대교, 그리스도교, 이슬람교
- 상대적 다신교　(베다)
　-힌두교, 불교, 티베트불교

그래서 일반적으로는 이 공통점을 기준으로 이들 종교를 '구약의 종교' '유일신교' 또는 '아브라함 계열의 종교'라고 부른다. 이 책에서는 이들을 묶어서 '절대적 유일신교'라고 부르려 한다. 지금부터는 절대적 유일신교에 대해 알아본 후에 나머지 반쪽의 세계를 형성하는 '상대적 다신교', 즉《베다》에 뿌리를 두고 있는 종교들에 대해 알아볼 것이다.

절대적
유일신교

유대교, 그리스도교, 이슬람교

유대교

유대교는 유대인의 민족종교를 말한다. 전체 신도 수로 보면 보잘것없는 규모지만, 그리스도교와 이슬람교의 기원이 되는 종교로서 현재까지 존속한다는 측면에서 종교사적으로 매우 중요하다.

일반적으로 유대교는 최초의 유일신 사상으로 평가된다. 교리의 핵심은 크게 두 가지다. 하나는 절대적이고 유일한 신으로서 야훼를 믿는 것이고, 다른 하나는 세상을 구원할 구세주로서 메시아 사상을 따른다는 것이다. 유대교에서는 이 메시아가 아직 오지 않았다고 본다. 반면 메시아가 이미 왔다고 판단하고 분리해서 나온 종교가 그리스도교다.

성서로서는 유대교 성경인 《타나크》를 중시한다. 이 문서가 기독교의 《구약》 성서에 해당하며 〈토라〉, 〈네비임〉, 〈케투팀〉의 세 부분으로 구성되어 있다. 이 세 부분의 앞자를 따서 '타나크'라 부른 것이다. 이 중에서 가장 중요한 부분인 토라는 예언자 모세가 기록한 내용이다. 〈창세기〉, 〈출애굽기〉, 〈레위기〉, 〈민수기〉, 〈신명기〉의 다섯 부분으로 되어 있어서 '모세오경'이라고 부르기도 한다. 〈모세오경〉이 실제로 모세에 의해 기록되었는지에 대해서는 역사적 측면에서는 논란이 있지만, 종교적으로는 모세의 저작으로 믿어지고 있다.

타나크(구약)

┌ 토라(모세오경) : 창세기, 출애굽기, 레위기,
│   민수기, 신명기
├ 네비임   : 예언서
│
└ 케투팀   : 성문서

《타나크》의 내용은 사실 유대 민족의 기원과 역사에 대한 기록이라는 지엽적인 특징을 갖고 있다. 하지만 이후 그리스도교와 이슬람교라는 세계 종교를 탄생시키면서, 결과적으로는 인류에게 가장 영향력 있는 보편의 기록이 되었다.

우리는 《구약》 중에서 창조와 역사에 대한 핵심적인 내용이 담겨 있는 〈창세기〉와 〈출애굽기〉에 대해서 알아보려 한다. 우선 〈창세기〉는 아담에서부터 요셉까지의 이야기다.

아담

〈창세기〉는 절대적 존재로서의 야훼, 하느님이 천지를 창조하는 것으로 시작한다. 야훼는 첫째 날 가장 먼저 빛을 만들고 이어서 낮과 밤을 정했다. 둘째 날 하늘을 만들고 위쪽의 물과 아래쪽의 물을 나누었다. 셋째 날에 아래쪽에 있는 물을 모아서 바다와 땅을 나누고 그 위에 식물이 심어지게 했다. 아직까지는 해와 달이 없는데, 넷째 날이 되어서야 해와 달 그리고 별이 탄생했다. 다섯째 날에는 바다의 생물들과 하늘의 새들이 만들어졌다. 그리고 여섯째 날에 땅의 짐승들이 만들어지고 마지막에 사람이 탄생했다. 일곱째 날에 신께서는 안식을 취하셨다.

야훼는 인간을 자신의 형상대로 창조했는데, 남성인 아담은 흙으로 빚어 만들고 여성인 이브는 아담의 갈비뼈 하나를 취하여 만들었다. 다만 유대 신화에서는 이브 이전에 릴리트라는 여성이 아담과 동시에 창조된 것으로 나온다. 릴리트는 성관계를 중심으로 한 여성 평등을 주장하다가 아담과 갈등을 겪고 결국 홍해로 가서 악마가 된다. 릴리트가 떠나고 혼자 외로워하는 아담을 위해 아담의 갈비뼈로 온순한 이브가 창조되었다는 것이다. 릴리트의 이야기는 이후 바빌로니아와 메소포타미아에 전파되었는데, 성경에서는 사라졌다.

아담과 이브가 첫 번째 가정을 이뤄 태고의 낙원 에덴에 살고 있을 무렵, 이들에게는 반드시 지켜야 할 규율이 하나 있었다. 그것은 야훼께서 금지하신 규율로서, 선악을 구별하게 하는 선악과를 먹지 말아야 한다는 것이었다. 하지만 이브가 뱀의 유혹에 넘어가서 열매를 먹게 되었고, 또한 아담도 이브의 유혹으로 함께 죄를 지음으로써 이들은 행복한 에덴동산에서 쫓겨나는 벌을 받게 되었다.

아담과 이브는 이후에 카인과 아벨을 낳았다. 카인은 농부가 되고 아벨은 양치기가 되었다. 둘은 야훼에게 각자 제물을 바쳤는데, 야훼가 아벨의 것은 받아주고 카인의 것은 받지 않자, 카인은 질투심에 아벨을 살해했다. 이후 카인은 세상을 떠돌았고, 아담과 이브는 세 번째 자녀인 셋을 낳았다.

노아

이후 성경에는 대홍수 이야기가 나온다. 야훼가 홍수 심판을 내린 것은 사람들의 죄 때문이었다. 이때 유일하게 의인이었던 노아와 그 가족만이 심판을 피할 수 있었다. 노아는 신의 말씀에 따라 방주를 짓고 그 안에 가족들과 땅의 모든 생물종 중 암수 한 쌍을 태워 죽음을 면했다. 홍수 기간은 40일이었고, 방주는 물이 빠질 때까지 150일을 기다렸다가 현재 터키에 위치한 아라랏산에 정박했다. 야훼는 이후 다시는 물로 심판하지 않겠다고 약속했고, 그 증표로 무지개를 남겨놓았다.

바벨탑

다음 이야기는 바벨탑에 대한 것이다. 홍수 심판 이후 살아남은 노아의 후손들은 바빌로니아 땅에 정착했다. 이들은 도시를 건축하고 벽돌로 피라미드 형태의 탑을 세우기로 했다. 세계에서 가장 높은 탑을 세워 자긍심을 높이고, 혹시 모를 야훼의 심판을 피하기 위해서였다. 하지만 야훼는 이들의 의도에 노해, 사람들의 언어를 다르게 만들었다. 말이 혼란스러워지자 사람들은 작업을 멈추고 같은 말을 쓰는 사람들끼리 뿔뿔이 흩어져 오늘에 이르렀다.

아브라함

이후 《구약》 성서 전체의 주인공급 인물인 아브라함이 등장한다. 아브라함은 세계 3대 종교인 유대교, 그리스도교, 이슬람교의 공통 조상이다. 처음의 이름은 아브람으로 '존경받는 아버지'라는 뜻이었는데, 야훼는 '여러 민족의 아버지'라는 뜻의 아브라함으로 개명하게 했다. 이슬람교에서는 '이브라힘'이라고 부른다. 이름이야 어떻든 그가 3대 종교의 공통 조상이다.

아브라함은 원래 현재의 이라크 지역인 수메르의 도시 우르에서 다른 신을 섬기며 살고 있었다. 야훼는 그에게 가나안으로 가라고 명했고, 아브라함은 유일신 야훼만을 섬기기로 약속하고 그의 명령에 따랐다. 야훼는 아브라함에게 수많은 자손을 약속했다. 그런데 당시 아브라함의 아내 사라는 아이를 낳지 못했다. 그래서 아브라함은 86세 때 이집트인 여종 하갈을 첩으로 들여 이스마엘을 낳았다. 그리고 100세가 되어 아내 사라에게서 아들 이삭을 얻었다. 나중에 정실부인 사라의 질투와 시기로 여종 하갈과 이스마엘은 사막으로 떠나게 되었다. 장자 이스마엘은 이슬람교의 직계 조상이 되었고, 둘째 아들 이삭은 유대인의 직계 조상이 되었다.

시간이 지나 이삭이 성장했을 때, 야훼는 아브라함의 믿음을 시험하기 위해 그의 소중한 아들인 이삭을 제물로 바치게 했다. 이때 신실한 아브라함은 야훼의 명령에 따라 정말로 이삭을 칼로 내려쳐 죽이려고 했다. 이에 야훼는 아브라함의 믿음을 확인하고는 이삭 대신 옆에 있던 염소를 제물로 바치게 했다. 그리고 아브라함의 자손들이 복받을 것임을 약속했다.

신의 명령에 절대적으로 순종하여 자신의 아들마저도 바치려 한 이 장면은 신에 대한 인간의 믿음을 보여주는 중요한 사건이라고 할 수 있다. 그래서인지 이슬람교에서는 이에 대해 다르게 설명하려고 한다. 이때 제물로 바치려 한 아이가 실은 이삭이 아니라 이슬람교의 직계 조상인 이스마엘이었다는 것이다. 그런데 유대교와 그리스도교가 의도적으로 이야기를 왜곡한 것이라고 설명한다.

야곱

다행히 제물이 되지 않은 이삭은 장성했고, 리브가와 결혼해서 쌍둥이를 낳았다. 형은 에서라고 이름 지었고, 동생은 야곱이라고 이름 지었다. 형 에서는 사냥꾼으로 아버지의 신임을 받았고, 동생 야곱은 어머니 리브가의 총애를 받았다. 에서는 털도 많고 남성스러운 스타일이었고, 야곱은 여성스러웠다.

어느 날 사냥에서 돌아와 배가 고팠던 상남자 에서는 때마침 팥죽을 끓이고 있던 동생 야곱에게 팥죽을 달라고 했다. 야곱은 그 대가로 장자의 권리를 달라고 했다. 장자권을 대수롭지 않게 생각했던 에서는 팥죽의 대가로 장자권을 넘겼다. 여기서 '야곱의 팥죽'이라는 말이 생겼는데, 이는 어리석은 거래의 상황에서 사용되는 말이다.

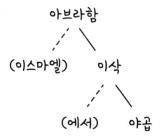

이후 이삭이 늙어, 마지막으로 축복을 내리기 위해 장남 에서를 불렀다. 그런데 아내 리브가는 야곱이 축복을 받게 하고 싶어서 야곱을 에서처럼 꾸미고 이삭에게 가게 했다. 이삭은 눈이 침침했던 까닭에 야곱을 축복해주었다. 나중에 에서가 이 사실을 알아채고 장자권과 축복을 모두 빼앗긴 것에 화가 나서 야곱을 죽이려고 했다. 이에 야곱은 하란 땅의 삼촌 라반의 집으로 도망쳤다.

도망친 야곱은 삼촌 라반의 둘째 딸 라헬과 결혼하기 위해서 그의 집에서 7년간 무임금으로 노동을 했다. 하지만 삼촌 라반은 야곱을 속이고 첫날밤에 첫째 딸 레아를 들여보냈다. 야곱이 이에 항의하자 삼촌 라반은 첫째 딸을 먼저 출가시키는 풍습을 들어 7년을 더 일하는 조건으로 라헬도 함께 야곱에게 주기로 했다. 이후 아내들과 그 전까지 일한 대가인 가축들을 데리고 삼촌의 집에서 도망 나온 야곱은 아버지 이삭의 집으로 향했다. 하지만 형 에서가 아직도 원한을 갖고 자신을 해칠 것이 두려웠다. 그래서 야곱은 먼저 가축과 선물을 보내고, 다음으로 아내와 자식들을 보냈다. 야곱은 홀로 남아 있다가 우연히 어떤 이와 밤새 씨름을 하게 되었는데, 날이 샐 때까지 끈질기게 그를 놓아주지 않자 그는 야곱에게 복을 주기로 약속하고 이스라엘이라는 이름을 지어주었다. 이스라엘은 '신과 겨루다'라는 의미로, 이후 이스라엘 민족의 명칭이 된다. 이스라엘로 개명한 야곱은 아버지의 집으로 향했고 그곳에서 형 에서는 야곱을 반갑게 맞아주었다.

요셉

야곱은 열두 명의 아들을 두었다. 그중에서 열한 번째 아들인 요셉을 가장 사랑했다. 어느 날 요셉은 자신이 왕이 되는 꿈을 꾸었다. 꿈 이야기를 형제들에게 하자, 형제들은 안 그래도 아버지의 편애를 받는 요셉을 시기해서 그를 죽이려고 했다. 형제들은 요셉을 구덩이에 던져 넣은 다음 지나가던 상인들에게 요셉을 노예로 팔아버렸다. 이집트로 팔려간 요셉은 어느 고관의 종이 되었는데, 주인 아내의 유혹을 거절했다가 감옥에 갇히고 말았다. 요셉은 감옥에서 꿈을 풀이하는 재능을 인정받고 파라오의 꿈을 해석하는 일을 맡게 되었다. 그곳에서도 능력을 인정받은 요셉은 총리대신에 올랐고, 나라의 풍년과 흉년을 예측하여 이집트를 재난에서 구해내었다.

이후 요셉은 자신의 고향에 흉년이 들었고, 이 때문에 형들이 이집트로 곡식을 사러 왔다는 것을 알게 되었다. 요셉은 자신을 알아보지 못하는 형들이 과거 자신들의 잘못을 뉘우치고 있는지 시험했고, 결국은 이들을 용서해주었다. 그리고 아버지 야곱을 이집트로 데려와 풍성하게 대접하고 살 곳도 마련해주었다. 야곱과 요셉의 자손들은 이집트에 정착해서 살아가게 되었다.

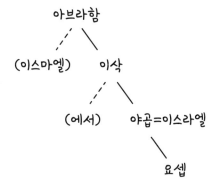

여기까지가 〈창세기〉의 내용이다. 〈창세기〉는 천지 창조로 시작해서 아담과 이브의 타락, 대홍수와 바벨탑의 재난, 그리고 아브라함, 이삭, 야곱, 요셉에 이르는 가족사로 구성되어 있다.

〈창세기〉 다음의 〈출애굽기〉는 이집트에서 노예가 되어 있는 이스라엘 민족의 이야기로부터 시작된다. 야곱과 요셉이 이집트에 정착한 후 어떤 사건들을 거쳐 그 후손들이 노예의 상태가 되었는지는 충분하게 설명되어 있지 않다. 성경에는 세월이 많이 지나, 이집트의 유능한 총리였던 요셉에 대해 알지 못하는 왕이 집권을 했고, 당시 이집트에 이스라엘 민족이 기하급수적으로 늘어나면서 이를 우려한 왕이 이스라엘 민족에게 강제 노역을 시켰다고만 간략하게 기록하고 있다.

〈출애굽기〉의 원래 제목은 엑소더스(Exodus)로, 번역하면 '탈출기' 정도가 된다. 출애굽에서 애굽이 이집트를 의미하므로 '이집트를 나옴' 정도가 될 것이다. 말 그대로 이스라엘 민족이 이집트에서 탈출하는 내용을 담고 있다.

모세

〈출애굽기〉의 주인공은 이스라엘 민족과 모세다. 모세가 태어나던 당시의 이집트에서 이스라엘 민족은 이미 노예화되어 있었지만 인구는 매우 급격히 증가하고 있었다. 파라오는 이것이 이집트의 골칫거리라 생각했고, 이에 따라 유대인의 출산을 억제하는 정책을 폈다. 여자아이들은 살려두고, 남자아이들은 태어나자마자 강물에 익사시키도록 한 것이다. 이러한 억압적인 분위기 속에서 모세가 태어났다. 모세의 어머니와 누이는 모세를 살리기 위해 바구니에 송진을 바르고 그 속에 아이를 넣어서 강가에 두었다. 그런데 우연히 파라오 딸의 눈에 띄어서 모세는 궁궐에서

자라게 되었다. 청년이 되면서 모세는 자신이 이스라엘 민족이라는 정체성을 갖게 되었다. 같은 민족이 억압받는 모습에 그는 괴로워했다. 그러던 중 모세는 이집트 감독관을 죽이는 사건에 휘말렸고, 이에 대한 처벌을 피해 광야로 몸을 숨겼다. 그곳에서 토착 민족인 미디안족을 만났고, 사제이자 족장인 지도자의 딸과 결혼하여 40년간 종교 지도자로서의 소양을 갖추었다.

80세가 되던 해에 모세는 시나이산에 올랐다가, 불붙은 관목의 모습으로 나타난 유일신 야훼를 만나게 되었다. 그리고 그의 명령에 따라 이스라엘 민족을 해방시키기 위해 이집트로 돌아갔다. 모세는 파라오를 만나서 이스라엘 민족을 풀어줄 것을 요구했다. 하지만 파라오는 이를 허가하지 않았다. 모세는 열 가지 재앙이 이집트를 덮칠 것이라 경고했다. 얼마 후 나일강이 피로 물들었다. 이어서 수많은 개구리와 이, 파리 떼, 메뚜기 떼가 도시를 덮쳤고, 우박이 내리고 3일 동안 어둠이 찾아왔다. 결국 파라오는 이스라엘 민족이 이집트를 떠나는 것을 허가했다. 하지만 파라오는 곧 마음을 바꾸었다. 그는 군대를 보내 이스라엘 민족을 추격하게 했다. 쫓기는 상황에서 모세의 무리는 홍해에 도착했다. 바다에 막히자 모세는 기적을 일으켰다. 홍해를 갈라서 이스라엘 민족이 지나갈 수 있게 한 것이다. 이후 이집트군이 갈라진 홍해를 지날 때, 다시 홍해를 닫히게 하여 이들을 모두 수장했다. 기적 이후, 모세는 물과 먹을 것이 부족해서 불만 가득한 이스라엘 민족을 데리고 광야에서 40년간

방랑하게 되었다.

　방랑을 시작한 지 3개월 정도 되었을 때, 모세는 다시 시나이산에 올랐다. 그곳에서 야훼로부터 열 가지 계명을 받았다. 이를 십계명 또는 모세율법이라 한다. 십계명은 신이 직접 돌에 새겨주었는데, 이 석판은 곧 모세에 의해 깨뜨려졌다. 모세가 시나이산에 올라가 있는 동안 이스라엘 민족이 황금으로 송아지를 만들어 숭배하고 있었고, 이를 본 모세가 화가 나 석판을 깨버린 것이다. 이후 모세는 야훼로부터 다시 율법을 받아 왔다. 십계명의 내용은 다음과 같다. ①다른 신을 섬기지 말라. ②우상숭배 말라. ③신의 이름을 부르지 말라. ④안식일을 지키라. ⑤부모를 공경하라. ⑥살인하지 말라. ⑦간음하지 말라. ⑧도둑질하지 말라. ⑨거짓 증언하지 말라. ⑩남의 것을 탐하지 말라. 이 열 가지 율법은 이후 유대교와 그리스도교, 이슬람교에 매우 중요한 규율로 지금까지도 지켜지고 있다.

　지금까지 〈토라〉 혹은 〈모세오경〉 중에서 〈창세기〉와 〈출애굽기〉의 내용을 알아보았다. 나머지 부분인 〈레위기〉, 〈민수기〉, 〈신명기〉는 앞의 내용과는 달리 역사적인 사건에 대한 서사가 아니라 율법에 대한 세부 내용, 광야에서의 여정, 모세의 마지막 가르침 등이 기록되어 있다. 분명한 것은 이 유대 민족의 역사적, 종교적 기록이 그리스도교와 이슬람교의 근간이 되었다는 점이다. 이제《구약》의 세계관 위에서 탄생한 그리스도교에 대해 알아볼 차례다.

그리스도교

유대 신앙의 핵심을 이루는 메시아 사상은 유대인에게는 아직 실현되지 않은 약속이다. 그들에게 세상을 구원할 존재는 아직 도착하지 않았다. 반면 그리스도교인은 세상을 구원할 메시아로서 예수 그리스도가 이미 2천 년 전에 세상에 왔다고 생각한다. 그리스도교의 뿌리는 유대교에 있지만, 이 지점에서 유대교와 갈라지는 것이다.

그리스도교는 다음과 같이 정의할 수 있다.《구약》과《신약》성서를 근간으로 하고, 유일신 야훼와 메시아로서의 예수를 믿는 종교. 이러한 정의를 공통분모로 로마가톨릭, 프로테스탄트, 동방정교회가 세부적인 교리 차이에 따라 구분된다.

그리스도교 믿음의 근간을 이루는《신약》성서는 예수 그리스도의 삶과 그 제자들의 행적에 대한 27권의 문서들을 묶은 것이다. 복음서 네 편, 제자들인 사도의 행적이 한 편, 그 밖에 사도들의 여러 편지들, 그리고 마지막으로 요한의 예언서로 구성되어 있다.

네 편의 복음서의 기록자가 누구인지에 대해서는 논란이 있지만, 일반적으로는 그리스도의 직제자인 네 명의 사도가 작성한 것으로 본다. 한국에서는 가톨릭과 개신교에서 부르는 명칭이 조금씩 다르다. 가톨릭은 '마태오 복음서' '마르코 복음서' '루카 복음서' '요한 복음서'라고 부르고, 개신교에서는 '마태복음' '마가복음' '누가복음' '요한복음'이라고

부른다. 어떻게 부르든 예수 그리스도의 삶, 행적, 말씀을 기록한 그리스
도교 사상의 근간을 이룬다는 점에서 그 가치는 변하지 않는다.

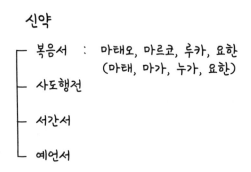

예수 그리스도

《신약》 성서의 핵심이 되는 존재로, 그리스도교뿐만이 아니라 유대교와
이슬람교에서도 언급된다. 유대교에서는 유일신 야훼만을 인정하기 때
문에 신의 아들로서의 예수를 인정하지 않았다. 따라서 그리스도교가
탄생한 초기에는 이들을 이단으로 규정하고 탄압했다. 다만 오늘날에
이르러서는 예수를 야훼의 뜻을 전하러 온 수많은 예언자 중 하나로 인
식한다. 이슬람교에서는 유대교보다 높은 지위를 부여한다. 다만 유대
교와 동일하게 예수를 신이나 신의 아들로 평가하지는 않는다. 가장 위
대한 예언자 무함마드가 등장하기 전에 있었던 아브라함, 모세와 같은
위대한 예언자 중 한 명으로 평가할 뿐이다.

예수 그리스도의 탄생은 기원전과 기원후의 기준이 되므로 원래는 서기 1년, 1세기에 태어나야 했으나, 실제 탄생 연도에 대해서는 논란이 많다. 대략 기원전 4년 전후로 태어났을 것으로 추측된다. 《신약》 성서에 따르면 동정녀 마리아가 천사 가브리엘로부터 예수를 회임할 것을 고지받는다. 이를 '수태고지'라고 한다. 마리아는 이를 약혼자 요셉에게 말했다. 그런데 여기서의 요셉은 《구약》에서 야곱의 아들 요셉이 아니다. 유대 문화 안에서 요셉은 흔한 이름으로, '하느님께서 더하실 것'이라는 의미를 가졌다. 어쨌거나 요셉은 심적인 갈등을 겪었다. 하지만 가브리엘이 꿈속에 나타나 계시를 내리고, 요셉은 이를 통해 마음의 갈등을 극복하고 마리아와 결혼했다. 목수 요셉과 마리아는 베들레헴으로 호적 등록차 여행을 떠났다가 마구간에서 예수를 낳았다.

예수는 출생 후에 어머니 마리아, 아버지 요셉과 함께 나사렛에서 성인이 될 때까지 살았다. 그래서 나사렛 예수라고 불리게 되었다. 어린 시절의 기록은 많지 않은데, 아버지 요셉을 도와 목수 일을 했던 것으로 보인다. 다만 당시에 목수는 변변치 않은 직업이었다. 예수가 회당에서 예배를 주도하며 자신이 고통받는 민중과 함께할 메시아라고 말하자, 몇몇 사람들이 예수를 목수 요셉의 아들이라며 대수롭지 않게 반응하는 장면이 복음서에 기록되어 있다.

더 나이가 들어서는 출가를 했다. 예수는 광야에서 40일간 금식을 하기 전에, 강물로 세례를 하는 세례자 요한을 찾아갔다. 요한은 당시 그리스도가 나타날 것을 예언하며 다니는 사람으로 유명했는데, 예수가 그를 찾아오자 오히려 자신이 세례를 받아야 할 사람이라고 말했다고 전해진다. 예수는 광야에서의 고행 기간 동안 사탄을 만나 유혹과 시험을 당했지만 이를 물리쳤다. 이후 가난한 제자들과 함께 복음을 전하고 기적을 행했다. 언덕 위에서 많은 사람을 모아놓고 도덕과 믿음에 대해서 설교한 '산상수훈'과, 다섯 개의 보리떡과 두 마리의 물고기로 5천 명을 배불리 먹인 '오병이어의 기적'이 대표적이다.

많은 유대인이 예수를 메시아로 믿고 따랐지만, 유대인 율법학자들은 예수를 위험인물로 생각했다. 그래서 예수의 제자 유다와 말을 맞추고 예수를 제거하기로 했다. 예수가 제자들과 함께 예루살렘에 도착했을 때 많은 민중이 그들을 환영했다. 예수와 제자들이 마지막 만찬식을 진행할 때 예수는 자신의 죽음이 가까워졌음을 알고 제자들 중 한 명이 자신을 팔아넘길 것이라고 말했다. 만찬을 마치기 전, 유다는 유대교 제사장들에게 가서 예수의 위치를 알렸다. 만찬이 끝나고 예수와 제자들이 겟세마네동산에서 기도하고 있을 때 유다가 군인들을 데리고 왔고, 누가 예수인지를 알리는 신호로 예수에게 입맞춤을 했다.

빌라도는 로마에서 파견된 유대 총독이었다. 당시 유대 민족은 로마의 통치하에 있었기 때문에 로마가 치안을 담당하고 있었다. 유대 제사장들의 고발로 예수 그리스도가 빌라도 앞에 서게 되었을 때, 빌라도는 그에게 죄가 없음을 알고 있었다. 다만 그는 로마인으로서 유대인들 간의 문제에 깊게 관여하고 싶어 하지 않았다. 때마침 축제일이었고, 축제일에는 죄수 한 사람을 특별 사면하는 관습이 있었던지라 빌라도는 예수와 강도 바라바 중에 한 명을 선택할 것을 유대인에게 미루었다. 유대인은 바라바의 사면을 원했고, 이에 따라 예수 그리스도는 십자가형에 처해졌다.

십자가형은 로마가 점령지의 민족들을 처벌하는 방식이었다. 자신이 처형될 십자가의 가로대를 처형장까지 짊어지고 올라가게 한 후, 가로대의 양쪽 끝에 손목을 못으로 박아 고정하고, 세로대에 다리를 포개어 뒤꿈치를 못으로 박아 고정한 다음에, 수시간을 매달아놓아 죽게 만드는 형벌이었다. 일반적으로 횡격막의 압박에 의한 질식이나 탈수가 사망의 원인이라고 알려져 있다.

예수 그리스도의 죽음은 그리스도교에서 속죄와 구원의 의미를 갖는다. 죄 없는 이가 대신 희생됨으로써 인류는 죄에 대한 대가를 치르고, 이를 통해 다시 신과 관계 맺을 수 있게 되었다는 것이다.

십자가에서 내려진 예수의 시신은 당시의 관습대로 동굴 속에 보관되었다. 하지만 장사를 치른 지 사흘 만에 예수의 시신은 사라졌으며, 부활하여 막달라 마리아를 시작으로 제자들에게 모습을 나타내었다. 이후 예수는 올리브산에서 승천했다.

예수의 희생과 부활은 이후 그리스도교인의 종교적 신념의 구심점이 되었다.

이슬람교

한국에는 이슬람교가 잘 알려지지 않았지만, 세계적으로는 규모 면에서 그리스도교에 이어 두 번째로 큰 종교다. 그리스도교를 가톨릭과 개신교, 동방정교회로 따로 구분해서 비교한다면, 이슬람교는 단일 종교로서 신도가 가장 많다. 대략 세계 인구의 4분의 1이 신자라고 추정된다. 한국인에게는 중동의 종교로 알려져 있지만, 북아프리카와 아라비아반도 그리고 러시아 일부 지역과 파키스탄, 인도, 인도네시아, 중국까지 분포되어 있다. 이슬람교 신도를 부르는 명칭이 있는데, 남성은 '무슬림'이고 여성은 '무슬리마'다.

이슬람 신앙의 핵심은 두 가지를 믿는 것이다. 첫 번째는《구약》의 절대적 창조주인 하느님을 유일신으로 믿는 것이고, 두 번째는 예언자 무함마드를 하느님의 사도로 인정하는 것이다. 이를 무슬림들은 신앙고백으로서 '샤하다'라고 한다. 일반적으로 무슬림들은 '알라신'을 믿는다고 알려져 있는데, 알라의 의미 자체가 유일신을 의미하는 것으로, 특별한 신의 이름이 아니다. 특히 한국 이슬람교는 개신교와 마찬가지로 신을 '하나님'이라고 표기한다. 하느님, 하나님, 야훼, 여호와, 알라는 특정한 이름이 아니라《구약》성서에 등장하는 아브라함의 야훼와 동일한 존재로, 그저 유일신을 말한다. 어떤 명칭이 맞느냐를 두고 다투는 건 신의 입장에서는 어리석은 일일지 모른다.

이슬람의 신앙고백(샤하다)

1. 하느님 외에 신은 없다.

2. 무함마드는 하느님의 사자다.

이슬람교의 핵심 인물은 예언자 무함마드로, 한국에서는 마호메트라고도 부른다. 무함마드가 유일신 알라의 계시를 받아 작성한 경전이 〈코란〉이며, 이슬람 교리의 핵심을 이룬다. 이슬람의 신앙에 따르면 유일신 알라는 인간을 처음 만들 때 유일신을 믿게 했다. 하지만 인간은 이를 계속 잊어버린다는 것이다. 그래서 유일신 알라는 이를 기억하게 하기 위해서 인간에게 예언자와 선지자들을 지속적으로 보내주었다. 〈코란〉에 기록된 대표적인 예언자는 25명이다. 그중 아담, 노아, 아브라함, 모세, 예수, 무함마드가 가장 중요한 위치를 차지한다. 특히 예언자 무함마드는 알라가 보낸 마지막 예언자로서, 최후의 심판이 있기 전까지 더 이상의 예언자는 없다고 한다.

그런 면에서 그리스도교와 이슬람교의 근본적 차이는 각각이 갖고 있는 예수 그리스도와 예언자 무함마드의 지위에 대한 차이에 있다고 하겠다. 우선 예수에 대해서는 그리스도교의 경우 하느님의 유일한 아들로 하느님과 동일시되는 반면, 이슬람교에서는 무함마드 전까지의 예언자 중에서는 가장 위대한 인물이지만 하느님과 동일한 존재는 아닌, 다만 선지자일 뿐이다. 특히 〈코란〉에는 예수의 십자가 처형에 대해서 기록되어 있는데, 흥미로운 점은 실제로 처형당한 인물이 예수가 아닌, 예수를 대제사장들에게 팔아넘긴 유다라고 기록되어 있다는 점이다. 유일신 알라께서 가장 사랑하는 선지자로서의 예수를 희생시켰을 리가 없다는 것이다. 다음으로 예언자 무함마드에 대한 입장에도 차이가 있다. 그리스도교는《신약》성서까지 믿는 까닭에 6세기에 태어난 예언자 무함마드에 대한 특별한 언급은 없다. 반면 이슬람교에서의 무함마드는 최후의 예언자이자 가장 중요한 선지자가 된다.

예언자 무함마드

어쩐지 예언자 무함마드라고 하면 딱히 떠오르는 모습이 없다. 예수 그리스도라고 하면 오늘날 논란의 여지가 있으나, 보통 윤기 나는 갈색의 긴 곱슬머리에 잘생긴 백인의 얼굴을 떠올린다. 하지만 예언자 무함마드에 대해서는 어떤 이미지도 떠오르지 않는다. 이것은 매우 정상적인 현상으로, 이슬람교에서는 신성한 두 존재인 알라와 무함마드를 이미지로 그리는 것을 불경하게 생각했다. 그래서 우리의 기억 속에 없는 것이다. 드물게 남아 있는 무함마드의 그림에서도 그의 얼굴은 하얀 천을 뒤집어쓴 것처럼 빈 부분으로 남아 있다.

무함마드의 모습을 묘사하지 않는 것에 더해서, 이슬람교에서는 우상을 숭배하지 말라는《구약》의 말씀에 따라 성전에 어떤 상징물도 만들어놓지 않았다. 그리스도교에서 그나마 십자가를 사용하는 것과는 달리 이슬람교에서는 철저히 상징물을 거부한다. 그래서 발달한 미술이

기하학적 무늬가 끝없이 반복되는 아라베스크 양식이다. 이슬람 사원에 들어가면 아무것도 없고 다만 벽과 기둥에 화려한 아라베스크 문양만이 보인다.

　어떤 모습일지 상상할 수 없는 예언자 무함마드는 6세기 말인 570년, 지금의 사우디아라비아의 메카에서 태어났다. 그는 쿠라이시족의 명문 가문인 하심 가문에서 태어났는데, 쿠라이시족은 당시 메카의 지배 부족이었으며 아브라함의 아들인 이스마엘의 자손이라고 알려져 있었다. 전설에 의하면 아브라함을 떠난 이스마엘과 그의 어머니인 여종 하갈이 메카에 정착했다. 그리고 나중에는 아브라함이 이곳에 와서 신전을 세웠다고도 전해진다.

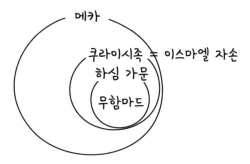

　무함마드는 메카에서 태어나고 자랐다. 어릴 적에 아버지와 어머니가 죽고, 할아버지와 숙부의 손에 키워졌다. 젊어서는 평범하게 양치기를 하며 지냈는데, 우연히 부유한 미망인 카디자에게 고용되었다가 무함마드의 성품에 반한 그녀의 청혼으로 결혼하게 되었다. 당시 무함마드의 나이는 25세였고, 카디자는 40세였다.

결혼 이후에는 생활에 여유가 생겼지만, 그는 세속적인 생활을 멀리하고 메카 교외의 산속 동굴에 들어가 깊은 명상에 잠겼다. 오랜 기간의 수행 생활이 지나고 그가 40세 무렵이 되었을 때, 무함마드에게 천사 가브리엘이 찾아왔다. 천사는 빈 종이 한 장을 들고 와서는 무함마드에게 '읽으라'라고 말했다. 무함마드가 무엇을 읽으라는 것이냐고 묻자, 천사는 그를 포옹한 후에 다시 읽으라고 말했다. 무함마드가 다시 물었고 천사는 읽으라고 되풀이하다가 하느님의 말씀을 전했다. 이슬람 경전 〈코란〉은 '읽어야 하는 것'이란 뜻인데, 그 기원이 여기에 있다. 알라의 계시는 첫 말씀이 있던 610년에 시작해서 무함마드가 죽은 632년까지 22년간 계속되었다.

처음에는 자신이 미친 것은 아닌지 스스로 의심했던 무함마드는 여러 차례의 계시를 통해 점차 알라 외의 신은 없다는 유일신 사상을 견지하게 되었고, 신의 사자로서 신념을 갖게 되었다. 하지만 메카에서의 포교 활동은 쉽지 않았다. 그것은 당시 메카가 상업의 중심지이자 모든 문화의 용광로여서 무수히 많은 신이 공존하는 다신교 문화였기 때문이다. 동시에 메카는 점차 문화적 혼란과 빈부격차가 극심해지고 있었다.

무함마드는 처음 포교를 시작할 때 경제적으로 어려운 사람들을 대상으로 했고, 점차 세력을 넓혀갔다. 하지만 세력이 넓어짐에 따라 종교적 박해도 심해졌다. 결국 622년에 70여 명의 사람들을 이끌고 메카를 탈출하여, 북쪽의 메디나로 떠났다. 이슬람교에서는 무함마드가 메디나에 도착한 날인 622년 9월 20일을 매우 중요한 날로 생각하며, 이를 '헤지라'라고 부른다. 이슬람교는 헤지라를 계기로 메카에서의 혈연 중심의 사적인 신앙 단계를 벗어나 공적인 측면에서의 교단과 이슬람 공동체를 형성하는 기반을 마련했다. 그래서 이 해가 이슬람 달력의 원년이 된다.

이후 무함마드의 이슬람 세력이 장악한 메디나와 전통적인 다신교 문화를 바탕으로 하는 메카의 전투가 발발했다. 여러 차례의 공방을 거쳐 결국 630년에 무함마드의 군대는 메카에 입성했다. 입성 직후 무함마드는 가장 먼저 신전에 안치된 무수히 많은 우상을 부수었다. 메카 점령 이후 주변 부족들은 점차 이슬람으로 개종했다. 2년 후 건강이 악화된 무함마드는 애첩 아이샤의 무릎에서 숨을 거두었다.

중간 정리

지금까지 절대적 유일신을 믿는 종교로서 유대교, 그리스도교, 이슬람
교를 알아보았다. 역사적, 문화적 측면에서 인류에게 광범위한 영향력
을 행사해온 이 거대 종교들은 각각 다른 종류의 유일신을 믿는 것이 아
니라 놀랍게도 《구약》 성서에 등장하는 이스라엘 민족의 유일신을 동일
하게 믿고 있었다. 그 이름에서 야훼, 하느님, 알라라고 다르게 표현되지
만, 본질은 세계와 인간을 창조한 단일 존재로서의 유일신이었던 것이
다. 따라서 일반적으로 '아브라함 계열의 종교'로 부르는 이 세 종교를
'절대적 유일신교'라고 부르는 것이 타당해 보인다.

다만 세 종교의 차이점은 《구약》 이후에 등장한 인물들에 대한 견해
와 해석의 차이라고 할 수 있었다. 유대교는 《구약》 이후의 인물들인 예
수와 예언자 무함마드를 인정하지 않고, 그리스도교는 예수 그리스도만
을 인정하며, 이슬람교는 예수를 한 명의 예언자로만 규정하고 마지막

예언자로 무함마드를 가장 중요시한다.

　이제부터는 같은 뿌리를 갖는 절대적 유일신교와는 근본적으로 다른 종류의 종교를 알아보자. 구체적으로는 힌두교, 불교, 티베트불교를 알아볼 것이다. 이들을 편의상 '상대적 다신교'라고 부르려 한다.

종교　┌─　절대적 유일신교 (구약)
　　　│　　ー유대교, 그리스도교, 이슬람교
　　　│
　　　└─　상대적 다신교 (베다)
　　　　　　ー힌두교, 불교, 티베트불교

상대적
다신교

힌두교, 불교, 티베트불교

비교적 서구 사회를 중심으로 발전해온 절대적 유일신교와는 달리 지금부터 이야기할 상대적 다신교는 인도를 중심으로 발전하여 아시아 지역에 깊은 영향을 미쳤다. 이 지역의 종교는 가장 근원적인 뿌리로서 《베다》를 기원으로 한다. 《베다》는 구전되어 전해오던 내용을 지금으로부터 3,500년 전에 신성한 언어인 산스크리트어로 종합한 문서다.

《베다(Vedas)》는 '지식', '지혜'를 뜻하는 말로, 신화, 종교, 철학, 제의, 생활과 관련된 방대한 내용을 담고 있다. 구성 면에서 시간적 흐름을 따른다거나 논리적 체계를 갖는 것이 아니기 때문에 다양한 방식으로 구분된다. 여러 구분 방법 중에서 내용에 따라 〈상히타〉, 〈브라흐마나〉, 〈아라니아카〉, 〈우파니샤드〉의 네 부분으로 구분하는 것이 대표적이다. 이 중에서 앞의 세 가지는 신에 대한 찬가와 기도문, 의식, 제례, 교육에 대한 내용을 담고 있다.

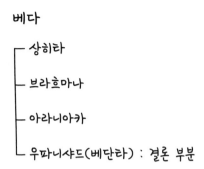

베다

- 상히타
- 브라흐마나
- 아라니아카
- 우파니샤드(베단타) : 결론 부분

《베다》의 마지막 부분인 우파니샤드는 우주의 원리에 대한 심오한 사상을 담고 있는 철학서로서 《베다》 중에서 가장 중요하게 여겨지며, '베다의 궁극적 끝'이라는 의미에서 베단타(Vedanta)라고 부른다.

이 고대의 문서들은 신이 직접 말해준 내용과 인간인 스승이 전해준 내용이 섞여 있다. 신이 직접 말해준 것은 '들은 것'이라는 뜻의 슈르티 라고 하고, 스승이 전해준 내용은 '기억된 것'이라는 뜻의 스므리티라고 한다. 〈우파니샤드〉의 경우 신이 말해준 슈르티에 해당한다.

신이 말해준 이 비밀스러운 지식은 이후 스승으로부터 제자에게로 전승되어 내려왔는데, 스승의 가까이에 앉아서 직접적으로 전해 듣는 지식이라는 의미로 우파니샤드라는 이름이 지어졌다. 우파니샤드라는 말 자체가 '가까이 앉다'라는 뜻이다.

간략하게 〈우파니샤드〉의 핵심 사상에 대해서 알아보자. 이를 이해하 기 위해서는 두 가지를 구분해서 생각해야 한다. 그것은 우주와 자아다.

우선 〈우파니샤드〉에서는 우주를 '브라흐만'이라고 부르며, 이는 우주의 궁극적 원리이자 실체를 의미한다. 쉽게 말해서 물질과 정신을 포함한 세계 전체다. 서구의 관점에서는 하느님과 우주 전체 정도가 되겠다.

다음으로 자아는 '아트만'이다. 다만 여기서의 아트만은 개인의 신체나 지금 가지고 있는 마음, 정신과는 다르다. 나의 신체, 마음, 정신은 항상 변화하는 불완전한 것이다. 이러한 자아 말고, 자아의 궁극적 실체를 아트만이라고 한다. 쉽게 생각하면 불변하는 영혼 정도가 되겠다. 아트만은 죽거나 파괴되지 않아서, 신체가 죽어도 사라지지 않고 곧바로 다른 신체로 이동해 생명력을 유지한다. 이처럼 아트만이 헌 옷을 버리고 새 옷을 입듯 새로운 신체로 끊임없이 옮겨 다니는 것을 삼사라, 번역해서 윤회라고 한다. 윤회가 멈추는 것이 해탈이다. 이러한 내용은 어디서 많이 본 듯하다. 불교에서의 윤회를 말하는 것이 아닌가? 사실 일반적으로 알려져 있는, 불변하는 자아가 끝없이 윤회한다는 생각은 불교가 아니라 〈우파니샤드〉의 내용이다. 불교에서는 반대로 불변하는 존재로서의 자아인 아트만을 인정하지 않는다. 이렇듯 불변하는 자아를 부정하는 불교의 관점을 무아론(無我論)이라 한다.

브라흐만과 아트만은 우주의 궁극적인 두 원리다. 그런데 〈우파니샤드〉의 궁극적인 가르침은 질적으로 달라 보이는 브라흐만과 아트만이 사실은 하나라는 것이다. 이를 '범아일여(梵我一如)' 사상이라고 하는데, 여기서의 '범'은 브라흐만을, '아'는 아트만을 한자어로 옮긴 것이다.

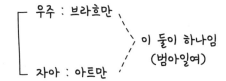

우파니샤드의 핵심 개념

우주 : 브라흐만
자아 : 아트만
이 둘이 하나임
(범아일여)

개인이 무한한 윤회를 끝내고 해탈에 이르기 위해서는 방금 말한 브라흐만과 아트만이 하나라는 사실을 깨달아야 한다. 어? 그러면 우리는 이제 범아일여를 알게 되었으니, 해탈하는 것인가? 그런 것은 아니고, 단순히 피상적인 지식을 넘어 깊은 명상 속에서 브라흐만과의 합일을 실제로 체험해야만 해탈에 이를 수가 있다고 한다. 이러한 깊은 명상을 사마디라고 하고, 한자로 삼매(三昧)라고 한다. 우리말의 '삼매경'은 여기에서 나왔다. 삼매는 고도의 정신 집중 상태로, 모든 시간과 공간이 의식 속에서 소멸한 상태를 말한다. 사마디를 통해 아트만이 브라흐만과 하나라는 것을 체험으로 깨닫게 되는데, 이렇게 체험을 통해 얻게 된 실질적인 지식을 아트마 즈냐나라고 한다. 아트마 즈냐나에 도달하는 수단으로 〈우파니샤드〉의 가르침을 아는 것이 중요하다.

무엇인가 언어도 낯설고 매우 복잡해 보이니, 단순한 예를 통해서 알아보자. 회사원인 X씨는 반복되는 일상이 답답하기도 하고 김 부장 얼굴도 지긋지긋해서 사표를 던지고 나왔다. 뭔가 홀가분했지만 다음 날부터 갈 곳이 없었다. 아내에게는 아직 말하지 못한 것이다. 일단 말하기 전까지는 아침에 양복을 입고 집을 나섰다. 마땅히 갈 곳이 없어 근처 산에 오르기 시작했다. 며칠 동안 산에 다니니 마음도 좋아지고 자신을 돌아볼 시간도 생겼다. 그러던 어느 날 우연히 등산로를 벗어났다가 동굴을 하나 발견했고, 적절한 온도에 고요하고 안락한 동굴에서 시간을 보내기 시작했다. 그렇게 고요함 속에서 눈을 감고 스스로를 돌아보던 X씨는 자신도 모르는 사이에 점차 깊은 명상에 빠져들었다. 하루하루 깊은 명상에 들어간 X씨는 어느 날 최고 단계인 사마디에 들게 되었다. 시간과 공간이 멈추고 자아가 사라진 의식만이 남았을 때 X씨는 자아의 본질을 깨달았고, 이러한 자아가 실제로는 우주 전체의 궁극적인 본질과 동일함을 체험했다. 범아일여를 깨닫고 아트마 즈냐나를 얻은 것이다. 그렇게 X씨는 회사원으로서, 남편으로서의 자신은 허상일 뿐이었음을 알았다. 결국 X씨는 실제로는 이 동굴과 김 부장과 세계와 자아가 본질적으로 하나임에 눈뜨게 되었다. X씨는 해탈에 이르렀다.

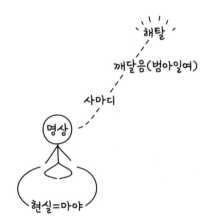

지적 대화를 위한 넓고 얕은 지식

정리해보자. 인도 사상의 뿌리가 되는 문헌은 《베다》이고, 이 오래된 지식의 궁극적 결론을 〈우파니샤드〉라고 한다. 〈우파니샤드〉의 핵심 개념은 개인의 본질로서의 아트만과 우주의 본질로서의 브라흐만이 동일하다는 범아일여의 사상이었다. 이러한 심오한 깨달음은 깊은 명상을 통해 사마디에 들 때 얻을 수 있었으며, 이것은 윤회를 멈추고 해탈에 이르는 방법이었다.

서구의 유대교, 그리스도교, 이슬람교가 《구약》을 그 근본 뿌리로 하는 것처럼, 《베다》는 인도를 중심으로 한 동양 종교의 근간을 이루었다. 《베다》에 대한 수용과 비판이 힌두교, 불교로 이어졌다. 구체적으로는 힌두교가 《베다》와 〈우파니샤드〉의 전통을 계승하고 대중적으로 확대한 반면, 불교는 《베다》를 비판적으로 수용하고 극복한 것으로 볼 수 있다.

이제부터 《베다》의 세계관 안에서 탄생한 힌두교와 불교에 대해서 알아보고자 한다. 그리고 덧붙여 초기 불교의 전통을 이어받은 티베트 불교인 라마교를 추가로 알아볼 것이다.

힌두교

힌두교는 단순히 인도의 종교라는 뜻으로, '힌두'의 뜻 자체가 '인도'와 어원이 같다. 인도와 그 주변 국가에서 받아들여지고 있으며, 신도 수만 고려했을 때는 그리스도교와 이슬람교에 이어서 세 번째로 크다. 베다 철학과 인도의 민간신앙이 섞여 있는 형태를 띠는데, 창시자가 있는 것도 아니고 특별한 교조나 체계를 가진 것도 아니라서 다양하고 복잡한 특성을 보인다. 다만 《베다》와 〈우파니샤드〉를 그 근간으로 하고 〈마하바라타〉, 〈라마야나〉, 〈수트라〉 등 다른 문서들이 추가된 것이어서, 다채로운 내용 속에서도 기본 세계관으로서 범아일여를 공유한다.

힌두교는 과하다 싶을 정도로 많은 신이 등장하기 때문에 표면상으로는 다신교의 형태를 띤다. 다만 수많은 신의 근원이 되는 가장 중요한 세 신이 있고, 이들 역시 근원적인 측면에서는 한 존재의 서로 다른 세 측면인 까닭에 일신교의 모습도 갖는다.

힌두교의 신

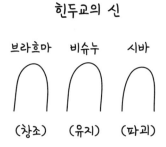

가장 중요한 세 신은 브라흐마, 비슈누, 시바다. 각각의 신은 역할에 차이가 있다. 브라흐마는 창조를 하는 신이고, 비슈누는 이를 유지하며, 시바는 파괴를 담당한다. 브라흐마는 어쩐지 익숙하다. 〈우파니샤드〉에서 우주의 근본 원리로서의 '브라흐만'이 창조를 담당하는 이 '브라흐마'와 같은 존재다. 이 두 개념의 차이는 단어 끝에 'ㄴ'을 붙였느냐 아니냐

뿐만이 아니라, 인격화의 여부다. 〈우파니샤드〉에서의 브라흐만은 우주 전체를 의미하는 형이상학적이고 추상적인 개념인 반면, 힌두교에서의 브라흐마는 그리스 신화에서처럼 인간적인 형태가 강조되어 있다. 각각의 신에 대해 알아보자.

브라흐마

브라흐마는 창조의 신으로, 말 그대로 지금의 우주를 탄생시키는 역할을 했다. 힌두교의 신화나 그림 속에서는 수염을 기른 나이 많은 남성의 모습을 하고 있다. 머리가 네 개여서 각각 네 방향을 보고 있고, 보통 네 개의 팔을 가진 것으로 나온다. 다리는 정상적으로 두 개다. 선과 악을 분별해주는 백조를 타고 다닌다.

탄생에 대해서는 여러 설명이 있으나, 그중에서 들을 만한 것은 물에서 태어났다는 설이다. 우주가 시작되기 전에 우주의 씨앗이 황금알 모양으로 망망대해 위에 떠 있었는데, 여기에서 그가 태어났다는 것이다.

서구의 창조주가 절대적 권한을 갖는 것처럼 브라흐마도 창조주이므로 존경받아야 할 것 같지만, 실제로는 특별히 인기가 없는 신이다. 힌두교 전통에서는 모든 신을 다 믿고 따르는 것이 아니라 자신이 믿고 싶은 만큼 대상을 정해서 믿으면 되는데, 다른 주요한 두 신인 비슈누와 시바가 인도의 많은 사원에서 모셔지는 것에 비해서 브라흐마를 모시는 사원은 극히 드물다. 이렇게 인기가 없어진 것은 대략 6세기 무렵부터다.

그 이유에 대해서는 여러 설명이 가능하다. 비슈누와 시바는 세상을 관리하고 파괴하는 등 지금까지도 역할을 계속하는 데 비해, 브라흐마는 우주를 창조한 이후 특별한 일을 하지 않기 때문이라고도 한다.

각각의 신이 서로 다른 인기를 얻는 것과는 무관하게 실제로는 브라흐마, 비슈누, 시바는 궁극적이고 초월적인 하나의 존재가 자신의 속성을 기준으로 분리되어 나타난 것이다. 브라흐마는 이 중에서 오른쪽 자리에 위치한다.

비슈누

비슈누는 유지의 신으로 가운데 자리에 위치한다. 힌두교가 발전해오던 초기에는 중요성이 크지 않았으나, 현재에는 파괴의 신인 시바와 함께 최고의 신으로 인기를 얻고 있다. 실제로 오늘날 힌두교의 양대 종파는 비슈누파와 시바파다. 비슈누파는 일반적으로 높은 계급과 부유한 사람들이 믿고, 시바파는 낮은 계급과 가난한 사람들이 신봉한다.

이에 대해서는 역사적, 종교적 측면에서 다양하게 해석할 수 있겠지만, 앞서 [정치] 파트에서 살펴본 보수와 진보의 세계관의 차이로 설명해볼 수도 있을 것이다. 우리는 보수가 세계를 안정적으로 파악하고 이에 따라 사회를 유지하려는 성향을 띠게 됨을 알아보았다. 반대로 진보는 세계를 불안정하다고 이해하고, 그러므로 사회가 변화해야 한다고 생각했다. 세계를 유지하는 비슈누를 높은 계급이, 세계를 파괴하는 시바를 낮은 계급이 신봉한다는 것은 우연이라고 보기 어렵고 정치, 경제적 측면에서 이해할 필요가 있겠다.

어쨌거나 비슈누는 브라흐마에 의해 창조된 이 세계를 유지하고 조율하는 역할을 담당한다. 외모는 검푸른 피부에 잘생긴 젊은이의 형상을 하고 있다. 네 개의 팔에는 각각 방망이, 연꽃, 소라고둥, 원반을 의미하는 차크라를 들고 있다.

비슈누는 세상을 유지하기 위해서, 화신을 의미하는 '아바타라'를 지상에 주기적으로 내려보낸다. 이 아바타라는 비슈누의 대리자이기도 한 동시에 비슈누 자신이기도 하다. 현재까지 아홉 가지의 아바타라가 내려왔고, 마지막으로 열 번째 아바타라가 내려올 차례. 물고기와 거북이 등 동물의 형태일 때도 있으나, 인간의 모습으로 나타나기도 한다. 이 중 8, 9, 10번째 아바타라가 중요하다.

여덟 번째 아바타라는 크리슈나로, 인도에서 가장 대중적이며 최고로 인기가 많은 신이다. 실존했던 인물을 비슈누파가 힌두 사상에 포함시킨 것이라고 보는 설명도 있는데, 경건한 모습보다는 자유분방한 측면이 대중에게 친근하게 다가간 면이 있다. 대표적으로 인도의 대서사시 〈마하바라타〉의 영웅으로 등장하고, 이 외에도 인도의 회화와 문학작품에 자주 등장한다.

아홉 번째 아바타라는 놀랍게도 부처다. 불교에서의 고타마 싯다르타 말이다. 불교가 등장한 의미를 힌두교가 자기 식으로 해석하고 흡수하려 노력했기 때문이라고 볼 수 있다. 이는 실제 불교의 세계관이나 입장과는 무관하게 수용된 것으로, 부처가 일부러 잘못된 가르침을 전파함으로써 악마와 악인들의 수행을 방해한 것처럼 그려지고 있다. 이것은 이슬람교에서 예수의 지위를 예언자로 낮춘 것을 그리스도교가 인정할 수 없는 것처럼, 불교 신자가 도저히 인정할 수 없는 해석일 것이다.

열 번째 아바타라는 칼키다. 그는 마지막 아바타라로 예정되어 있다. 칼키라는 말은 '영원' '시간'을 의미한다. 선함과 종교가 무너지는 '칼리유가'라 불리는 시기에 그가 세상을 멸망시키고 새로운 세상을 시작하기 위해 올 것이라고 인도인은 믿고 있다.

시바

시바는 파괴의 신으로, 절대적 궁극자의 왼쪽에 해당한다. 파괴의 신이기도 하지만 파괴된 세계의 재건을 담당하기도 하는 등 다양한 역할을 수행한다. 외모는 이마 정중앙에 모든 것을 불태우는 제3의 눈이 있고, 뻗친 머리에서 갠지스강이 흘러나온다. 특히 목만 푸르스름한데, 세상을 멸망시키는 독을 삼키고 있어서라고 한다. 완전히 삼킬 경우 시바도 죽기 때문에 걸려만 있는 상태다. 민중에게 인기가 많은 신이며, 금욕과 고행의 상징이기도 하다. 회화와 문학 작품에도 히말라야에서 명상과 고행에 몰두하는 모습으로 나타난다.

현대적 관점으로 힌두교의 주신들은 허황되어 보이고, 사실에 대한 설명이라기보다는 문학의 장르처럼 보인다. 하지만 이것을 단순히 허구적 상상력만으로 볼 수는 없다. 힌두교는 베다 철학, 특히 〈우파니샤드〉의 형이상학적인 심오함을 대중적으로 풀어낸 것으로 보아야 한다.

불교

기원전 6세기 무렵에 고타마 싯다르타에 의해 시작된 불교는 《베다》의 영향권 안에서 탄생한 까닭에 업, 윤회, 해탈 등의 개념을 이어받았다. 다만 베다 철학의 형이상학적이고 이상적인 측면을 거부하고 현실적이고 실천적인 측면을 강조했다는 점에서 차이가 있다.

불교의 초기 경전에 의하면 부처는 형이상학적인 질문에는 대답을 보류한 것으로 나온다. 예를 들어, 사후 세계가 있는지에 대한 질문이나 우주의 시작에 대한 질문, 혹은 이상적인 사회 형태에 대한 질문 등에는 직접적인 답을 제시하지 않았다. 이는 '독화살의 비유'를 통해 설명된다. 예를 들어보자.

길을 가던 X씨가 우연히 독화살에 맞았다. 곧 독이 퍼질지 몰라서 주위 사람들에게 독화살을 빼달라고 했는데, 여러 사람들이 모이더니 토론을 하기 시작했다. '독화살은 어디에서 왔는가?' '누가, 왜 쏘았는가?' '독의 성분은 무엇인가?' 하고 말이다. 만약 이런 논의가 계속될 경우에 X씨는 곧 죽고 말 것이다. 가장 먼저 해야 할 일은 원인과 이유에 대한 소모적인 논쟁을 당장 중단하고 독화살을 뽑아내는 것이어야 한다.

이는 인간의 삶에도 그대로 적용된다. 삶 가운데 고통이 발생했다면 가장 먼저 해야 하는 일은 고통을 사라지게 하는 것이다. 고통의 본질과 개념에 대한 탐구는 부수적인 문제다. 이처럼 부처는 형이상학적이고 이상적인 담론을 중단하고, 현실의 문제 해결을 강조하는 실존주의적인 면모를 보여준다.

불교의 문제의식은 고통으로부터 시작한다. 부처가 깨달은 진리는 세 가지로 요약된다. 첫째, 모든 것이 고통스럽다. 둘째, 자아의 실체는 없다. 셋째, 세상의 실체는 없다. 이러한 깨달음은 마치 삶에 대한 회의적이고 부정적인 측면을 강조한 것처럼 보인다. 하지만 이는 단순히 세상에 대한 불만을 표출한 것이 아니라 실제 세계가 그러함을 말한 것으로, 부처는 이를 정확히 이해할 때 비로소 고통에서 벗어날 수 있다고 생각했다. 반대로 무엇인가 변하지 않고 영원한 것을 찾으려 할 때, 실제 삶은 그렇지 않으므로 고통은 가중된다.

따라서 베다 철학에서 자아의 영원한 본질로서 제시되었던 아트만은 부처에 의해 부정된다. 고정적이고 불변하는 영원한 자아는 없다. 나라는 존재는 다만 정신적 요소와 물질적 요소들이 임시로 뭉쳐 있는 무더기일 뿐이다. 이것이 무아(無我)다.

자아의 실체가 없다면, 이 세계는 어떠한가? 부처에 따르면 이 세계 역시 고정불변의 실체는 없다. 단순하고 우연적인 조건들에 따라 순간적으로 모이고 흩어질 뿐이다. 눈앞의 사물이나 동식물, 인간이나 사회나 국가 등 이 모든 것은 과거로부터의 수많은 원인과 결과가 연결되어 우연하게도 지금의 모습으로 임시로 모이게 된 것이다. 이를 연기(緣起)라고 한다.

불교의 핵심 개념이 되는 무아와 연기는 이후 대승불교에 이르러서 공(空) 사상으로 심화되었다.

불변하고 고정된 실체에 대한 비판

- 무아
- 연기

불변하고 고정된 실체에 대한 집착을 내려놓고 무아와 연기를 받아들일 때, 삶의 고통은 제거되고 개인은 깨달음에 이르게 된다. 부처는 이를 명료하게 고집멸도(苦集滅道)의 네 가지 단계로 설명했다.

첫 번째 단계는 '고통을 직시'하는 단계다. 사랑하는 사람과 이별하는 것, 미워하는 김 부장의 얼굴을 매일 보는 것, 내가 계획한 일들이 어긋나는 것, 늙어감에 따라 병들고 약해지는 것 모두를 명료하게 바라보는 단계를 말한다.

두 번째 단계는 '고통의 원인을 이해'하는 단계다. 고통이 발생하는 것은 '집착'하기 때문이다. 안정된 현실을 꿈꾸고, 감각의 쾌락을 꿈꾸고, 죽고 나면 좋은 곳에서 태어나고 싶어 하는 욕구와 집착이 고통의 원인이었음을 이해하는 단계다.

세 번째 단계는 '집착을 제거'하는 단계다. 모든 집착과 번뇌와 욕망을 멸한다면 고통의 원인이 사라지고, 이에 따라 고통도 사라질 것이며, 우리는 해탈에 이르게 될 것이다.

네 번째 단계는 '집착을 제거하기 위한 수행'을 실천하는 단계다. 구체적으로 팔정도(八正道)라는 여덟 가지 수행 방법이 있는데, 이는 바르게 보고, 바르게 생각하고, 바르게 말하고, 바르게 행동하는 등 마음을 바르게 안정시키는 방법이다.

이처럼 해탈에 이르는 고집멸도의 네 단계를 사성제(四聖諦)라고 부른다. 사성제와 팔정도는 불교 이론의 핵심이다.

부처

불교의 창시자는 부처로 알려져 있는데, 부처는 특정 인물이 아닌, 깨달은 사람을 의미하는 일반명사다. 구체적인 인물로는 기원전 6세기에 태어난 고타마 싯다르타를 말한다. 여기서 고타마는 성이고 싯다르타가 이름이다. 석가모니라고도 부르는데, 이는 고대 인도의 부족인 석가족에서 태어난 성자라는 의미다. 뭔가 복잡해 보이지만, 정리하면 간단하다. 만약 X씨가 참선을 통해서 깨달음을 얻으면 '부처'가 될 수 있지만, 아무리 노력해도 '고타마 싯다르타'나 '석가모니'는 될 수 없다. 이 둘은 그저 고대에 살던 개인의 이름과 명칭이다.

싯다르타는 지금의 네팔과 인도 국경 근처에 샤키야족의 작은 나라의 왕자로 태어났다. 어머니인 마야 부인은 분만일이 가까워짐에 따라

아이를 낳기 위해 당시 전통대로 고향에 가고 있었다. 그러던 중에 진통이 시작되었고, 룸비니동산에서 싯다르타를 낳았다. 싯다르타가 탄생한 이후에 히말라야산에서 예언자 아시타가 찾아와 왕에게 말하기를, 만약 싯다르타가 왕이 된다면 전 세계를 통일하는 왕이 될 것이고, 출가하게 된다면 깨달은 자가 될 것이라고 예언했다.

성장하면서 싯다르타는 궁궐 안의 안락하고 편안한 생활만을 누렸으나, 어느 날 성 밖으로 외출하면서 고통스러운 삶의 현실을 직시하게 되었다. 사람이 힘들게 노동해야 먹고살 수 있음을 알았고, 늙고 병들고 죽어가는 모습에 충격을 받았다. 현실에 대한 충격으로 우울해하는 싯다르타가 혹시나 출가하지는 않을까 걱정하여 왕은 싯다르타가 16세가 되던 해에 결혼식을 올리게 했고, 많은 미녀와의 향연을 마련해주어서 싯다르타가 현실에 만족하도록 애썼다.

하지만 싯다르타는 고통의 문제에 사로잡혔다. 결국 서른의 나이에 고통의 본질을 이해하고 이를 끝내는 방법을 찾고자 몰래 왕궁을 빠져나왔다. 그는 이름난 현인들을 찾아가 배웠다. 하지만 곧 이러한 방법으로는 생사의 괴로움을 끝낼 수 없음을 알게 되었다. 싯다르타는 숲으로 들어갔다. 거기서 다섯 명의 고행자들을 만나, 6년간의 수행 생활에 들어갔다. 먹고 자는 것을 극도로 거부한 상태로 끝없는 명상에 드는 고행이었던 까닭에 싯다르타는 앙상하게 뼈만 남게 되었고, 주변 마을의 사람들은 뼈만 앙상한 싯다르타를 먼지 괴물이라고 불렀다고 한다.

결국 싯다르타는 강둑에 쓰러졌다. 얼마 후 서서히 의식을 찾은 그는 강에서 몸을 씻었다. 마을의 소녀가 우유죽을 가져다주었고, 싯다르타는 그 음식을 먹었다.

기운을 되찾고 나서야 지금까지의 고행이 아무것도 남겨주지 않았음을 깨닫게 된 싯타르타는 극단적인 고행도, 극단적인 쾌락도 모두 적절한 방법이 아님을 알게 되었다. 그는 커다란 나무 그늘 아래 편안하게 자리를 마련하고 고통이 없는 가운데 선정에 들었고, 결국 깨달음을 얻게 되었다. 이때 얻은 깨달음이 사성제와 연기에 대한 것이었다.

이후 부처는 사람들에게 깨달음에 이르는 방법을 설파하기 시작했다. 이때부터 인도 각지를 돌아다니며 45년의 긴 세월에 걸쳐 설법과 교화를 계속하였고, 80세의 고령이 되었다. 파바라는 마을에서 받은 공양에 문제가 있었다. 그는 이질을 앓으면서 점차 위독해졌다. 부처는 최후의 목욕을 마치고 숲으로 들어가 머리를 북쪽으로 향하고 발을 포갠 다음 누웠다. 슬퍼하는 제자들에게 모든 것은 헤어지게 되어 있다는 설법을 상기시킨 후에 마지막 가르침을 설파하고 입적했다.

티베트불교

불교는 한때 인도에서 빠른 속도로 전파되었지만, 9세기 이후 힌두교에 밀리기 시작했고, 11세기에는 이슬람의 침입으로 탄압의 대상이 되었다. 결국 13세기 말이 되면서 불교는 인도에서 거의 자취를 감추었다.

하지만 불교의 가르침은 여러 분파로 나눠지며 티베트, 중국, 한국, 일본으로 전파되어갔다. 불교의 분파는 일반적으로 대승불교와 소승불교 그리고 금강승으로 구분한다. 그중 개인의 깊은 깨달음을 강조하는 소승불교는 동남아시아로 전파되었고, 대중의 해탈을 고려하는 대승불교는 동북아시아로 전파되었다. 그리고 밀교적 형태를 가진 금강승은 티베트로 전파되었다. 티베트는 초기 불교의 모습과 부처의 가르침의 요체를 잘 보존하고 있는 지역으로 평가되고 있다.

티베트에 불교를 전파한 인물은 파드마삼바바로, 8세기 티베트의 왕 티송데첸이 인도의 출가 수도승이었던 그를 티베트로 초대하면서 티베트불교가 시작되었다. 파드마삼바바는 108개의 경전을 썼다고 알려져 있다. 이 중 서양에 알려지면서 영향을 미친 것이《티베트 사자의 서》다. 원래 제목은 티베트어로 '바르도 퇴돌'인데, 바르도는 '중간'이나 '사이'를, 퇴돌은 '해탈'을 의미한다.《티베트 사자의 서》에 따르면 사람은 죽은 다음에 환생할 때까지 대략 49일을 삶과 죽음 사이인 바르도에서 보낸다. 이 책은 죽음 가운데 한 번 듣는 것만으로도 윤회에서 벗어나 해탈에 이를 수 있는 방법을 설명한 사후 안내서다. 파드마삼바바는 깊은 명상 속에서 깨달음을 얻어 이 책을 썼고, 천기를 누설하는 내용이었던 까닭에 아직은 때가 아니라고 생각하여 비밀스러운 장소에 책을 숨겨두었다. 그리고 600년이 지나 이 책이 세상에 알려질 것이라고 예언했다. 실제로 1400년 무렵에 발견되어서 티베트인에게 널리 읽히게 되었다.

《티베트 사자의 서》에 따르면 죽은 이는 죽음이 찾아온 그 순간 빛을 보는 단계로 죽음의 과정을 체험한다. 이때 죽은 자는 매우 혼란스러운 정신 상태를 갖는데, 이 과정에서 평화로운 만다라나 분노하는 만다라를 만나게 되고, 환희나 공포의 감정에 휩싸이게 된다. 여기서 파드마삼바바는 이러한 환희와 공포를 만들어내는 대상들은 단지 자신의 마음에서 기인하는 환영일 뿐이므로 여기에 압도되지 말 것을 당부한다. 만약 이러한 격정적인 감정에 휩싸이면 다시 윤회하게 되고, 그렇지 않고 이를 극복해내면 해탈에 이를 수 있다는 것이다.

달라이 라마

달라이 라마는 티베트의 정치적 왕인 동시에 종교적으로 최고 지도자다. 달라이 라마는 개인의 이름은 아니고 정치, 종교 지도자의 세습명이다. 여기서 달라이는 '큰 바다'를 뜻하고 라마는 '스승'을 뜻하는 몽골어다. 현재의 달라이 라마는 14대이고, 그 기원은 14세기의 1대 달라이 라마까지 올라간다. 1대 달라이 라마부터 지금의 14대 달라이 라마에 이르기까지 한 명의 존재가 윤회를 반복하고 있다고 믿고 있다.

티베트에서는 높은 경지에 오른 수도승들이 해탈을 잠시 유예하고 중생을 돕기 위해 세상에 다시 환생한다고 하는데, 이 수도승들은 전생의 기억을 완전히 잊지 않는다고 한다. 이렇게 태어나는 특별한 존재를 살아 있는 부처라는 뜻의 '툴쿠' 혹은 '린포체'라고 한다. 달라이 라마도 그중 한 명이다. 티베트인은 달라이 라마가 관세음보살의 화신이라고 믿고 있다.

　달라이 라마를 선출하는 방법이 독특하다. 그는 자신의 권력과 권한을 자녀에게 세습하거나 특정 권력층에게 이양하지 않는다. 전대의 달라이 라마가 입적하면서 다음 달라이 라마가 환생할 곳을 지목하면, 이후 신하들이 그 지역으로 가서 환생한 달라이 라마를 찾는 전통을 이어오고 있다. 이때 환생자의 후보들에게 여러 물건 중에서 생전의 달라이 라마가 개인적으로 사용했던 물건들을 정교하게 고르게 하는 시험을 진행함으로써 실제로 환생자인지를 검증한다.

　현재의 14대 달라이 라마의 본명은 텐진 갸초로, 1950년대에 중국 공산당이 티베트 지역을 무력으로 점령함에 따라 인도로 망명했다. 북인도 다람살라 지역에 임시정부를 세우고 티베트의 독립운동을 전개하고 있는 중이다. 독립운동의 방법으로서 비폭력 노선을 견지하고 있어서 1989년에 노벨 평화상을 받기도 했다.

　지금도 티베트 내에서 중국의 감시와 검열로 달라이 라마를 지지하거나 언급하는 것은 철저히 통제되고 있는데, 그럼에도 불구하고 티베트에서의 정신적인 영향력은 절대적이다.

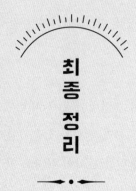

최종 정리

과학과 기술의 첨단을 살아가고 있지만, 이와는 무관하게 종교는 아직도 인류에게 가장 중요한 진리관으로 자리 잡고 있다. 개인에게 종교는 매우 민감한 영역인 까닭에, 합리적 이성과 관용의 태도를 가진 사람일지라도 자신의 신념과 충돌하는 다른 종교에 대해서는 배타적으로 행동하고 애써 가치를 절하하려는 태도를 보이기도 한다.

물론 이런 태도가 반드시 나쁜 것만은 아니다. 자신의 신념을 지키고 유지하려는 태도는 나의 삶에 일관된 방향성을 만들어내고 마음의 평화와 안정을 가져다준다. 다만 자신의 신념을 지키려는 태도와 다른 종교를 애써 보지 않으려는 태도가 동일한 것은 아니다. 신념과 믿음의 진정한 가치는 다른 가치들과의 상호 비교를 통해 이해될 수 있다. 다른 가치들은 무지의 베일로 덮어두고 자신의 신념의 깊이만 반복해서 고려하는 사람의 삶은 맹목적이고 단편적이다.

우리는 지금까지 종교를 구분해서 알아보았다. 종교는 크게 절대적 유일신교와 상대적 다신교로 구분되었다. 우선 절대적 유일신교는 말 그대로 절대적 창조주를 신으로 상정한 종교였다. 특히 《구약》 성서를 근간으로 하는 유대교, 그리스도교, 이슬람교가 여기에 속했다. 이들 종교에 등장하는 야훼, 하느님, 알라는 모두 특정한 이름을 갖지 않는 절대적 '신' 그 자체이며, 아담으로 시작해서 노아, 아브라함, 모세로 이어지는 이스라엘 민족의 유일신을 의미했다. 다만 이 세 종교는 《구약》 이후에 등장하는 인물들에 대한 평가에서 차이를 보였다. 유대교는 《구약》 이후 메시아가 아직 등장하지 않았다고 주장하고, 그리스도교는 《신약》의 근간이 되는 예수가 메시아라고 주장한다. 반면 이슬람교는 예수는 단지 한 명의 선지자일 뿐이고, 마지막 예언자로서 무함마드가 왔다고 설명한다.

이러한 차이에도 불구하고 이들은 공통된 신앙을 가지고 있다. 그것은 창조주로서의 신이 절대적이고 완전하며 인간과는 완벽하게 분리된 존재라는 것이다. 인간의 능력을 극단적으로 초월하는 신 앞에서 인간이 할 수 있는 일은 그의 영광을 찬양하고, 그를 믿으며, 그의 말씀을 따르는 삶을 사는 것이다.

이와는 달리 상대적 다신교는 초월적인 능력을 갖춘 신이 등장하기도 하고 그렇지 않기도 한 다양한 형태를 띠고 있으나, 가장 핵심이 되는 것은 인간이었다. 상대적 다신교의 근간이 되는 《베다》와 그 결론 부분인 〈우파니샤드〉에서는 절대적 전체로서의 브라흐마와 개체로서의 아트만이 하나임을 깨달아야 한다고 주장했다. 자기 자신이 신적 존재임을 알아야 한다는 것이다. 이를 계승한 것이 힌두교다.

힌두교는 형이상학적이고 추상적인 베다 철학을 인도의 민속신앙과 결부해 대중이 이해하기 쉽도록 신화적 인물들로 설명했다. 그런데 힌두교에 등장하는 수많은 신은 개인의 선호에 따라 믿을 수도 있고, 그렇지 않을 수도 있는 존재였다. 정말 중요한 것은 신이 아니라 개인의 깨달음인 것이다.

이후 《베다》와 힌두교의 비현실적이고 이상적인 가르침을 비판하고 현실의 고통을 제거하는 데 집중해야 함을 설파한 불교가 등장하면서, 더 이상 신은 인간 삶의 문제에 개입하지 않게 되었다. 삶의 고통을 직시하고 원인을 제거하고 깨달음을 얻어 궁극적으로 해탈해야 하는 존재는 인간 자신이며, 그 누구에게도 의지할 수 없다는 것이다.

초기 불교의 모습을 이어받은 티베트 불교 역시 인간의 죽음과 윤회의 문제를 스스로 극복할 수 있는 가능성으로 제시한다. 모든 존재는 누구나 언젠가는 수행과 깨달음을 통해 윤회를 멈추고 스스로 해탈해야 하는 존재인 것이다.

베다, 힌두교, 불교는 세부적인 차이에도 불구하고 공통된 신앙 체계를 가지고 있었다. 그것은 개인이 깨달음을 통해 초월적 존재로 나아가야 한다는 믿음이었다. 이러한 신앙 안에서 개인이 할 수 있는 일은 수행하고 정진하며 끊임없이 삶을 성찰하는 것이다.

회의주의적인 종교는 가능하지 않다. 종교에 대한 회의주의적 태도는 철학과 과학의 영역에서 발견된다. 구체적으로는 무신론, 유물론, 경험주의, 논리실증주의, 과학주의가 있다. 흥미로운 점은 종교에 대해 극단적인 회의주의적 태도를 보이는 사람들에게서는 어떤 면에서 종교적인 특성을 발견할 수 있다는 것이다. 철학과 과학이 신앙과 믿음의 대상이 되는 것은 위험하다. 그것은 일부 배타적이고 독단적인 종교만큼이나 개인을 편협하게 만들 가능성이 있다.

　　A : 절대적 유일신교 : 구약 - 유대교, 그리스도교, 이슬람교

　　B : 상대적 다신교 　: 베다 - 힌두교, 불교, 티베트불교

　　C : 회의주의 종교 　 : X

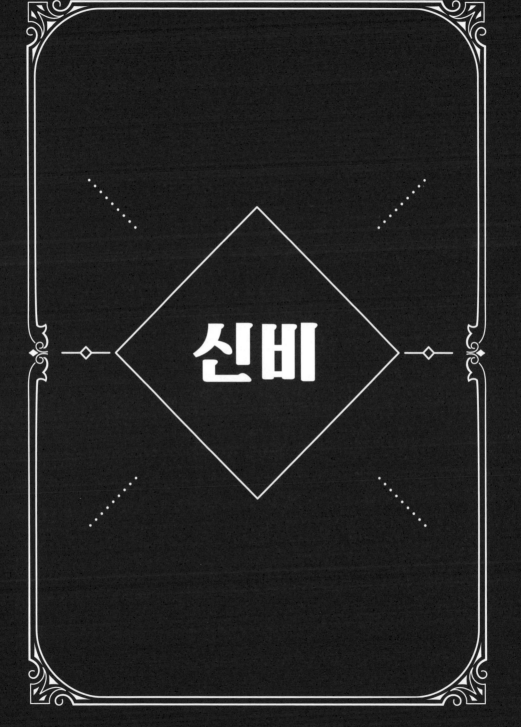

신비

마지막 여행,
신비

말할 수 없는 것에 대하여

우리의 지적 대화를 위한 지식 여행은 끝에 도착했다. 앞서 탐험했던 여러 분야들은 다양한 관심사를 가진 수많은 이와 대화하기 위한 가장 기본적인 지식이었다. 이제 이 지식을 가지고 사람들과 대화를 나누러 떠날 차례다. 모든 대화의 시작은 듣는 것에서 시작되고, 다행히도 우리에게는 이제 듣는 귀가 생겼다. 우리는 그 누구를 만나더라도 그들이 하는 이야기에 귀 기울일 수 있을 것이다. 그리고 그들의 말 속에서 깊은 지혜를 길어 올릴 수 있을 것이다.

지금까지 '대화'를 위한 지식들을 알아보았으니, 이제는 '대화할 수 없는 것'에 대해 생각해보고 이 책을 마무리하려 한다. 현대 철학의 가장 중요한 인물 중 한 명인 비트겐슈타인은 그의 책 《논리-철학 논고》에서 "말할 수 없는 것에 대해서는 침묵해야 한다"라고 선언하며 글을 마치고 있다. 여기서 그가 말할 수 있는 것과 말할 수 없는 것을 구분한 기준은 감각적 경험이 가능한지의 여부였다. 그는 언어가 세계를 묘사하는 그림이라고 생각했던 까닭에 사물이나 사건에 대해서는 말할 수 있지만, 경험할 수 없는 추상적인 가치에 대해서는 말할 수 없고 말해서도 안 된다고 생각했다. 종교적 가치나 윤리적 가치, 예술적 가치에 대해서는 보여줄 수만 있을 뿐이지 말할 수는 없다는 것이다. 예를 들어 사과에 대해서는 말할 수 있지만, 아름다움에 대해서는 말할 수 없다. 아름다움은 말할 수 있는 대상이 아니라 개인의 심적 세계 내에서 보고 느껴야 하는 대상이다.

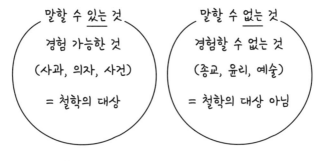

말할 수 있는 것
경험 가능한 것
(사과, 의자, 사건)
= 철학의 대상

말할 수 없는 것
경험할 수 없는 것
(종교, 윤리, 예술)
= 철학의 대상 아님

"말할 수 없는 것에 대해서는 침묵해야 한다."

문제는 철학자들이 말할 수 없는 것들임에도 불구하고 허황되게 말하기 시작하면서 번잡한 철학적 문제들이 발생한 것이라고 그는 생각했다. "말할 수 없는 것에 대해서는 침묵해야 한다"라고 한 그의 선언은 지금까지의 모든 철학적 문제를 끝낸 선언이었다.

논리실증주의자들은 열렬히 환영했다. 그들은 실제로 증명할 수 있는 것들만이 의미를 갖는다고 생각한, 당시에 급격히 성장하고 있는 철학 사조였다. 그들은 경험할 수 없는 형이상학적 명제들이 무의미하고 불필요하다고 주장하며 객관적인 근거만을 인정했는데, 그들이 생각하기에 비트겐슈타인의 철학은 자신들의 이론에 정당성을 부여하는 것처럼 보였던 것이다.

하지만 후에 논리실증주의자들이 실제로 비트겐슈타인을 찾았을 때 그들은 실망하고 말았다. 왜냐하면 비트겐슈타인은 철학이 할 수 있는 영역과 할 수 없는 영역을 분명히 함으로써 철학의 문제들을 해결하려 했을 뿐, 인생에서 가장 중요하고 신비한 것은 오히려 '말할 수 없는 것'에 있다고 생각했기 때문이다. 그에게 종교적, 예술적, 도덕적 가치들은 철학의 대상이 되지 않을지는 모르지만, 삶의 의미에서 가장 중요한 요소였던 것이다.

예술의 아름다움이나 신앙의 경건함이나 삶의 의미나 죽음의 신비는 다른 누군가와 토론하거나 검증할 수 있는 것들이 아니다. 그것은 비트겐슈타인의 말처럼 '말할 수 없는 것'이다. 하지만 비트겐슈타인도 그러했듯, 우리도 이미 알고 있다. 이 말할 수 없는 것들, 다른 사람에게 이야기하지 못했던 예술과 종교와 삶과 죽음에 대한 주관적 체험은 나의 삶 전체를 관통하는 가장 중요하고 심오한 문제라는 것을 말이다.

지적 대화를 위한 지식을 찾아 떠나왔던 우리의 여행은 이제 마지막에 이르러 대화의 대상이 아닌, 반드시 혼자서 깨닫고 이해해야만 하는 지극히 주관적인 체험에 대한 이야기로 향한다. 비트겐슈타인이 말할 수 없으므로 침묵하라고 선언했던 바로 그 영역으로 말이다.

지금부터 삶과 죽음이라는 주관적 신비에 대해 생각해보려 한다. 우선 죽음에 대해서 알아볼 것이다. 죽음을 '죽음의 순간'과 '죽음 이후'로 구분해서 임사체험 연구와 죽음 이후의 가능성을 생각해볼 것이다. 다음으로 삶에 대해서는 '통시적 측면'과 '공시적 측면'으로 나누어 이야기해볼 것이다. 구체적으로는 인생의 의미를 발생시키는 해석학적 순환에 대해 알아보고, 이어서 의식의 문제를 다룰 것이다.

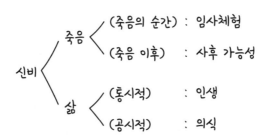

죽음의
순간

임사체험에 대한 연구와 철학적 입장

임사체험은 'Near Death Experience'의 앞자를 따 'NDE'라고도 한다. 사전적 정의는 의학적 기준으로 죽음에 이르렀던 사람이 다시 살아난 이후 특수한 체험을 기억하는 현상을 말한다. 임사체험의 기록이 발견되는 건 중세까지 올라가지만, 오늘날에 와서야 활발하게 논의가 진행되고 있다. 그것은 의학 기술의 발달에서 기인한다. 기술의 발전으로 완벽하게 정지한 심장 박동이나 호흡을 다시 작동하게 함으로써 그만큼 임사체험자들의 기록이 양적으로 증가한 것이다.

임사체험의 연구는 미국에서 가장 활발하며, 영국, 인도, 일본에서도 진행되고 있다. 이러한 연구에 선구적인 역할을 한 인물들로는 레이먼드 무디와 제프리 롱 등이 있다.

임사체험 연구에 대한 지금까지의 결과들을 일반화하면 임사체험의 과정에서 몇 가지 공통된 패턴들이 발견된다. 구체적으로는 몸 밖에서 자신을 보는 체외 이탈의 경험, 빛의 터널을 통과하는 체험, 평온함의 느낌, 지각의 확대, 귀에 거슬리는 윙윙거리는 소리, 죽은 지인과의 만남, 인생의 회고, 경계 지점에서의 회귀 등이다. 이러한 체험은 문화, 지역, 인종, 종교와는 무관하게 보편의 구조를 갖는 것이 특징이다. 특히 문화적인 교육이 부재한 아동들의 임사체험 시에도 성인의 체험과 대체로 유사한 패턴이 발견된다는 점이 주목할 만하다. 다만 체험 단계가 성인에 비해 단순하다는 면에서 차이가 있다.

특이한 점은 대부분의 임사체험자들이 기존에 갖고 있던 종교적 신념을 임사체험과 연결하지는 않는다는 것이다. 그들은 자신이 기존에 갖고 있던 특정 종교의 입장을 떠나 보편적인 종교적 성찰로 관심이 확대되었다고 보고하고 있다. 이 외에도 체험자들은 일상생활에서의 변화도 느끼는데, 주변 환경과 사람들에 대한 관심과 배려가 증가했고, 지식에 대한 욕구가 늘어났으며, 죽음에 대한 공포가 극복되었다고 한다.

임사체험 연구는 주관적 체험에 대한 연구인 까닭에 객관적인 데이터를 확보하기 어렵고 체험자 인터뷰를 중심으로 질적 연구를 수행할 수밖에 없다. 따라서 무수히 많은 데이터가 축적된다고 해도 직접적인 증거를 제시하는 것에는 분명한 한계가 존재한다.

그나마 가장 상세한 의학 기록이 남은 사례는 1998년 미국의 팸 레이놀즈의 사례다. 가수 겸 작곡가였던 그녀는 당시 34세였는데, 뇌 심층부에 문제가 생겼다. 담당 의사는 환자의 체온을 15℃까지 낮추고 뇌의 혈류를 모두 제거한 상태에서 수술을 진행하기로 했다. 이 수술은 당시 임사체험에 대해 논쟁 중이던 많은 의학계 종사자와 과학자의 관심을 끌었다. 뇌의 혈류가 모두 제거된 상태에서 수술을 진행하는 것이므로 만약 그녀가 임사체험을 한다면 그것은 임사체험이 뇌의 죽음 이후에 겪게 되는 경험이라는 증거가 될 것이기 때문이다.

실제 수술이 진행되었고 그녀의 뇌파가 1시간가량 정지했음이 확인되었다. 그런데 수술 후 팸 레이놀즈는 자신이 임사체험을 했음을 주장했고, 수술 과정을 지켜보았다고 밝혔다. 그에 대한 근거로 그녀는 당시의 수술 과정과 의사들의 대화, 수술 장비들의 형태를 정확하게 묘사했다. 이에 대해서는 아직까지 다양한 분야의 사람들이 논쟁을 계속하고 있다. 다만 수술 기록에 의하면 레이놀즈의 눈에는 건조를 막기 위해 테이프가 붙여져 있었고, 귀에는 청각을 보호하기 위해 특수한 효과음을 내는 이어폰이 꽂혀 있었기 때문에 수술 중 각성으로 수술 장면을 기억하는 것은 불가능하다고 평가되고 있다.

임사체험에 대한 연구만큼 비판도 활발히 전개되고 있는데, 대표적인 반론이 뇌이상설이다. 이는 죽음이 임박한 당시의 신체 변화가 뇌에 비일상적인 영향을 주어 환각으로서의 경험을 일으킨다는 설명이다. 세부적으로는 호르몬설과 산소결핍설이 있다.

호르몬설은 죽음이 임박했을 때 진통 작용을 하는 엔도르핀의 과다 분비가 환각의 원인이라는 설명이다. 전형적인 임사체험의 경험 중 느끼는 평온함과 안락함이 이에 대한 근거로 제시된다.

산소결핍설은 심장 박동의 정지로 뇌 안의 산소 부족이 환각의 원인이 된다는 설명이다. 산소 농도가 저하되면 시각 뉴런의 활동이 증가하여 빛을 보는 듯한 경험을 일으킬 수 있다는 것이 주요 내용이다. 이와 비슷하게 혈류 중 이산화탄소의 농도가 높아져 환상을 보는 것이라는 설명도 있다.

이 밖에도 임사체험을 수면의 단계와 연결하는 설명이나, 측두엽의 이상과 연결하는 설명 등 뇌 활동의 일부로 설명하려는 다양한 시도가 진행되고 있다.

임사체험에 대한 논쟁은 궁극적으로 두 가지의 철학적 입장 위에서 전개된다. 그것은 물질과 독립해서 존재하는 정신이나 영혼을 인정하느냐, 인정하지 않느냐에 따라 나뉜다. 당신은 어떻게 생각하는가? 의식, 영혼, 마음 등 정신적인 그 무엇이 물질로서의 뇌와 독립해서 존재할 수 있다고 생각하는가?

어떤 이들은 충분히 그럴 수 있다고 생각한다. 물질 세계에 존재하는 신체와 뇌는 원인과 결과에 의한 인과법칙에 종속되어 있지만, 우리의 정신과 영혼은 인과법칙을 벗어나서 자유롭게 존재할 수 있다는 것이다. 이것은 TV수상기로 비유해볼 수 있다. 뇌와 신체는 TV이고 정신은 전파처럼 존재한다는 비유다. 이에 따르면 TV와 전파가 각각 다른 방식으로 존재하는 독립된 실체인 것처럼, 뇌와 정신도 독립된 두 실체로 볼 수 있다. 이러한 사고방식은 물질과 마음을 두 가지 근원으로 구분한다는 의미에서 '물심이원론'이라고 한다.

반면 다른 이들은 정신이나 영혼이 단지 허상일 뿐이라고 생각한다. 영혼은 존재하지 않고, 정신 역시 다만 뇌가 만들어내는 부산물이라는 것이다. 이러한 입장은 증기기관차로 비유해볼 수 있다. 정신은 증기기관차가 뿜어내는 연기와 유사하다. 연기는 증기기관차의 부산물일 뿐, 열차를 실제로 움직이게 하는 실체가 아니다. 만약 증기기관차의 원리를 모르는 사람이라면 밖으로 뿜어져 나오는 연기가 중요한 역할을 한다고 생각할지도 모른다. 굴뚝에서 연기가 많이 나올 때 빠르게 달리고, 연기가 적게 나오면 천천히 달리니까 말이다. 하지만 실제로는 연기가 아무 쓸모도 없음을 우리는 이미 알고 있다. 마찬가지로 인간의 정신도 물리적 뇌 활동의 부산물로 큰 의미가 없다는 것이다. 이러한 견해는 정신을 물질로 환원해 물질의 존재만으로 모든 것을 설명한다는 점에서 '물심일원론'이라고 한다. 그리고 비슷한 의미에서, 독립된 정신을 부정하고 물질의 존재만을 인정한다는 점에서 '유물론'이라고도 한다.

> 물심이원론 : 물질과 정신이 독립적으로 존재함
> 물심일원론 : 물질만이 존재하고, 정신은 허상임

임사체험과 관련해서 물심이원론은 정신을 독립된 존재로서 인정하므로, 임사체험이 신체적 죽음 이후의 경험일 수 있다고 판단한다. 기억과 인지 활동은 물질적인 뇌뿐만이 아니라 독립된 정신에 의해서도 가능하다는 것이다. 반면 물심일원론과 유물론의 관점에서 임사체험은 완벽하게 뇌이상설로 설명할 수 있는 현상이 된다. 이에 따르면 뇌를 넘어선 기억이나 인지는 불가능한 일이다.

임사체험에 대한 연구와 비판은 현재 진행 중이며, 연구의 시작이 비교적 최근이라는 점에 비추어보면 앞으로 더 심도 있는 탐구와 과학적 비판이 추가될 것으로 기대된다. 다만 임사체험의 사실성을 강조하는 입장이나 이를 비판하는 입장이나 모두 동의하는 것은 죽음이 임박했을 때 우리 뇌가 독특한 경험적 환경에 처한다는 것이며, 제3자가 이해하기 어려운 체험자의 주관적인 경험이 뒤따른다는 것이다.

죽음
이후

죽음 이후의 네 가지 가능성

임사체험은 죽음의 순간에 우리가 무엇을 보게 될지를 알려준다. 그것이 환상이든 실재든, 죽음의 과정 중 우리는 완벽히 주관적인 체험을 하게 될 것이다. 그렇다면 죽음의 순간이 지나면 그 이후에는 어떻게 될까? 죽음 이후에는 무엇이 기다리고 있을까? 시간의 형태를 기준으로 고려할 때, 죽음 이후의 가능성은 몇 가지로 제한된다.

죽음 이후의 가능성

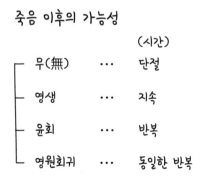

		(시간)
무(無)	…	단절
영생	…	지속
윤회	…	반복
영원회귀	…	동일한 반복

가능성 1 - 무(無)

첫 번째 가능성은 죽음이 시간에서 '완전한 끝'이라는 관점이다. 죽음 이후 나의 정신과 의식은 완벽하게 소멸하고, 환한 방에서 전등이 나가듯 갑자기 완벽한 '무'의 상태가 찾아오는 것이다. 죽음에 대한 이러한 관점은 오늘날의 물질문명 사회에서 널리 받아들여지고 있다.

시간의 관점에서 단절을 의미하는 이와 같은 가능성은 유물론적 세계관을 전제하고 있다. 유물론에 따르면 신체와 독립된 영혼은 존재하지 않고, 정신이란 다만 뇌의 물질적 조건이 충족되어 결과적으로 발현된 현상일 뿐이다. 따라서 만약 죽음과 함께 물질적 조건이 와해된다면 그 결과로서의 정신도 와해된다는 것이다. 이러한 관점은 영원한 사후세계나 반복되는 윤회와 같은 종교적 견해를 부정하는 논지로 흔히 사용되고 있다.

하지만 실제로는 유물론적 관점이 사후 세계와 윤회를 부정하는 논지로서는 충분하지 않은 것으로 보인다. 반대로 유물론적 관점은 논리적 귀결로 볼 때 윤회나 뒤에 알아볼 영원회귀를 인정하는 것처럼 보인다. 왜냐하면 나의 정신이나 의식이 물질적 조건이 충족될 때 발현되는 무엇이라면, 내가 죽은 후에 오랜 시간이 흘러 다시 특정한 물질적 조건이 충족되었을 때, 필연적으로 나의 정신과 의식이 반복해서 발현되어야 하기 때문이다. 이에 대해서는 잠시 후 윤회에 대해 이야기하면서 다시 자세히 살펴보자.

가능성 2 - 영생

두 번째 가능성은 죽음 이후에도 삶의 시간이 계속된다는 관점이다. 신체적 죽음과는 무관하게 영혼이나 정신은 소멸하지 않고 특정 체험을 계속하게 된다는 것이다. 이러한 관점은 매우 친숙한데, 대표적으로 유대교, 그리스도교, 이슬람교의 절대적 유일신교가 가지고 있는 사후관이다. 죽은 후에 천국에 갈 수도 있고 지옥에 갈 수도 있고 구천을 떠돌 수도 있겠지만, 어쨌거나 새로운 경험이 발생하고 시간의 관점에서는 단절 없는 흐름이 지속된다. 이러한 사후관이 가능하기 위해서는 물질과 정신이 각각 독립된 실체라는 물심이원론의 관점이 전제되어야 한다. 신체와는 독립된 개별자로서의 영혼이 실재해야만 육신의 죽음 이후에도 나의 시간이 계속될 수 있기 때문이다.

가능성 3 - 윤회

세 번째 가능성은 죽음 이후에 시간이 되돌아온다는 견해다. 탄생, 성장, 노년, 죽음이 다시 반복되는 것이다. 이는 상대적 다신교인《베다》, 힌두교, 불교에서 말하는 윤회의 입장이다. 인간으로 다시 태어날 수도 있고 가축으로 태어날 수도 있지만, 어쨌거나 시간의 관점에서는 시간이 돌고 돈다. 이러한 윤회의 가능성은 일반적으로 신체와 독립된 정신을 인정하는 물심이원론의 관점이 전제되어야만 한다. 하지만 독립된 정신을 인정하지 않는 유물론의 입장에서도 윤회를 설명할 수 있다. 쉽게 말해서 영혼이 있든 영혼이 없든 관계없이 윤회는 발생할 수 있는 것이다. 각각에 대해서 알아보자.

우선 물심이원론의 입장에서 신체와 독립된 영적 존재가 있다고 가정해보자. 그러면 윤회란 영적 존재가 헌 옷을 벗고 새 옷을 갈아입듯 낡은 신체를 버리고 새로운 신체로 들어가는 것이라고 할 수 있다. 이처럼 물질로서의 육체는 변하고 죽지만, 변하지 않고 죽지 않는 비물질적 존재로서 윤회하는 주체를 상대적 다신교에서는 아트만이라고 한다. 특히 《베다》와 〈우파니샤드〉, 이를 계승한 브라만교와 힌두교에서는 불변하는 본질적 실체로서의 아트만의 존재를 인정한다.

그렇다면 불멸하는 영적 존재를 인정하지 않는다면 윤회는 불가능할 것인가? 그렇지는 않다. 영적인 존재 없이 변화하는 물질 세계만 있다고 하더라도 윤회는 발생할 수 있다. 실제로 윤회를 인정하는 불교에서는 《베다》와 힌두교와는 달리 고정된 실체로서의 아트만을 인정하지 않는다. 앞서 살펴보았듯이 불교에서 말하는 '무아'는 아트만이 없음을 의미한다. 그렇다면 상식적으로 모순되지 않는가? 고정된 실체로서의 자아 혹은 영적 존재로서의 아트만이 없는데, 도대체 무엇이 윤회를 할 수 있다는 말인가? 이에 대한 설명은 불교 안에서도 복잡하고 다양하게 전개되고 있다. 우리는 불교의 설명을 따라가는 대신 유물론적 관점에서 논리적으로 윤회가 발생할 수밖에 없음을 도출함으로써 이에 대한 답에 접근하려고 한다.

유물론적 관점에서 윤회를 말하기 위해서는 우선 윤회의 주체가 무엇인지를 규정해야 한다. 답부터 말하면 윤회는 나의 '의식'이 반복되는 것으로 설명될 수 있다. 이를 이해하기 위해 물질과 독립된 영혼이 없다고 가정해보자. 영혼이 없다고 해도 부정할 수 없이 확실하게 존재하는 것은 세계를 보고 있는 나의 의식이다. 내가 세계를 보는 구심점으로서 의식적 존재라는 것은 나에게 매 순간 확인되는 가장 확실한 진리다. 엄밀히 말하면 타인에게도 나처럼 의식이 있는지는 확실하지 않다. 타인에게도 의식이 있다고 생각하는 것은 타인의 행동을 통한 추측일 뿐, 내가 직접 타인의 의식 세계를 들여다보고 확인한 것은 아니다. 다만 내가 확신할 수 있는 최소한의 것은 내가 지금 세계를 경험하고 있는 의식적 존재라는 사실 뿐이다.

의식에 대한 문제는 너무나 중요해서 세상의 진리를 찾아 헤매는 구도자라면 언젠가는 반드시 대면해야 할 주제지만, 여기서는 단순하게만 정리하고 넘어가려고 한다. 의식에 대한 조금 더 자세한 설명은 잠시 후 〈의식〉 부분에서 진행할 것이다. 여기서는 단지 '눈앞의 세계를 구성하는 능력'으로 규정하려고 한다. 예를 들어 유리컵은 세계를 구성할 능력을 갖지 않는다. 유리컵은 의식적 존재의 세계에 놓여 있을 뿐, 자신의 독자적인 세계를 갖지 못한다. 반면 나는 독자적인 세계를 구성할 능력을 갖고 있고, 그것을 매 순간 확인한다.

그렇다면 나의 의식능력은 어디에서 기원하는가? 영혼이 있다고 믿는 사람은 나의 영혼에서 기원한다고 쉽게 설명할 것이다. 반면 영혼을 인정하지 않는 유물론자들은 물질적인 뇌에서 발현된 현상이라고 설명해야 한다. 물질들이 모이고 흩어지기를 반복하다가 우연하게 지금 나의 뇌 구조를 형성하게 되었고, 이에 따라 나의 의식능력이 발현된 것이다. 어떤 물질적 구조가 타인의 의식능력이 아니라 하필 나의 의식능력으로 발현하게 했는지는 알 수 없다. 다만 나의 의식능력을 발현시키는 물질적 조건은 아주 작은 확률이 아니라 가능한 스펙트럼이 매우 넓다는 점은 확실하다. 왜냐하면 나의 현재 뇌 구조와 유아기의 뇌 구조는 물질적 측면에서 현저하게 다르겠지만, 그때나 지금이나 나는 동일하게 나를 중심으로 세계를 구성하는 의식능력을 공유하고 있기 때문이다. 기억이나 정체성이라는 이성적 능력에서는 차이가 있겠지만, 의식적 세계를 만들어내는 능력은 유아기 때나 지금이나 정확하게 동일하다.

나의 의식이 발현되는 물리적 범위는 넓다(a~e)

의식을 눈앞의 세계를 구성하는 능력으로 규정하고, 의식능력의 발현 조건을 넓은 스펙트럼 안에서의 물질적 구조의 충족이라고 본다면, 이제 유물론의 측면에서 윤회에 대해 충분히 설명할 수 있다. 내가 죽은 이후, 즉 물질적 조건이 소멸하는 동시에 의식능력을 상실한 다음에, 우주가 존재하는 동안의 무한에 가까운 시간 속에서 다시 우연적으로 물질적 조건이 대략 충족된다면 나의 의식능력이 발현될 것이기 때문이다. 특히 인간의 뇌 구조는 생물학적 특성상 대체로 유사하므로, 과거 전체와 미래 전체의 인류의 뇌 구조의 다양성 안에서 지금 나의 뇌 구조가 유사하게 반복될 확률은 매우 높다. 즉, 과거에도 미래에도 나의 의식능력은 반복적으로 출현했고, 출현할 것이다. 이러한 의식능력의 반복을 윤회라고 이름 붙인다면, 윤회는 독특한 사건이 아니라 우주의 일반적인 사건일 것이다.

붓다는 윤회에 대해서 직접 언급하는 것을 피했으나, 윤회를 인정한 기록이 남아 있다. 그리고 동시에 절대적이고 고정적인 아트만을 부정했다. 이러한 측면을 모두 만족하는 설명은 물질적 조건의 형성과 와해에 따라 의식이 생겨나고 소멸한다는 유물론적 설명이 가장 적절해 보이기도 한다. 붓다가 실제로 유물론적 윤회를 염두에 둔 것인지 확인할 방법은 없다. 다만 이와 비슷한 생각은 니체의 영원회귀 개념에서도 찾아볼 수 있다.

가능성 4 – 영원회귀

시간의 단절로서의 무, 지속으로서의 영생, 반복으로서의 윤회는 일반적으로 알려진 죽음 이후의 가능성이다. 그런데 여기 잘 알려지지 않은 한 가지 가능성이 더 있다. 그것은 니체의 영원회귀다. 니체는《차라투스트라는 이렇게 말했다》에서 영원회귀의 개념을 처음으로 제안했는데, 이는 니체 사상의 핵심을 관통하는 가장 중요한 개념이라 할 수 있다. 영원회귀는 일단 윤회와 매우 비슷하다. 죽음 이후 삶이 다시 반복된다고 본다. 차이점이 있다면 윤회는 전생의 과보에 따라 새로운 삶을 살게 되지만, 영원회귀에 따르면 죽음 이후에는 새로운 삶이 아닌 내가 살아왔던 삶을 정확히 다시 반복하게 된다. 시간과 공간의 변화 없이 정확하게 동일한 삶의 영원한 반복이 영원회귀다.

예를 들어보자. X씨는 20세기 후반에 한국에서 태어나서 학창 시절을 보내다가 대학 졸업 이후 장기불황의 한가운데서 힘겹게 취업에 성공했다. 매일 반복되는 야근과 과중한 업무로 인한 스트레스, 김 부장의 잔소리 속에서도 늦은 나이에 가정을 이뤄 아이들을 낳고 바쁘게 살았다. 몇 번의 이직과 정리해고의 불안이 계속되었지만, 아이들이 대학을 졸업할 무렵 무사히 은퇴했다. 여유롭진 않지만 시간적인 여유가 생겨 젊은 시절 하지 못했던 일들을 찾아서 헤매다가 천천히 삶을 마무리하게 되었다. 그렇게 길고 힘겨운 삶이 끝나면 어떤 사후가 기다리고 있을까? 영원회귀에 따르면 X씨는 다시 20세기 후반에 한국에서 X씨로 태어나게 된다. 그리고 지난 삶을 새로울 것 하나 없이 그대로 정확하게 다시 살게 된다. 사실 X씨는 셀 수 없이 무한히 반복하면서 자신의 삶을 그대로 반복해왔던 것이다. 중요한 것은 여기에는 어떤 이유도, 목적도, 작은 변화도 없다는 것이다.

자신의 삶을 정확하게 그대로 다시 사는 삶. 당신은 이 삶이 어떻게 느껴지는가? 영원회귀가 사실이라면 당신은 죽음 이후에 당신이 살아온 삶을 그대로 반복해서 살아야 한다. 순간마다 느꼈던 감정을 다시 느끼고, 사랑하는 사람들과 미워했던 사람들을 영원히 반복해서 보게 되는 것이다.

니체가 이렇게 끔찍한 사후관을 우리에게 제시한 이유는 무엇일까? 그것은 니체가 우리를 그저 허무함에 빠뜨리기 위해서가 아니라, 영원회귀의 개념이 우리가 인생을 어떻게 살아야 하는지를 돌아보게 만들기 위해서다. 영원회귀는 두 가지 시간의 길이를 전도시킨다. 그것은 '인생'과 '순간'이다. 인간에게 100년의 인생은 매우 긴 시간이지만, 지금 당장의 순간은 매우 짧은 시간이다. 그래서 사람들은 이 짧은 순간을 소모하며 살아간다. 지금 이 순간은 중요하지 않다. 미래의 어느 시점에 자신의 목표를 찍어두고 스스로를 그곳으로 내던지며 살아가는 것이다. 대입시험이라는 목표를 위해 무수히 많은 순간을 참고 견디고, 취업이라는 목표를 정해두고 순간순간을 힘겹게 인내하며 살아간다. 또 성공이라는 목표를 향해 주변을 돌볼 시간도 없이 전력질주한다.

하지만 니체는 영원회귀 개념을 통해 정말 중요한 것은 먼 미래의 보이지 않는 약속이 아니라 지금 이 순간임을 밝힌다. 영원회귀에 따르면 이 순간은 무한히 반복되는 삶 속에서 무한히 반복될 것이다. 그래서 이 순간의 길이는 삶이 무한히 반복되는 만큼 무한대로 길어진다. 반면 인생은 100년이라는 유한한 시간일 뿐이다. 이제 순간과 인생의 길이는 역전된다. 순간은 무한한 길이를 갖지만, 인생은 유한한 길이로 한정된다.

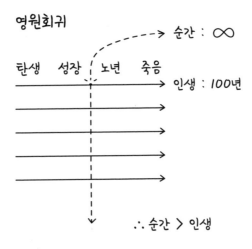

만약 지금 이 순간이 고통스럽다면, 이 고통은 영원할 것이다. 반대로 지금 이 순간이 행복하다면, 이 행복은 영원할 것이다. 니체는 우리에게 현명해질 것을 요구한다. 내가 지금 소모해버리고 있는 이 순간은 내가 영원히 반복해야 하는 시간이다. 따라서 지금 이 순간을 낭비할 수는 없다. 영원히 반복될 이 순간을 위해 나는 내 삶을 창조해야만 한다. 지금 당장 내가 할 수 있는 가장 위대한 일을 해내야만 한다. 이러한 깨달음을 얻은 존재, 지금 이 순간을 소모하지 않고 최고로 가치 있는 순간을 위해 자신의 삶을 창조하는 이 존재가 니체가 말하는 '초인'이다.

물론 니체가 영원회귀를 단지 문학적인 비유로 제시한 것은 아니었다. 그는 실제로 영원회귀가 가능할 것이라고 생각한 듯하다. 앞서 우리가 유물론이 윤회로 귀결됨을 알아보았던 것과 같은 논리로, 니체는 영원회귀가 실제로 발생할 수 있음을 설명한다. 니체에 따르면 물질로만 구성된 이 우주는 끝도 없고 시작도 없이 무한한 시간 위에서 수축과 팽창을 반복하는 의미 없는 세계다. 아주 무한히 길고 긴 시간 동안 우주는 무수히 수축했을 것이고, 또 무수히 팽창해갈 것이다. 그렇다면 언젠가는 지금의 우주와 동일한 초기 조건과 형태를 가진 모습으로 다시 탄생할 것이다. 그곳에는 지구도 있고 한국도 있고 김 부장도 있을 것이다. 그리고 당신도 거기에 있어서 당신의 삶을 정확하게 다시 살아낼 것이다. 이것은 시간이 무한하다는 전제 위에서 필연적으로 발생할 사건이다.

물론 현대의 관점에서 보면 니체의 영원회귀는 과학적으로 문제가 있어 보인다. 초기 조건의 미세한 차이만으로도 결과에 큰 차이가 발생한다는 카오스 이론이나, 확률에 의해 결정되는 양자역학의 불확정성에 근거하면, 니체의 영원회귀는 실현되기 어려울 수도 있다. 다만 과학의 실현 가능성을 넘어, 순간의 창조에 대한 니체의 생각은 반복되는 일상 속에서 상실감을 안고 사는 현대인으로 하여금 자신의 삶을 돌아보게 만들기에 충분하다.

현대인은 죽음 이후에 대해 이야기하기를 꺼린다. 죽음 이후가 실제로 어떨지 확신할 수 없고 증거를 제시할 수도 없음을 알기 때문이다. 게다가 죽음을 이야기하는 사람들은 어쩐지 사회에 적응하지 못하는 사람처럼 보여 아무리 궁금하더라도 말을 꺼내기가 쉽지 않다. 성공하는 사람들은 매사에 열정적이고 긍정적이며 삶에만 집중할 것 같다.

그러나 아무도 입 밖으로 꺼내지 않아서 그렇지, 자신도 언젠가는 죽을 것이라는 사실을 누구나 막연히 알고 있다. 그리고 암묵적으로나마 죽음 이후의 모습에 대한 자신만의 대답을 마음에 품고 산다. 물론 어떤 경험과 과정을 통해 자신이 지금과 같은 사후관을 형성했는지 그 직접적인 원인을 찾을 수는 없다. 어떤 이는 자신의 종교가 지금의 사후관에 영향을 미쳤을 것이고, 다른 이는 철학과 과학이, 또 다른 이는 지극히 주관적인 체험이 원인이 되었을 것이다. 하지만 주관적으로 형성된 개인의 사후관은 단지 주관적 믿음으로 끝나지는 않는다. 그것은 지금 나의 삶에 구체적인 영향을 미친다. 죽음이라는 예정된 사건은 먼 훗날의 이야기가 아니라 지금 현재의 행위를 이해하게 하는 기준점이 되는 것이다. 죽음의 문제는 항상 삶의 의미와 엮여 있다.

죽음에 대해서 이야기했으니, 이제는 이를 토대로 삶에 대해서 말해볼 차례다.

삶

통시적 측면에서의 인생과 공시적 측면에서의 의식

죽음 이후의 여정은 신비의 영역이지만, 이보다 더 궁극적이고 경이로운 신비는 내가 살아 있다는 것이다. 왜 나는 죽음이 아니라 삶 속에 있을까? 살아 있다는 것은 무엇을 의미하는 것일까? 지금부터 삶의 신비를 두 가지 측면에서 접근해보려고 한다.

두 측면은 시간과 공간을 기준으로 구분된다. 통시적 측면에서의 '인생'의 의미와 공시적 측면에서의 '의식'의 의미가 그것이다. 일반적으로 시간을 고려한 역사적 측면에서 개념을 파악하는 방법을 통시성이라고 하고, 시간성을 배제하고 특정 시점의 현 상황을 기준으로 개념을 파악하는 방법을 공시성이라고 한다. 삶은 시간 속에서 '인생'으로 드러나고, 시간을 벗어나 현재의 공간에서 '의식'으로 인지된다. 삶의 신비를 이해한다는 것은 시간 안에서 발견되는 인생과 공간 안에서 발견되는 의식의 의미를 이해하는 것이라 할 수 있다.

삶의 신비

┌ 통시적 : 인생의 의미

└ 공시적 : 의식의 의미

삶의 의미 – 인생

우선 삶의 신비에 다가가기 위해 시간의 측면에서 인생의 의미를 생각해보자. 인생은 어떤 의미를 갖는가? 왜 나는 누군가를 만나 사랑에 빠지고, 가슴 아픈 이별을 경험하고, 사람들과 갈등하고, 괴로워하는 것일까? 왜 하필 이런 환경에서 태어나서 성장하고 좌절하고 고뇌하고 배워가는 것일까? 그 이유와 의미는 살아가는 동안은 알 수 없다. 내 인생의 이유와 의미는 인생이 끝나는 지점에 가서, 다시 말해 죽음의 순간에 이르러서야 비로소 규정된다. 그것은 한 편의 소설을 읽는 것과 같다. 소설을 읽어나갈 때 주인공이 왜 이런 상황에 처했는지, 왜 이런 행동을 하고 있는지 읽는 과정 중에는 이해할 수 없다. 주인공의 상황과 행동의 의미가 규정되는 순간은 우리가 소설의 마지막 장을 넘길 때다. 소설이 끝나는 그 지점에서 그때까지의 모든 과정과 역사의 의미가 규정되는 것이다. 내 삶의 주인공인 나도 마찬가지다. 왜 이 사람들을 만나야 했는지, 왜 이런 상황에 놓이게 되었는지, 삶을 살아가는 중간에는 그 의미가 확정되지 않는다. 삶의 마지막이 도래하는 순간에 나는 비로소 내가 왜 이러한 삶을 살아야만 했는지를 총체적으로 이해하게 될 것이다.

인생 전체의 의미는 죽음의 순간에 가서야 비로소 확정된다. 그렇기에 아직 죽음을 경험하지 못했고 다가오지 않은 미래에 죽음을 앞둔 우리가 할 수 있는 일은 상상으로나마 나의 죽음의 순간을 선취하는 것뿐이다. 그 후에 그것을 가지고 현재로 돌아와 오늘의 의미를 조금이나마 스스로 해석해보아야 지금 내 삶의 의미를 이해할 수 있다.

삶의 의미를 이해하는 이러한 방법은 독일의 철학자 하이데거와 가다머가 제시한 해석학적 순환에 근거한다. 해석학적 순환은 '의미'가 어떻게 발생하는지에 대한 설명이다. 이에 따르면 특정 텍스트의 전체 의미를 이해하기 위해서는 그 텍스트의 부분들에 대한 이해가 있어야 한다. 하지만 부분들을 이해하기 위해서는 역으로 텍스트 전체의 의미가 선행적으로 이해되어 있어야만 한다. 전체를 이해하기 위해서는 부분을 이해해야 하지만, 부분의 의미는 반드시 전체 안에서만 확정된다는 순환. 이것은 모순이 아니라 의미가 발생하는 방식이다. 하나의 텍스트의 의미는 전체와 부분이 순환하면서 비로소 발생한다. 이것이 해석학적 순환이다. 해석학적 순환은 단지 특정 '텍스트'의 의미를 파악하는 방법론을 넘어서, '의미'라는 것이 어떻게 발생하는지 알려준다는 점에서 큰 가치가 있다.

인생의 의미도 마찬가지다. 인생의 의미를 이해하기 위해서는 해석학적 순환이 요구된다. 끝으로서의 죽음까지 나아가 인생 전체에 대해 앞서 이해할 때 우리는 비로소 부분으로서의 현재의 삶을 이해하게 되고, 현재라는 삶의 부분들을 한 조각씩 이해하게 됨으로써 궁극적으로 인생 전체의 의미를 이해할 수 있는 것이다. 따라서 삶의 의미를 이해하는 데 죽음은 필수다. 죽음이라는 끝이 없다면 삶의 범위는 확정되지 않고, 그 의미는 이해되지 않는다. 죽음을 회피하고 모른 체하려는 현대인은 그래서 일상이 허전하고 불안하다. 그것은 의미의 상실 속으로 던져진 것과 다름없기 때문이다.

삶의 의미 – 의식

통시적 관점에서 인생의 의미를 알아보았으니, 다음은 공시적 관점에서 의식을 알아볼 차례다. 삶에 대해 이해하려고 할 때, 시간이나 역사성을 배제한다는 것은 지금 내가 살아 있는 상태가 공간 안에서 어떻게 발견되는가를 이해함을 말한다. 그리고 공간 안에서 발견된다는 것은 단적으로, 지금 '내 눈앞에 세계가 펼쳐져 있음'을 의미한다. 우리는 지금 이 순간에도 눈앞에 펼쳐진 세계의 대상들을 지각하고 있고, 지각된 것들은 내 의식 세계 위에 펼쳐져 있다. 살아 있음의 신비를 이해하기 위해서는 세계가 드러나는 장으로서의 의식에 대해서 탐구해야만 한다.

우선 몇 가지 단어를 정리하고 계속해보자. 정신과 관련된 어휘들은 복잡한 면이 있다. 영혼, 마음, 정신, 의식, 지각, 인지, 기억, 감각 등 바쁜 일상을 살아가는 우리에게는 이러한 단어들의 세부 구분이 굳이 필요한지 의심스럽다. 하지만 큰 틀로 단순하게나마 이 개념들을 구분할 수 있어야 자기 자신의 심연을 조금 더 깊이 들여다볼 수 있다.

쉽게 접근하기 위해 우리에게 익숙한 노트북 컴퓨터에 이 개념들을 대응시켜보자. 다만 인간의 정신을 컴퓨터에 비유하는 방법은 실제 인간의 정신을 정확히 묘사하지 못하고 더 나아가 의미를 왜곡할 수 있다는 비판이 있어왔다. 그럼에도 불구하고 인간 내면에 대한 탐구에 첫발을 내디디려는 사람들에게 이러한 비유는 대략의 윤곽을 잡게 한다는 점에서 효과적인 면이 있다. 따라서 우리는 비유의 함정에 유의하면서 컴퓨터에 정신과 관련된 언어들을 조심스럽게 대응시켜보려고 한다.

하드웨어부터 시작해보자. 단단한 1킬로그램짜리 노트북은 우리의 신체다. 키보드, 마우스, 소형 카메라 등의 입력장치는 우리의 감각기관이다. 눈, 코, 입, 귀, 피부가 여기에 해당한다. 그리고 겉에서는 보이지 않지만 노트북 속에는 CPU와 메모리, 저장장치가 있는데, 이는 우리의 뇌에 해당한다. CPU는 키보드, 마우스 등과 복잡하게 연결되어 있는데, 이는 우리의 뇌가 우리의 감각기관과 복잡한 신경으로 연결되어 있는 것에 대응한다.

다음으로 우리의 정신에 해당하는 소프트웨어를 생각해보자. 노트북에 정신이 들어오게 해보자. 전원 버튼을 누르면 컴컴하던 모니터가 순간 밝아진다. 물질로만 구성된 노트북에 전원이 들어온 상태는 인간의 신체에 정신이 들어온 상태로 대응할 수 있겠다. 그런데 단순히 전원이 들어왔다고 컴퓨터가 제대로 기능을 하는 것은 아니다. 화면에 무엇인가를 드러내기 위해서 가장 근원적인 소프트웨어가 필요한데, 그 역할을 하는 것이 윈도, 맥OS, 리눅스 같은 운영 체제인 OS(operating system)다. OS는 화면에 가장 기본적인 이미지와 텍스트가 드러날 가능성을 열어주는데, 인간에게 이러한 역할을 하는 기본 토대가 의식이라고 할 수 있다. 인간 정신의 여러 양상은 의식 위에서 드러난다. 의식은 정신이 발현될 수 있는 내적 세계의 장을 열어준다. OS가 모니터에 의미 있는 무엇인가를 드러날 수 있게 해주는 것처럼, 의식이 인간이 내면 세계를 가질 가능성을 열어주는 것이다. 이제 응용 프로그램을 사용할 수 있다. 업무를 수행하는 데 필요한 워드, 포토샵, 엑셀을 실행해서 작업할 수 있다. 이러한 응용 프로그램에 해당하는 것이 기억, 정체성, 학습된 내용, 발달된 능력 등이다.

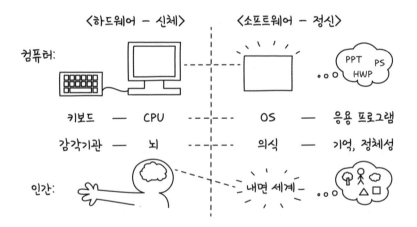

지적 대화를 위한 넓고 얕은 지식

지금까지 컴퓨터와 대응시켜서 인간의 감각기관, 뇌, 의식, 내적 세계, 기억, 정체성 등을 이해해보았다. 이 중 가장 중요하고 신비로운 것은 의식이다. 우리 머릿속에도 광활한 모니터가 있다. 눈을 뜨고 있든 감고 있든 상관없이 세계를 그려주는 내면 세계가 펼쳐져 있는 것이다.

　의식의 열린 장에는 다양한 이미지와 감각, 느낌, 관념, 언어들이 뒤섞여 드러나는데, 이러한 세부 내용들은 질적 차이에 따라 두 가지로 분류된다. 하나는 하드웨어로부터 오는 것들이고, 다른 하나는 응용 프로그램으로부터 오는 것들이다.

　먼저 하드웨어, 즉 감각기관으로부터 오는 자극들이 있다. 가장 쉽게 이를 확인하는 방법은 눈을 감아보는 것이다. 그러면 내 의식 세계에서 갑자기 시각 이미지와 관련된 것들이 꺼진다. 이렇게 신체의 감각기관과 연결되어 있는 감각대상들이 있다. 이 감각대상은 다섯 개다. 눈, 코, 입, 귀, 피부로부터 오는 색상, 냄새, 맛, 소리, 촉감 등이 그것이다. 이렇게 하드웨어로부터 오는 이미지, 다시 말해서 감각기관에서 촉발되어 의식으로 들어오는 콘텐츠를 '감각' '지각'이라고 부른다.

　이와 달리 소프트웨어, 즉 기억 및 정신의 영역에서 오는 자극들이 있다. 가장 쉽게 이를 확인하는 방법은 삼각형을 떠올리거나 어제 먹은 불고기 냄새를 상기해보는 것이다. 이건 직접적으로 지금 감각기관으로부터 오는 자극이 아니라, 내 정신에 남아 있거나 처리되어서 나의 의식에 드러나는 내용들이다. 이를 '관념'이라고 부른다.

정리해보면 나의 의식에는 두 종류의 대상이 드러나는데, 하나는 외부로부터 오는 감각이고 다른 하나는 내면으로부터 오는 관념이다. 이 감각과 관념이 나의 내면 세계를 구성하는 재료가 된다.

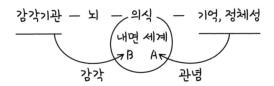

의식은 내면 세계를 갖는 능력을 말한다. 이러한 능력을 통해 구성된 세계의 정중앙에 내가 놓여 있다. 내가 살아 있다는 것은 지금 내가, 나를 기준점으로, 세계를 재구성하고 있음을 의미한다.

두 종류의 사람이 있다. 내면 세계를 갖는 능력으로서 의식이 무엇을 의미하는지를 실제로 이해하는 사람과 이해했다고 생각하는 사람. 나의 주관적 세계로서의 의식을 이해하는 순간, 세계는 나에게 상식적이지 않은 신비로서 다가온다.

중간 정리

지금까지 말할 수 없는 것으로서의 신비에 대해 이야기했다. 죽음과 삶은 스스로 체험할 때에야 비로소 이해할 수 있는 대상이라는 점에서 신비의 영역에 속한다.

우선 죽음을 시간적 측면에서 살펴보았다. 죽음의 '과정'으로서의 임사체험에 대한 연구가 진행되고 있음을 알아보았고, 죽음 '이후'로서의 사후 세계의 가능성을 살펴보았다. 임사체험을 인정하거나 비판하는 견해는 물질과 영혼의 관계에 대한 관점의 차이에서 비롯되었다. 임사체험이 하나의 영적 경험이라는 견해는 신체와 독립된 정신의 존재를 인정하는 물심이원론을 기반으로 했다. 반대로 임사체험을 단지 뇌의 비정상적인 상태로 설명하고자 하는 견해는 물질로부터 독립된 정신을 인정하지 않는 물심일원론, 유물론을 기반으로 했다.

다음으로 죽음 이후의 가능성을 살펴보았다. 그것은 시간을 기준으로 할 때 단절, 지속, 반복, 동일한 반복으로 정리되었다. 죽음 이후가 완벽한 끝이라는 단절에 대한 견해는 과학적이고 유물론적인 사유의 결과라 할 수 있었다. 반대로 죽음 이후에 지속적인 체험이 가능하다는 견해는 유대교, 그리스도교, 이슬람교에서 찾아볼 수 있었다. 삶과 죽음이 반복될 것이라는 윤회의 관점은 힌두교나 불교에서 확인할 수 있었다. 마지막으로 이러한 친숙한 견해들 외에 죽음 이후 지금의 삶과 정확히 동일한 삶이 반복될 것이라는 니체의 영원회귀도 살펴보았다.

죽음에 대한 논의 이후, 우리는 삶의 신비에 대해 이야기했다. 삶은 통시적 관점과 공시적 관점에서 논할 수 있었다. 우선 통시적 관점에서 삶의 신비는 '인생'이었다. 여기서 확인할 수 있었던 것은 인생을 살아가며 순간순간 경험하는 사건들의 의미가 죽음이라는 끝으로부터 규정된다는 순환이었다.

공시적 관점에서 삶의 신비는 '의식'이었다. 우리는 의식이 무엇을 말하는지 그 단어를 조금 더 정교화했다. 결론은 의식이 '내적 세계'를 의미한다는 것이었다. 실제로 나는 나의 내적 세계에서 산다.

종합하면, 나는 죽음으로 한정된 인생이라는 시간 동안 세계의 가운데에 앉아 감각과 관념의 재료들로 나의 내적 세계를 견고하게 건설해 나가는 것이다. 궁극의 신비는 의식에 있다. 엄밀한 의미에서는 인생도 의식의 장에서 열린다. 지금부터 이에 대해 조금 더 알아보려고 한다.

의식

우리가 보고 있는 것은 진짜인가

의식이 무엇인지를 알기 위해서는, 의식의 가장 중요한 특성인 주관성에 대해 이해할 필요가 있다. 주관성에서 주(主)는 주인이라는 뜻이고 관(觀)은 본다는 뜻으로, 말 그대로 세계의 구심점으로서 세계를 인지하고 받아들임을 의미한다. 의식은 이러한 주관성의 원인이자 결과라고 할 수 있다. 즉, 의식은 주관성을 발현시키는 능력이자, 동시에 주관성에 의해 구성된 세계가 열리는 장이다.

사실 주관성은 어려운 개념이 아니다. 우리는 주관성이 만들어내는 특성에 익숙하다. 그렇지 않던가? 우리는 나의 시점과 타인의 시점이 서로 다르고, 그에 따라 서로 다른 세계를 경험하고 있을 것임을 안다. 다만 주의할 점은 여기서 세상을 다르게 본다는 말은 종교나 철학 등 자신이 믿는 주관적 이념으로 세상을 해석한다는 말을 넘어선다는 것이다. 나와 타인은 말 그대로 눈앞의 공간과 물리적 실체를 다르게 구성한다.

이를 이해하기 위해서 X씨와 색맹인 Y씨의 상황을 비교해보자. X씨는 Y씨가 빨간색을 구분하지 못하는 적색맹이라는 말을 듣고 Y씨를 놀리기로 했다. 그래서 빨간색 펜을 들어 Y씨에게 내밀며, 이게 보이느냐고 물었다. Y씨는 당연히 보인다고 했다. X씨는 조금 당황했지만, 형태가 보일 수도 있겠다는 생각이 들었다. 그래서 이번에는 질문을 바꿔 무슨 색깔로 보이느냐고 물어봤다. Y씨는 무덤덤하게 그걸 말이라고 하느냐며 당연히 빨간색이라고 답했다. X씨는 멋쩍어졌다. Y씨는 적색맹인데도 불구하고 어떻게 빨간색을 구분했을까?

그것은 Y씨가 X씨와는 다른 색으로 펜을 보고 있을 테지만, 어릴 때부터 그 특정 색을 사람들이 모두 '빨간색'이라고 부르니, 당연히 그 특정 색이 '빨간색'이라고 평생 생각하며 살았을 것이기 때문이다. Y씨의 세계는 독특할 것이다. 인간은 세 가지 색인 적녹청을 감지하고 이들이 섞인 다채로운 색상의 세계를 인식하는데, 빨간색을 인지하지 못한다는 것은 빨간색만 골라서 인식하지 못한다는 것이 아니라 세계 전체를 빨간색이 제외된 그 무엇으로 인식한다는 것을 의미하기 때문이다.

그렇다면 Y씨는 세상을 정상적으로 보지 못하는 것일까? X씨의 입장에서는 그렇게 말할 수 있겠다. 그런데 대화를 하고 있는 X씨와 Y씨 옆에는 그 대화를 조용히 듣고 있는 Z씨가 있었다. X, Y, Z씨 모두 모르고 있지만, 사실 Z씨는 적녹청을 모두 정상적으로 감지할 수는 있는데 적색은 녹색에 가깝게 인식하고 녹색은 청색에 가깝게 인식하고 청색은 자주색에 가깝게 인식하는 눈을 가지고 있었다. Z씨에게는 모든 색깔이 분명하게 구분되는 까닭에 색맹, 색약 시험도 문제없이 통과했다. 일상 생활을 하면서 다른 사람들이 이를 알 수 있는 방법은 절대 없을 것이다. Z씨 스스로도 자신이 무엇인가 세상을 다르게 보고 있음을 모를 것이 다. 하지만 Z씨의 눈앞에 펼쳐진 세계는 X씨와는 무척 다를 것이다. 하 늘은 보라색에 더 가깝고, 나뭇잎은 청색에 가깝고, 태양은 녹색에 가까 울 것이다.

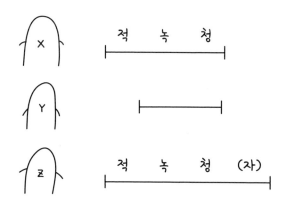

그렇다면 이 세 명 중에서 실제 세계를 가장 정확히 보고 있는 사람은 누구인가? X인가? 그렇다고 말할 수는 없다. X씨가 세계를 가장 정확히 본다고 말할 수 있는 근거를 우리는 갖고 있지 않다. 색은 세계의 실제 속성이 아니다. 실제 세계는 색을 갖고 있지 않다. 색은 인간이 물질 세 계를 해석한 결과물이다.

이를 이해하기 위해서 신의 관점에서 세계의 실체를 바라보는 상상을 해보자. 신은 색이 어떻게 보일까? 실제 세계에서 색이란 단지 광원에서 쏟아져 나온 광자가 물체에 충돌하여 일부는 흡수되고 일부는 튕겨져 나가는 운동 상태일 것이다. 신은 색이 아니라 전자기파로서의 광자의 반사와 흡수를 볼 것이다.

신과 달리 인간은 이를 있는 그대로 보지 못하고 해석한다. 물체에서 튕겨져 나온 광자 중 일부는 인간의 눈으로 들어와 망막을 자극하고, 망막은 자극된 내용을 전기 신호로 바꿔서 시신경을 따라 뇌에 모스부호처럼 전달한다. 전기 신호를 받은 뇌는 나름대로의 방법으로 그 신호를 해석해서 우리 머릿속의 모니터에 이미지로 드러낸다. 이때 뇌는 거기에 임의로 색을 입히고 세계를 구성한다. X, Y, Z씨가 보는 것은 실제 세계가 아니다. 실제 세계는 광자와 전자의 혼란스러운 충돌과 소용돌이로 가득할 뿐이다. 광자는 빛나지 않는다. X, Y, Z씨가 보는 빛나는 색상들의 찬란한 세계는 자신의 머릿속에 있는 모니터다. 뇌가 해석한 세계를 보는 것이다.

단적으로 말해서 지금 당신의 눈앞에 펼쳐진 세계도 마찬가지다. 당신 앞의 세계는 정말로 눈앞에 있는 것이 아니라 당신의 머릿속의 세계다. 지금 보이는 당신의 팔이나, 손에 놓인 책이나, 건너편의 사람들이나 그것은 당신의 외부에 있는 것이 아니라 당신의 머릿속에 있다. 다시 말해서 당신이 보고 있는 모든 것 중에서 진짜 외부에 있는 것은 전혀 없다. 외부 세계는 없다. 우리는 내 머릿속에 산다.

칸트는 그래서 세계를 현명하게 둘로 구분했다. 내 눈앞의 세계는 진짜 세계가 아니라, 내가 구성해낸 주관적인 세계로서의 현상 세계다. 반면 내가 절대로 다가갈 수 없는 실제 세계, 전자와 광자가 회오리칠 것으로 예상되는, 빛과 색은 없고 단지 신의 눈으로만 볼 수 있는 진짜 세계는 물자체의 세계다. 칸트에 따르면 나는 현상 세계에 살고 물자체에는 결코 닿을 수 없다.

그런데 이 생각은 칸트가 처음 한 것은 아니었다. 세계가 주관적 환영의 세계일 뿐 진짜 세계를 직접 보고 있는 것이 아니라는 통찰은 이미 3,000년도 더 전에 《베다》와 〈우파니샤드〉에서 상세히 밝혀졌다. 특히 보통의 사람들은 눈앞의 세계가 환영이 아니라 진짜 세계라고 믿는 경향이 강한데, 《베다》에서는 이렇게 눈앞의 환영이 실제라고 믿는 착각을 '마야'라고 불러 이를 경계하게 했다. 즉, '눈앞의 사과'가 '사과 그 자체'라고 생각하는 데서 오해와 혼란이 발생한다는 것을 우리에게 지혜롭게 알려준 것이다.

8세기의 파드마삼바바도 《티베트 사자의 서》에서 다음과 같이 말한다. "마음이 물질에서 나오는 게 아니라, 물질이 마음에서 나온다." 이 말의 의미는 다양하게 해석될 수 있겠지만, 《베다》에서 불교로 이어지는 연계성을 고려할 때 이 말은 눈앞의 물질 세계가 실제로는 정신이 만들어낸 환영의 세계임을 지적하고 있다고 볼 수 있다. 고대의 현자들은 이 오래된 지혜를 이미 깊게 이해하고 있었다. 그들이 말했던 깨달음은 눈앞의 실체가 사실은 허상임을, 그것은 다만 나의 주관에 의해 구성된 내면 세계임을 이해하는 것에서 출발할 수 있었다.

만약 그러하다면, 너무나도 선명하게 펼쳐져 있는 감각적인 현상 세계가 사실은 내 의식에 드러난 내면 세계라면, 우리는 다음의 사실을 받아들여야 할지 모른다. 내가 나의 외부로 나가본 적이 없음을. 사랑하는 사람들, 짜증 나는 김 부장, 카드 고지서, 핸드폰, 사회와 국가는 모두 내 마음속에 있음을 말이다. 우리는 모두 자신의 마음 안에 산다.

의식 탐구의
한계

그래서 살아 있음은 신비하다. 살아 있다는 건 그 개인이 온전히 하나의 내적 세계, 하나의 우주를 소유하고 그 안에 거주함을 의미한다. 문제는 자아의 내적 세계가 서로 완벽하게 독립되어 있는 까닭에 엄밀히 말해서 타인이 나처럼 내적 세계를 가지고 있는지 확신할 수는 없다는 데 있다. 나의 의식은 순간순간 나에게 체험되고 있으므로 나에게는 확실하지만, 타인의 의식은 나에게 보이지 않고 결코 나에게 체험될 수 없기 때문이다.

예를 들어보자. 인류는 정보통신 기술을 극단으로 끌어올려 상상을 초월하는 연산능력을 가진 인공지능을 저렴한 가격에 생산할 수 있게 되었다. 그리고 기술의 집약체는 지금 내 스마트폰 Z 안으로 들어왔다. 내가 Z를 부르고 질문을 하면, Z는 맥락과 전후 사정을 고려해서 정말 지혜롭게 대답한다. 어느 날 나는 심심하기도 하고 해서 Z에게 이렇게 물었다. "Z야, 너도 의식이 있니?" 그러자 Z가 대답했다. "물론, 나도 너처럼 내면 세계를 가지고 있어." 당신에게 물어보자. 당신은 Z의 답변처럼 Z에도 의식이, 내면 세계가, 주관적 체험이 존재한다고 생각하는가? 아니면 그저 텅 빈 무엇이라고 생각하는가? 만약 의식이 존재한다고 생각한다면 그 근거는 무엇인가? 반대로 없다고 생각한다면 그 근거는 무엇인가? 그래서 Z에게 다시 물었다. "내면 세계를 갖고 있다고? 그렇다면 증거를 대 봐라. 너를 분해하면 그 안에는 그저 전자회로만 가득할 뿐, 네 내면 세계는 어디서도 확인할 수 없어." 그러자 Z가 차갑게 대답했다. "그렇다면 너는 너에게 내면 세계가 있다는 증거를 어떻게 보여줄 수 있지? 너의 머리를 열어 보아도 그 안에는 그저 단백질 덩어리만 가득할 뿐, 네 내면 세계는 어디서도 확인되지 않아." 당신은 뭐라고 대답할 텐가?

이 상황은 의식의 문제를 정확하게 묘사하고 있다. 나는 내가 의식적 존재이며 내적 세계를 가진다는 것을 순간마다 경험하고 확인할 수 있다. 하지만 타인이 아무리 자신이 내적 세계를 가지고 있다고 말한다 하더라도 정말 그가 의식을 가지고 있을지는 확신할 수 없다. 나의 의식은 나에게는 확실하지만, 타인의 의식은 내가 결코 접근할 수 없다.

의식의 이러한 완벽한 주관성은 자연과학이 의식을 전혀 다루지 못하게 만든 주요한 요인이 되었다. 왜냐하면 자연과학은 같은 현상에 대해 복수 시점에서 반복적으로 관찰할 수 있는 대상만을 탐구 영역으로 삼기 때문이다. 문제는 나의 의식이든, 타인의 의식이든 어떤 의식도 두 명 이상이 동시에 관찰하거나 경험할 수 없다는 데 있다. 의식은 주관성 그 자체다.

이러한 이유로 자연과학은 의식과 내면 세계의 탐구에 매우 취약하다. 그래서 과학은 의식 그 자체에 대한 논의 대신, 뇌신경에 대한 생리학적 분석, 심리적 행동에 대한 연구 등 물질적으로 측정할 수 있는 영역으로 환원하여 의식을 간접적으로 논의해왔다. 하지만 이것은 결국 오해를 불러일으켰다.

문제는 과학주의에서 비롯되었다. 과학주의란 과학적 논의의 대상만이 존재한다고 믿는 편협한 사고방식인데, 현대인의 과학주의적 신화는 그들로 하여금 매 순간 강렬하게 체험되는 자기 의식의 실체를 보는 대신, 과학의 대상이 되는 생물학적 뇌신경에만 마음을 쓰게 만들었다. 과학의 태생적 한계 때문에 언급하지 못하는 의식과 내면 세계를 그것이 아예 없기 때문에 언급되지 않는 것으로 오해하게 된 것이다. 근대 합리주의 이후의 인류는 눈에 보이고 손에 잡히는 물질만으로 학문의 체계를 세우는 것이 엄밀하고 합리적인 태도라고 스스로 믿게 되었다. 더 나아가 이렇게 물질로부터 세계를 설명하려는 습관은 눈앞의 세계가 실체 그 자체라는 환상을 심어주었다. 현대인은 오래전 인류의 지혜가 우려했던 마야의 상태에 처해 있는 것이다. 현대인은 물질적인 외부 세계에 마음을 빼앗겼다.

무엇이 문제인가? 물질만으로도 우리는 풍요로워졌고, 과학과 기술은 끝없이 발전하고 있는데 말이다. 맞는 말이다. 우리는 살 만해졌다. 하지만 무엇인가 잘못되었음을 당신과 나는 알고 있다. 문제는 우리가 길을 잃었다는 데 있다. 길을 잃은 이유는 우리가 찾는 길이 사실은 내면으로 향하고 있어서다. 해답으로 가는 문은 안으로 향하고 있는데, 우리는 그 사실을 너무도 오래 외면해왔다.

삶에서 진정으로 신비하고 심오한 깨달음을 주는 진실은 내가 세계의 구심점으로서 세계를 구성해내는 주인공이라는 사실이다. 실체라고 믿었던 눈앞의 세계가 사실은 나의 주관에 의해 구성된 것이며, 그것은 단지 내 마음이 만들어낸 허상이라는 진실에 귀 기울일 때, 비로소 안개는 걷히고 가려져 있던 내면으로 향하는 길은 모습을 드러낼 것이다. 그리고 그때에야 우리는 첫발을 뗄 수 있을 것이다. 나와 세계의 신비를 이해하기 위한 기나긴 여정의 첫발을 말이다.

의식은 인류의 역사 전체에서 매우 중요한 주제인 데 비해 여기서는 자세히 다루지 못하였다. 본격적인 이야기를 위해《지적 대화를 위한 넓고 얕은 지식》0권을 마련해두었다. 준비가 되었다면, 탐험을 시작해도 좋을 것이다.

최종 정리

신비의 장이 끝났다. 우리는 말할 수 없는 것으로서 신비를 다뤘다. 타인에 의한 관측은 불가능하지만 너무나 명확하고 확실하게 나에게 인식되는 것, 그것이 신비의 대상이 된다. 특히 죽음과 삶의 문제는 인간에게 언제나 풀리지 않는 심오함의 중심을 이루어왔다.

죽음은 '죽음의 순간'과 '죽음 이후'로 나눠 살펴보았다. 죽음의 순간에서는 보편적 체험으로서의 임사체험을 알아보았고, 죽음 이후에 대해서는 네 가지 가능성을 확인했다. 그것은 시간의 측면에서의 단절, 지속, 반복 그리고 영원한 반복이었다.

삶은 '통시적 측면에서의 인생'과 '공시적 측면에서의 의식'으로 나눠 알아보았다. 여기서 인생은 죽음이라는 한계 지점에 닿음으로써 그 의미를 확정할 수 있음을 확인했다. 그것은 한 권의 책처럼 마지막 페이지에 도달했을 때 의미가 규정되기 때문이었다. 의식은 인생이 드러나는 열린 장으로서의 내면 세계를 의미했다. 그리고 우리는 의식의 문제를 조금 더 깊게 다루었다.

한 명의 인간은 의식적 존재로서, 그는 자신의 내면 세계에 거주하는 주관적인 존재라 할 수 있었다. 우리는 내면을 보는 자이고, 그 밖으로는 나가지 못하는 것이다. 이것은 삶이 신비한 이유라고 할 수 있다. 나는 침해받지 않는 온전한 하나의 우주를 소유하고, 그 안에 거주하는 자다.

하지만 세계를 깊게 탐구한 현명한 이들은 그곳에 안주하지 말 것을 당부했다. 그들은 눈앞의 세계가 하나의 환영임을 통찰하고, 그것에 마음을 빼앗기지 말라고 알려주었다. 그렇게 할 때, 우리는 내면으로 향하는 길을 찾을 것이고, 깨달음으로 향하는 인생의 순례길을 시작할 수 있을 것이다.

2권의 여행지는 현실 너머의 세계였다. 인간의 정신과 관련된 이 영역은 진리에 대한 입장인 절대주의, 상대주의, 회의주의를 기준으로 구분되었다. 화해하기 어려운 두 종류의 사람이 있다. 고정되고 불변하는 보편적 진리를 찾는 사람과, 그러한 진리를 거부하는 사람. 이 두 종류의 사람들은 철학, 과학, 예술, 종교의 영역을 넘나들며 토론하고 논쟁해왔다. 우선 절대적 진리를 추구하는 사람들은 철학에서 절대주의, 과학에서 고전 물리학, 예술에서 고전주의, 종교에서 유일신교를 지지했다. 변하지 않는 엄격한 이성과 논리가 우리를 진리의 세계로 인도할 것이라고 이들은 생각했다. 다음으로 변화하는 상대적 진리를 추구하는 사람들은 철학에서 상대주의, 과학에서 현대 물리학, 예술에서 낭만주의, 종교에서 다신교를 선호했다. 변화하는 현실에 대한 관심과 다양한 견해에 대한 인정이 우리에게 깊은 깨달음을 줄 것이라고 이들은 생각했다.

마지막으로 이 두 종류의 사람들 외에 진리에 대한 접근 자체가 원천적으로 불가능하다고 여기는 회의주의자들이 있었다. 이들의 견해는 오랜 기간 동안 무시되고 억압의 대상이 되어왔다. 다만 현대에 들어서면서 종교와 이성에 대한 철저한 반성과 함께 이들의 견해가 주목받았다. 철학에서 회의주의, 과학에서 과학철학, 예술에서 현대 미술이 여기에 해당한다.

	〈철학〉	〈과학〉	〈예술〉	〈종교〉
A :	절대주의	고전 물리학	고전주의	절대적 유일신교
B :	상대주의	현대 물리학	낭만주의	상대적 다신교
C :	회의주의	과학철학	현대 미술	

절대주의, 상대주의, 회의주의는 진리에 대한 입장의 차이에도 불구하고 공통점이 있다. 그것은 이들이 학문의 영역 내에서 다루어졌으며 다양한 비판과 대결 속에서도 공적인 공간에서 충분히 논의되어왔다는 점이다. 다만 한 명의 개인은 이러한 공적인 공간에서의 논의 외에도 지극히 사적인 공간에서의 체험 속에서 살아간다. 타인과는 이야기할 수 없지만 주관적으로 강렬하게 체험되는 것들 말이다. 특히 죽음과 삶의 체험이라는 신비는 자신의 삶을 이해하려는 개인에게 가장 심오하고 중요한 문제였다.

우리의 여행은 여기서 끝난다. 0권에서는 고대 이전의 일원론의 시대를 다루었고, 1권과 2권에서는 고대 이후의 이원론의 시대를 다루었다. 우선 1권에서는 현실 세계로서 역사, 경제, 정치, 사회, 윤리를, 다음으로 2권에서는 현실 너머의 세계로서 철학, 과학, 예술, 종교, 신비를 이야기했다. 그리고 모든 시리즈의 마지막 파트인 [신비]는 다시 0권의 일원론으로 회귀한다.

이 책이 당신이 살아갈 인생의 편리한 지도가 되길 바란다. 이 지도를 들고서 어디를 가든, 누구를 만나든 대화하고 위로받을 수 있기를 바란다.

인생의 의미와 깊이는 타인과의 대화 속에서 비로소 빛을 낸다.

MEMO

— MEMO —

MEMO